Olaf Apel, Stefan Lorscheid, Markus Peters



# Handlungsorientierte Tabellenkalkulation für kaufmännische Berufe Excel 2016

1. Auflage

Bestellnummer 31515

Bildungsverlag EINS
westermann

Die in diesem Produkt gemachten Angaben zu Unternehmen (Namen, Internet- und E-Mail-Adressen, Handelsregistereintragungen, Bankverbindungen, Steuer-, Telefon- und Faxnummern und alle weiteren Angaben) sind i. d. R. fiktiv, d. h., sie stehen in keinem Zusammenhang mit einem real existierenden Unternehmen in der dargestellten oder einer ähnlichen Form. Dies gilt auch für alle Kunden, Lieferanten und sonstigen Geschäftspartner der Unternehmen wie z. B. Kreditinstitute, Versicherungsunternehmen und andere Dienstleistungsunternehmen. Ausschließlich zum Zwecke der Authentizität werden die Namen real existierender Unternehmen und z. B. im Fall von Kreditinstituten auch deren IBANs und BICs verwendet.

Die in diesem Werk aufgeführten Internetadressen sind auf dem Stand zum Zeitpunkt der Drucklegung. Die ständige Aktualität der Adressen kann vonseiten des Verlages nicht gewährleistet werden. Darüber hinaus übernimmt der Verlag keine Verantwortung für die Inhalte dieser Seiten.

**service@bv-1.de**
**www.bildungsverlag1.de**

Bildungsverlag EINS GmbH
Ettore-Bugatti-Straße 6-14, 51149 Köln

ISBN 978-3-427-**31515**-5

***westermann*** *GRUPPE*

# Vorwort

Das vorliegende Buch orientiert sich an den Inhalten der bundeseinheitlichen Abschlussprüfung für Kaufleute für Büromanagement. Es ist allerdings auch uneingeschränkt für andere Schulformen bzw. Bildungsgänge wie beispielsweise die Berufsfachschulen für Wirtschaft und Verwaltung geeignet.

Das Buch ist geprägt durch – in berufliche Handlungssituationen eingebundene – betriebswirtschaftliche Problemstellungen, die ganzheitlich und schüleraktiv gelöst werden müssen. Sowohl die Erarbeitungen als auch die Übungen haben eine einheitliche Struktur, die ausgehend von einer Situation über ausführliche und schüleradäquat formulierte Informationen die Lernenden selbstständig zur Lösung kommen lassen und eine Lernerfolgskontrolle bieten. Durch die Kompetenzorientierung innerhalb dieses Buches wird den didaktisch-methodischen Anforderungen und den Bildungs- bzw. Lehrplänen im Fachbereich Wirtschaft und Verwaltung Rechnung getragen. Die Förderung der beruflichen Handlungskompetenz hat im Rahmen der Entwicklung des Buches einen hohen Stellenwert eingenommen. Das Lehrwerk kann von den Schülerinnen und Schülern als Nachschlagewerk für die Vor- und Nachbereitung des Unterrichts verwendet werden. Weiterhin bietet es durch die zahlreichen Übungen eine umfassende Lernerfolgskontrolle.

In den Lernsituationen stützt sich das Buch auf das Modellunternehmen „Bürodesign GmbH", das Büromöbel herstellt sowie mit Büro- und EDV-Zubehör handelt. Die Lernenden werden in die Rolle einer/eines Auszubildenden versetzt, anhand der sie die Arbeitsaufträge bearbeiten. So können sich die Lernenden mit dem jeweiligen Arbeitsauftrag identifizieren.

Die Einführung in die jeweiligen Themen wird im Wesentlichen anhand der Automatisierung einer Rechnung Schritt für Schritt den Schülerinnen und Schülern verdeutlicht, sodass stets die Sinnhaftigkeit und der Nutzen des jeweiligen Inhalts ersichtlich werden. So wird ein Bezug zur Lebenswirklichkeit der Schülerinnen und Schüler (Gegenwarts- bzw. Zukunftsbedeutung) hergestellt.

Mithilfe der umfangreichen Übungen (i. d. R. drei Übungen pro Inhalt mit unterschiedlichem Schwierigkeitsgrad), in denen Wiederholungen des bereits Gelernten integriert sind, kann der Heterogenität der Schülerinnen und Schüler in den Klassen Rechnung getragen werden. Je nach Lerngruppe ist so eine differenzierte Übung möglich.

Zu sämtlichen Übungsaufgaben können Sie Vorlagen als Dateien unter BuchPlusWeb herunterladen (siehe hierzu Umschlaginnenseite). Als Hinweis auf eine Datei findet sich an den gegebenen Stellen des Buches ein Symbol (Web). So können sich die Schülerinnen und Schüler bei Bedarf auf das Erstellen der Formeln und Funktionen konzentrieren und auf die Eingabe der Texte und Werte der in den Screenshots abgebildeten Tabellen verzichten. Der Arbeitsauftrag in den jeweiligen Übungsaufgaben zur Übernahme der Tabellen inklusive aller Werte und Formatierungen entfällt somit.

Die Verfasser

# Inhaltsverzeichnis

# Das Modellunternehmen

**Die Bürodesign GmbH**

Damit Sie die vielfältigen Problemlösungsmöglichkeiten der Tabellenkalkulation leichter kennenlernen, haben wir in diesem Buch ein Modellunternehmen gewählt. An typischen Situationen und deren betriebswirtschaftlichen Problemstellungen dieses Unternehmens lernen Sie die wesentlichen Inhalte der Tabellenkalkulation kennen.

Betrachten Sie die Bürodesign GmbH als „Ihren Ausbildungsbetrieb", um betriebswirtschaftliche Problemstellungen mittels eines Tabellenkalkulationsprogramms zu lösen. Auf den nächsten Seiten werden Sie einige Details über dieses Unternehmen erfahren.

Sie bekommen Informationen über den Sitz der Bürodesign GmbH, den Aufbau des Unternehmens, die Abteilungen und die Mitarbeiter. Einigen der Mitarbeiter werden Sie in diesem Buch häufig begegnen. Sie werden sie in typischen betrieblichen Situationen beobachten. Weiter finden Sie einen Auszug aus dem Katalog der Produkte, die von der Bürodesign GmbH hergestellt und vertrieben werden, sowie einen Auszug aus der Kunden- und Liefererdatei. Auf diese Informationen werden Sie bei Ihrer Arbeit häufiger zurückgreifen. Deshalb haben wir sie zusammengefasst und vor das erste Kapitel gesetzt.

- **Der Standort**

  Produktionsstätte und Büroräume der Bürodesign GmbH liegen in der Stollberger Straße 188, 50933 Köln. Hier besitzt das Unternehmen Werkstätten für die Produktion. Die Büroräume sind in einem Nebengebäude untergebracht.

  Die Bürodesign GmbH ist eine Kapitalgesellschaft, die im Handelsregister B des Amtsgerichts Köln unter der Nummer 550-U2-Ü5 mit dem Namen eingetragen ist, unter dem sie ihre Geschäfte betreibt (Firma): Bürodesign GmbH – Herstellung von Büromöbeln und Handel mit Büro- und EDV-Zubehör. Simone Schmitz und Marcus Marlies sind ihre Geschäftsführer.

- **Die Abteilungen und ihre Abteilungs- und Gruppenleiter/-innen**

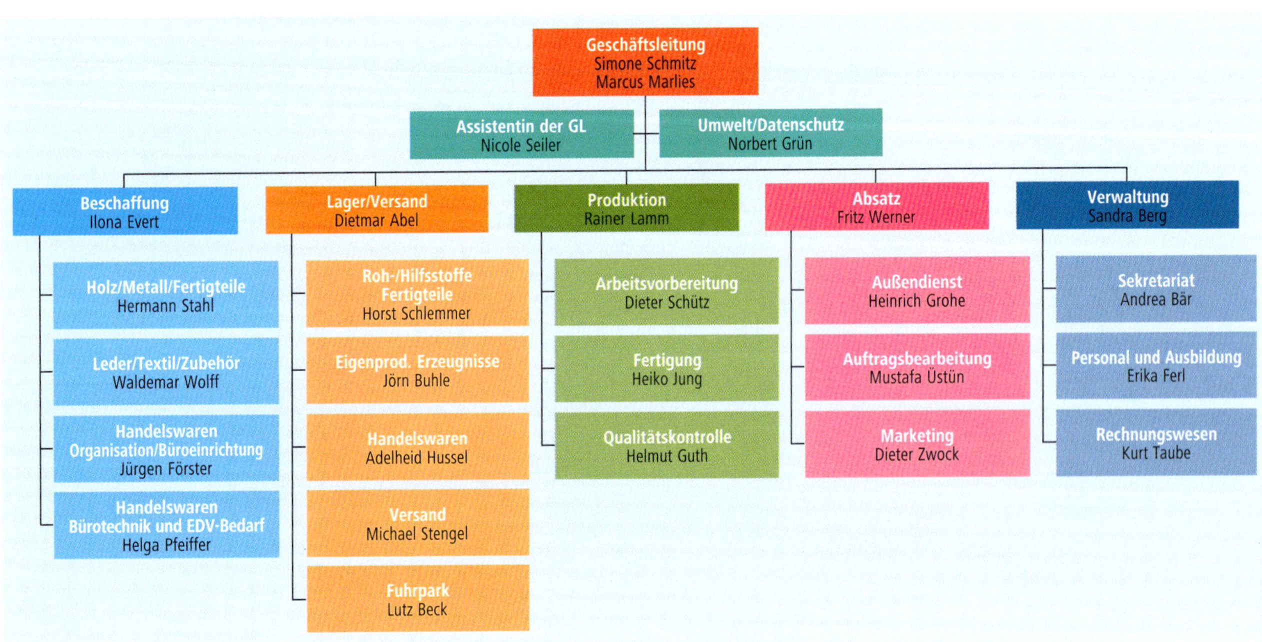

- **Auszug auf der Liefererdatei**

| Lieferernummer | Lieferername/Firma | Ansprechpartner | PLZ und Ort |
|---|---|---|---|
| 001 | Bürotec GmbH | Frau Beutelschneider | 50937 Köln |
| 002 | Computec GmbH & Co. KG | Herr Brömius | 48134 Münster |
| 003 | Giesen KG | Herr Kemper | 37073 Göttingen |
| 004 | Jansen OHG | Frau Gunnar | 20095 Hamburg |
| 005 | Latex AG | Herr Meistermann | 90402 Nürnberg |
| 006 | Primus GmbH | Herr Schulze-Loh | 34117 Kassel |

- **Auszug aus der Kundendatei**

| Kunden-Nr. | Kundenname/Firma | Ansprechpartner | PLZ und Ort |
|---|---|---|---|
| 1008 | Leondörfler GmbH | Herr Braun | 26122 Oldenburg |
| 1010 | Iris Simsen KG | Herr Meier | 57074 Siegen |
| 1019 | Kölner Metall AG | Frau Fels | 51149 Köln |
| 1024 | Bonner Elektro GmbH | Frau Cissée | 53129 Bonn |
| 1038 | Lindemann GmbH | Herr Buschfeld | 80122 München |
| 3451 | Zopfner, Sabine | Frau Samaria | 20446 Hamburg |
| 3486 | Beckertz, Armin | Herr Beckertz | 53111 Bonn |
| 3489 | Dahlbruch, Kerstin | Frau Kutscher | 26113 Oldenburg |
| 3490 | Hoffenstedt, Anita | Herr Schellendorf | 57074 Siegen |
| 3492 | Kaiser, Jürgen | Herr Kaiser | 96442 Coburg |
| 3498 | Wilms, Ingo | Herr Wilms | 80332 München |

- **Auszug aus dem Produktkatalog**

| Art.-Nr. | Artikel |
|---|---|
| Produktgruppe Hardware | |
| A22 | Notebook |
| A24 | Laserdrucker |
| A25 | Beamer |
| B10 | OHP-Projektor |
| B15 | Kopiergerät |
| Produktgruppe „eigenproduzierte Waren" | |
| 11P65 | Besucherstuhl STAPLER |
| 54P98 | Konferenztisch LOGO |
| 30P94 | Druckertisch EURATIO |

| Produktgruppe EDV-Zubehör | |
|---|---|
| 10235 | Das Office-Buch |
| 10683 | Tabellenkalkulation I |
| 11207 | Arbeiten mit dem PC |
| 11874 | Internet für Anfänger |
| 12430 | Tabellenkalkulation II |
| 13080 | Präsentieren leicht gemacht |
| 13792 | Textverarbeitung I |
| 14257 | Textverarbeitung II |

# 1 Einführung in die Tabellenkalkulation

## 1.1 Start des Programms und Bildschirmaufbau

Tabellenkalkulationsprogramme gehören zu den Standardanwendungsprogrammen. Sie basieren auf Tabellen, die wiederum aus einer Vielzahl von einzelnen Zellen bestehen. Diese Zellen können unterschiedliche Inhalte (z. B. Werte, Texte) ausweisen. Darüber hinaus können die Zellen durch logische (z. B. <, >) und arithmetische (z. B. +, *) Operationen miteinander verknüpft werden. Einzelne Tabellen werden auf den Tabellenblättern erfasst, die wiederum in ihrer Gesamtheit die Arbeitsmappe bilden. Mit der Hilfe von Tabellenkalkulationsprogrammen lassen sich so eine Vielzahl von betrieblichen Problemstellungen lösen.

Nach dem Start des Tabellenkalkulationsprogramms MS Excel 2016 erscheint folgendes Fenster:

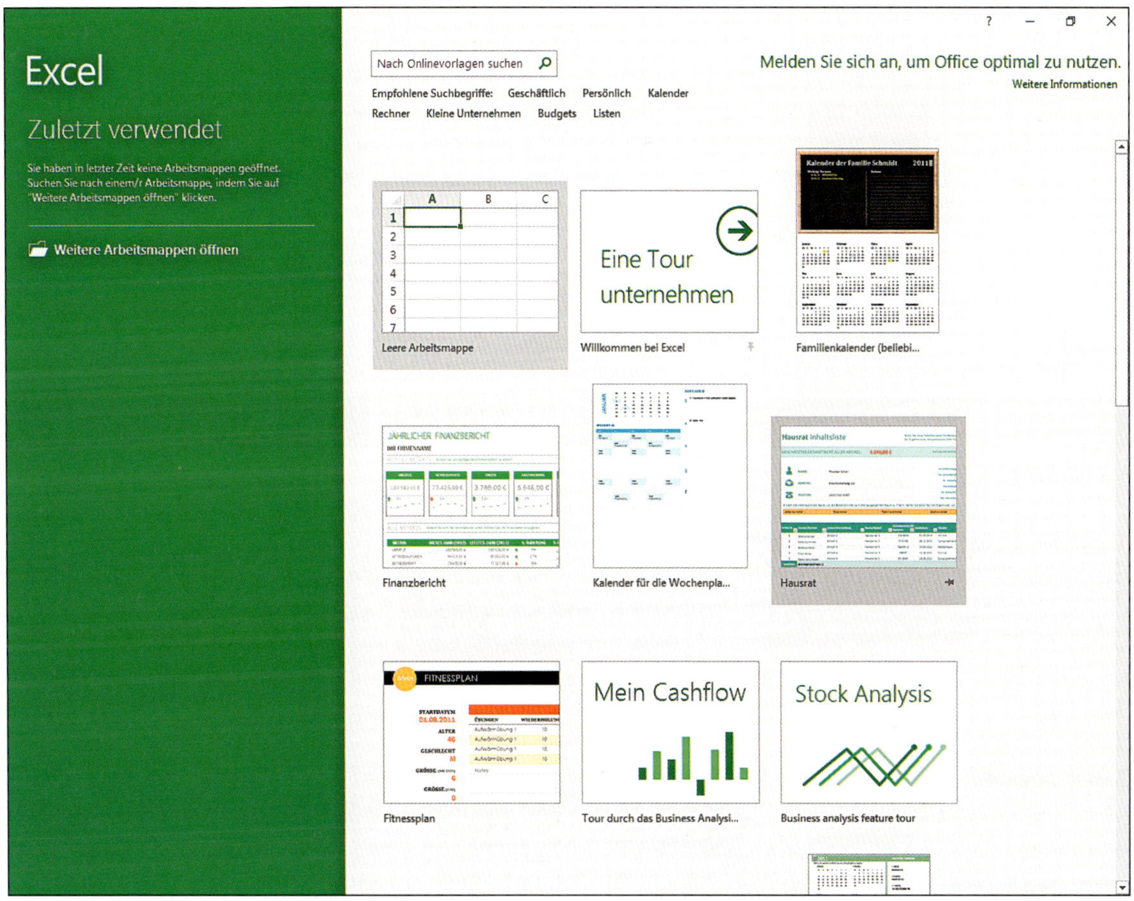


***Abbildung 1:*** *Startbildschirm des Tabellenkalkulationsprogramms MS Office 2016*

Bereits in diesem Fenster steht eine Vielzahl von Auswahlmöglichkeiten zur Verfügung. Für die weitere Bearbeitung in diesem Buch ist die Kategorie LEERE ARBEITSMAPPE (erste Schaltfläche oben links) von Bedeutung. Nach einem Mausklick auf diese Schaltfläche öffnet sich das Arbeitsfenster von MS Excel 2016. Dieses Fenster stellt sich wie folgt dar.

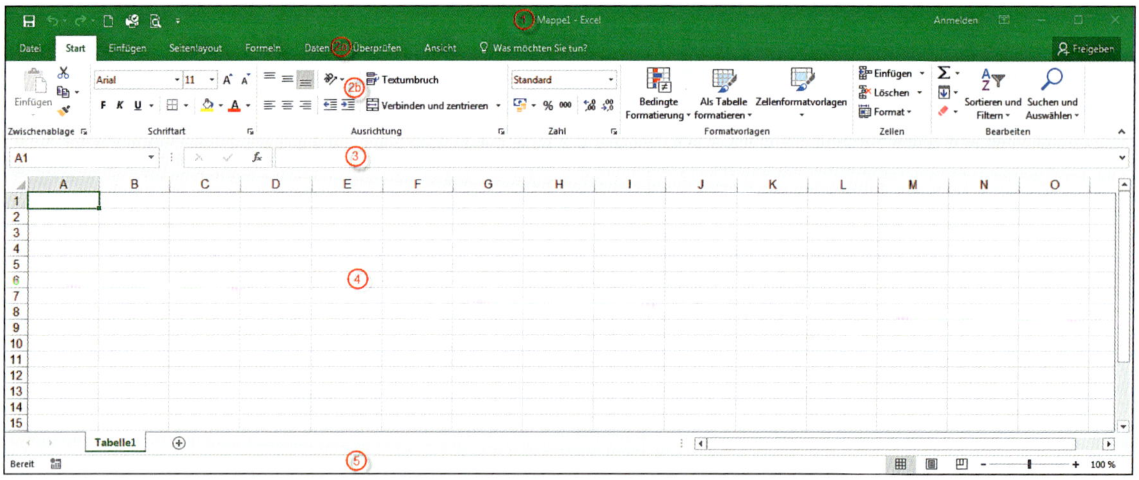


***Abbildung 2:*** *Bildschirmaufbau des Arbeitsfensters von MS Excel 2016*

**Anmerkung:**

Wenn der Mauszeiger auf ein auf dem Bildschirm dargestelltes Symbol bewegt wird (ohne darauf zu klicken), erscheint eine Quickinformation. Die Quickinformation enthält eine kurze Beschreibung der Funktion des ausgewählten Symbols sowie den entsprechenden Tastenbefehl, mit dem die Funktion ausgelöst werden kann.
Die Funktionen der einzelnen Bereiche des Bildschirmaufbaus werden in den folgenden Unterkapiteln erklärt. Die in Abbildung 2 eingefügten Ziffern ① bis ⑤ finden sich in den Überschriften der Unterkapitel wieder.

## 1.1.1 Elemente der Titelleiste ①

Die Titelleiste ist wie folgt aufgebaut:

***Abbildung 3:*** *Elemente der Titelleiste*

**1. Symbolleiste für den Schnellzugriff**

Die Symbolleiste enthält Symbole für Befehle, die bei der Arbeit mit dem Tabellenkalkulationsprogramm häufig benötigt werden. Nach der Installation sind die Symbole für SPEICHERN, RÜCKGÄNGIG und WIEDERHERSTELLEN voreingestellt. Die Eintragungen in der Symbolleiste sind an die individuellen Bedürfnisse des jeweiligen Anwenders anpassbar. Hierzu ist ein Mausklick auf den kleinen Pfeil rechts notwendig.

**2. Dokumenten- und Programmname**

Im mittleren Bereich der Titelleiste befinden sich der Dokumentenname (z. B. Mappe1) und der Name des Programms (hier: Excel). Wird beim Speichern des Dokuments ein neuer Name vergeben, dann wird der zuvor ausgegebene Dokumentenname durch den neu gewählten Dokumentennamen ersetzt.

**3. Hilfe, Menüeinstellungen und Fenster-Schaltflächen**

Ein Mausklick auf die Schaltfläche MENÜBAND-ANZEIGEOPTIONEN ( ) öffnet ein neues Fenster. In diesem Fenster können Einstellungen zur Darstellung der Registerkartenleiste und zur Multifunktionsleiste vorgenommen werden.

Die verbleibenden drei Schaltflächen dienen der Steuerung eines Fensters. Nach einem Klick auf das Symbol MINIMIEREN ( ) wird das aktuelle Fenster vom Bildschirm entfernt und erscheint als Schaltfläche in der Taskleiste. Durch einen Mausklick auf diese Schaltfläche erscheint das Fenster wieder im Vordergrund.

Das mittlere Symbol verändert sich in Abhängigkeit von der aktuell gewählten Einstellung. Mit einem Mausklick auf dieses Symbol kann in den Vollbildmodus ( ) (Anpassung des Fensters auf die Größe des Bildschirms) oder in den Teilbildmodus ( ) (Verkleinerung des Fensters) gewechselt werden. Mit einem Mausklick auf das rechts liegende Symbol ( ) wird das aktuelle Fenster geschlossen bzw. das Programm beendet.

## 1.1.2 Elemente der Registerkartenleiste (2a) und der Multifunktionsleiste (2b)

Unterhalb der Titelleiste befinden sich die Leiste mit den Registerkarten und die Multifunktionsleiste.

***Abbildung 4:*** *Leiste mit den Registerkarten*

Nach einem Mausklick auf die Registerkarte DATEI (siehe Eintrag am linken Rand der Registerkartenleiste) öffnet sich das folgende Fenster:

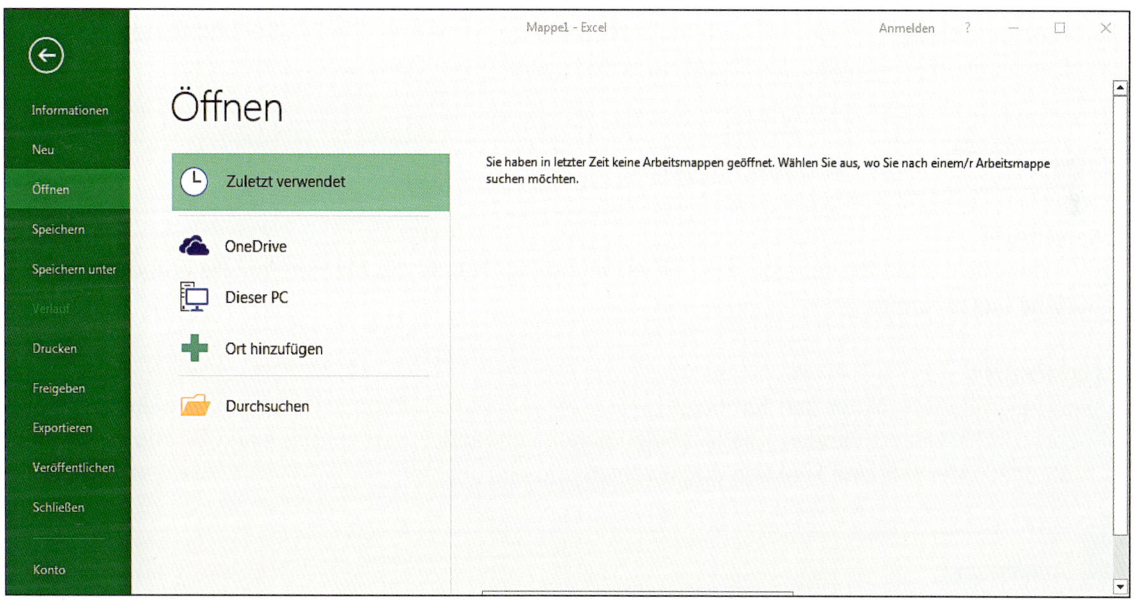


***Abbildung 5:*** *Auswahlmöglichkeiten unter dem Registerkarteneintrag DATEI*

In dem grün hinterlegten linken Bereich des sich öffnenden Fensters befinden sich Befehle, die bei der Arbeit mit dem Tabellenkalkulationsprogramm häufig benötigt werden (z. B. Anlegen, Öffnen, Speichern, Drucken eines Dokuments). Die Einträge und Auswahlmöglichkeiten im rechts liegenden Bereich des Fensters ändern sich in Abhängigkeit von der zuvor getroffenen Auswahl. Um das Fenster zu verlassen, muss die Schaltfläche angeklickt werden.

Die Einträge (z. B. START, EINFÜGEN, SEITENLAYOUT) in der Registerkartenleiste sind aufgabenorientiert. Sie können durch einen einfachen Mausklick ausgewählt werden. Die ausgewählte bzw. aktivierte Registerkarte ist daran zu erkennen, dass deren Bezeichnung durch eine Rahmung hervorgehoben wird.

Unterhalb der Registerkarten befindet sich die Multifunktionsleiste. Sie umfasst eine Gruppe von Befehlen (zumeist durch Symbole dargestellt) zu der jeweils ausgewählten Registerkarte. Die Darstellung verändert sich mit dem Wechsel der Registerkarten sowie in Abhängigkeit von der Größe des Fensters, in dem das Programm dargestellt wird.

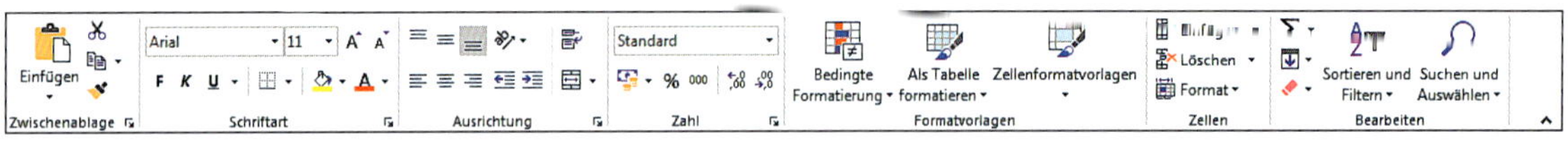


***Abbildung 6:*** *Einträge in der Multifunktionsleiste am Beispiel der Registerkarte START*

**Anmerkung:**

Auf die Funktionen der einzelnen Einträge wird in den folgenden Kapiteln eingegangen.

## 1.1.3 Elemente der Bearbeitungsleiste ③

Die Bearbeitungsleiste befindet sich unterhalb der Multifunktionsleiste. Die Bearbeitungsleiste besteht aus zwei Elementen, die vorrangig zur Eingabe und Bearbeitung von Daten vorgesehen sind.

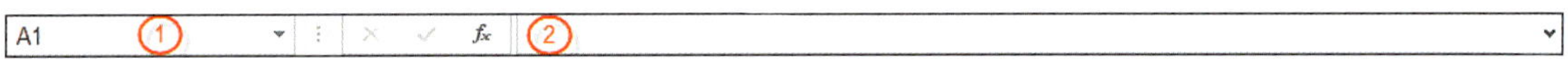


***Abbildung 7:*** *Elemente der Bearbeitungsleiste*

**1. Namensfeld**

Dem Namensfeld kann die Adresse bzw. Bezeichnung (der Name) der aktivierten Zelle entnommen werden (siehe hierzu Kapitel 3).

**2. Funktionsfeld**

In dem freien Bereich hinter den Symbolen können Einträge in Zellen neu eingegeben, überschrieben und erweitert werden. Die Symbole können verwendet werden, um einen Eintrag zu löschen, zu bestätigen oder um eine Funktion auszuwählen und einzurichten.

**Anmerkung:**

Auf die Möglichkeiten der Eingabe von Daten in Zellen wird im Rahmen der folgenden Kapitel eingegangen.

## 1.1.4 Elemente des Dokumentenfensters ④

Das Dokumentenfenster eines Tabellenkalkulationsprogramms zeichnet sich durch folgendes Erscheinungsbild aus.

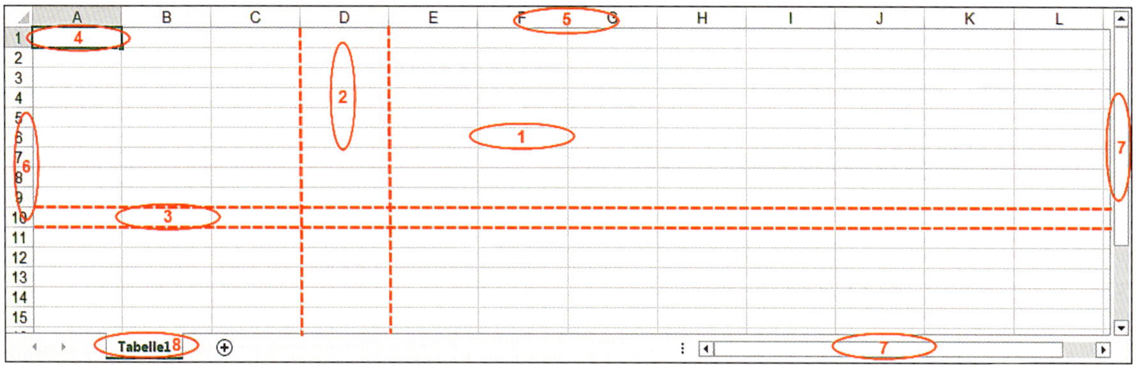


***Abbildung 8:*** *Elemente des Dokumentenfensters*

**1./2./3. Tabellenblatt, Spalte, Zeile**
Das Tabellenblatt setzt sich aus Spalten und Zeilen zusammen. Die Spalten sind senkrecht angeordnet. Das Tabellenkalkulationsprogramm MS Excel verfügt über 16.373 Spalten. Die Zeilen sind waagerecht angeordnet. Eine Tabelle besteht aus bis zu 1.048.576 Zeilen.

Die Schnittpunkte der Spalten und Zeilen werden als Zelle bezeichnet. Jede Zelle hat eine Standardbreite von 10,71 Zeichen. Maximal kann eine Zelle 32.000 Zeichen aufnehmen. Jedoch können nur 255 Zeichen einer Zelle sichtbar dargestellt werden. Die Standardhöhe einer Zelle beträgt 15 Punkt (1 Punkt entspricht etwa 1/30 cm). Die maximale Höhe einer Zelle kann 409,5 Punkt betragen.

**4. Aktive Zelle**
Als aktive Zelle wird die Zelle bezeichnet, die zuvor auf dem Tabellenblatt markiert wurde. Die aktive Zelle ist an dem etwas dickeren und grünen Rahmen zu erkennen. Eingaben können nur in aktiven Zellen vorgenommen werden.

**5./6. Spaltenkopf, Zeilenkopf**
Um eine aktive Zelle direkt ansprechen oder adressieren zu können, haben Spalten und Zeilen Namen. Die Bezeichnung der Spalten erfolgt anhand von Buchstaben. Die erste Spalte heißt A, die zweite Spalte B usw. Die Namen der Spalten befinden sich im Spaltenkopf. Die Bezeichnung der Zeilen erfolgt anhand von Zahlen. Der Zeile 1 ist die Zahl 1 zugeordnet, der Zeile 2 die Zahl 2 usw. Die Namen der Zeilen befinden sich im Zeilenkopf. Durch die Kombination der Spalten- und Zeilenbeschriftung ergibt sich für jede einzelne Zelle im Tabellenblatt eine eindeutige Bezeichnung (Adresse). Die erste Zeile oben links hat beispielsweise die Bezeichnung A1.

**7. Bildlaufleisten**
Die Navigation von Zeile zu Zeile bzw. von Spalte zu Spalte ist auf unterschiedliche Art und Weise möglich. Für kleine Strecken eignen sich Pfeiltasten oder die Bild-auf-Taste bzw. die Bild-ab-Taste. Die Pfeiltasten ermöglichen jeweils den Sprung in die vorhergehende bzw. nächste Zeile oder Spalte. Mit der Bild-ab-Taste ist ein Sprung auf die erste nicht mehr dargestellte Zeile möglich. Die Bild-auf-Taste ermöglicht den Sprung zurück. Die Kombination der Bild-auf-Taste bzw. der Bild-ab-Taste mit der ALT-Taste ermöglicht den Sprung in die nächste nicht mehr sichtbare Spalte bzw. zurück.

Für umfangreiche Tabellen stehen die Bildlaufleisten für vertikale und horizontale Bewegungen im Tabellenblatt zur Verfügung. Die Bildlaufleisten werden mit der Maus gesteuert. Soll die Bewegung langsam erfolgen, eignen sich einzelne Mausklicks auf die jeweiligen Pfeile der Bildlaufleiste. Bei längeren Strecken ist es sinnvoll, den Schieberegler der Bildlaufleiste anzuklicken und die Maus bei gedrückter Maustaste in die gewünschte Richtung zu ziehen.

**8. Registerleiste**
Das Dokument eines Tabellenkalkulationsprogramms besteht in der Regel aus mehreren Tabellenblättern. Die einzelnen Tabellenblätter sind in der Registerleiste aufgeführt. Standardmäßig haben diese die Bezeichnung Tabelle1, Tabelle2 usw. Nach einem Doppelklick auf einen Registernamen kann der entsprechende Name geändert werden. Nach dem Start einer leeren Arbeitsmappe ist ein Tabellenblatt eingerichtet. Wenn weitere Tabellenblätter benötigt werden, können diese durch einen Mausklick auf das Symbol ⊕ der Arbeitsmappe hinzugefügt werden. Die Navigation zwischen den Tabellenblättern erfolgt entweder durch direktes Anklicken mit der Maus oder mittels der Maus über die Pfeile ganz links in der Registerleiste ( ).

## 1.1.5 Elemente der Statusleiste ⑤

Die Statusleiste befindet sich am unteren Bildschirmrand. Sie enthält folgende Elemente:

***Abbildung 9:*** *Elemente der Statusleiste*

**1. Linker Bereich der Statusleiste**
Im linken Bereich der Statusleiste sind zum einen Informationen über einen ausgewählten Befehl zu entnehmen. Standardmäßig steht dort der Eintrag BEREIT. Werden beispielsweise Daten in eine Zelle eingegeben, erscheint die Meldung EINGEBEN, werden Zellinhalte bearbeitet, erscheint die Meldung BEARBEITEN. Im linken Bereich der Statusleiste werden zum anderen laufende Operationen beschrieben (z. B. speichern eines Dokuments). Neben dieser Anzeige befindet sich eine Schaltfläche . Nach einem Mausklick auf diese Schaltfläche öffnet sich ein Fenster, welches für die Aufnahme von Makros notwendig ist. Mit Makros können einzelne Arbeitsschritte zusammengefasst und per Tastenkombination aufgerufen werden.

**2. Mittlerer Bereich der Statusleiste**
Im mittleren Bereich der Statusleiste kann die Ansicht der Tabelle verändert werden. Zur Verfügung stehen die Normalansicht, die Ansicht im Seitenlayout und die Umbruchvorschau. Die einzelnen Ansichten werden im Verlauf der folgenden Kapitel beschrieben.

**3. Rechter Bereich der Statusleiste**
Im rechten Bereich der Statusleiste befindet sich der Zoom. Er ist standardmäßig auf 100 % eingestellt. Mit einem Mausklick auf das Minus- bzw. Pluszeichen wird die Tabellenansicht auf dem Bildschirm verkleinert bzw. vergrößert. Darüber hinaus ist es möglich, den Schieberegler direkt anzuklicken und bei gedrückter linker Maustaste in die gewünschte Richtung zu ziehen. Das Minimum liegt bei 10 %, das Maximum liegt bei 400 %.

**Anmerkung:**
Die Einstellungen des Zooms über die Statusleiste haben nur Auswirkungen auf die Bildschirmdarstellung. Der Ausdruck bleibt unberührt.

## 1.2 Eingabe von Texten und Zahlen

**Situation:**

Die Bürodesign GmbH bezieht viele ihrer Vordrucke von der Druckerei PrintService KG. In den vergangenen Monaten wurden die Preise für die bezogenen Vordrucke immer wieder erhöht. Besonders Veränderungen im Design und einzelne Aktualisierungen (z. B. neue Postfachnummer) haben zu hohen Kosten geführt. Nachdem Frau Evert, die Leiterin der Abteilung Beschaffung, keine besseren Konditionen hinsichtlich der Preisgestaltung mit der PrintService KG aushandeln konnte, haben sich Frau Schmitz und Herr Marlies (beide von der Geschäftsleitung) dazu entschieden, das Potenzial der eigenen Mitarbeiter zu nutzen und die Vordrucke selbst zu erstellen. In einem Pilotprojekt soll zunächst das Formular für die Ausgangsrechnungen neu erstellt werden, da dieses besonders häufig zum Einsatz kommt.

Die einzelnen Zellen einer Tabelle können unter anderem Text und Zahlen enthalten. Um einer bestimmten Zelle einen Inhalt zuzuweisen, muss diese zuvor als **aktive Zelle** markiert werden. Die Eingabe des gewünschten Inhalts über die Tastatur kann entweder über die Bearbeitungsleiste oder in der Zelle direkt erfolgen. Zum Abschluss muss die Eingabe bestätigt werden (z. B. mit der RETURN- oder ENTER-Taste). Während der Eingabe können Tippfehler mit der Rücklöschtaste verbessert werden. Nach dem Abschluss einer Eingabe sind Korrekturen erst nach vorherigem Doppelklick in die entsprechende Zelle möglich. Der Abbruch einer Eingabe ist durch Betätigung der ESC-Taste möglich.

| Besonderheiten bei der Eingabe von Zahlen | Besonderheiten bei der Eingabe von Texten |
|---|---|
| • Besteht ein Eintrag ausschließlich aus Ziffern, wird dieser vom Tabellenkalkulationsprogramm automatisch als Zahleneintrag erkannt.<br>• Zahlen werden in der Standardeinstellung **rechtsbündig** ausgegeben.<br>• Negativen Zahlen muss bei der Eingabe ein **Minuszeichen** vorangestellt werden.<br>• Die letzte dargestellte Nachkommastelle wird automatisch kaufmännisch gerundet angezeigt. Unabhängig von dieser Darstellung rechnet das Tabellenkalkulationsprogramm mit dem ungerundeten Inhalt der Zelle weiter.<br>• Ist die letzte Nachkommastelle eine Null, wird diese nicht angezeigt.<br>• Sehr große Zahlen werden in der Exponentialschreibweise dargestellt. | • Besteht ein Eintrag aus Buchstaben oder aus einer Kombination von Buchstaben und Ziffern, wird dieser automatisch als Text erkannt.<br>• Texte werden in der Standardeinstellung **linksbündig** ausgegeben.<br>• Eine Zahl kann als Text erfasst werden, indem der Zahl bei der Eingabe ein Hochkomma (Tastenkombination: Umschalttaste und #-Taste) vorangestellt wird. Das Gleiche gilt auch, wenn die Eingabe mit einem mathematischen Operator beginnt (z. B., + 5 % Gewinn). |

**Anmerkung:**

Um einen Zelleninhalt zu **löschen,** muss die entsprechende Zelle zunächst markiert werden (z. B. durch einfaches Anklicken). Bei der Löschung ist darauf zu achten, dass diese über die **Entfernen-Taste** oder **Rücklöschtaste** vorgenommen wird. Wird die Löschung über die **Leertaste** vorgenommen, entsteht ein **leerer Eintrag** in der Zelle. Dies kann bei späteren Aufgabenstellungen zu Problemen führen.

**Arbeitsauftrag 1:**

Als Auszubildender der Bürodesign GmbH erhalten Sie von der Ausbildungsleiterin Frau Ferl die Aufgabe, ein Formular für die Ausgangsrechnungen zu erstellen. Die Vorlage für das Rechnungsformular erhalten Sie von Herrn Werner (Abteilungsleiter Absatz). Übernehmen Sie die dargestellte Vorgabe unter Beachtung der beschriebenen Besonderheiten bei der Erfassung von Zahlen und Texten.

| | A | B | C | D | E | F | G | H |
|---|---|---|---|---|---|---|---|---|
| 3 | Ausschnitt aus der Tabelle Rechnungsformular | | | | | | | |
| 4 | | | | | | | | |
| 5 | Bürodesign GmbH, Stolberger Straße 188, 50933 Köln | | | | | | | |
| 6 | | | | | | | | |
| 7 | Leondörfer GmbH | | | | | | | |
| 8 | Herr Braun | | | | | | | |
| 9 | Postfach | | | | | | | |
| 10 | 26122 Oldenburg | | | | | | | |
| 11 | | | | | | | | |
| 12 | | | | | | | | |
| 13 | | | | | | | | |
| 14 | Ihre Bestellung vom | | Sachbearbeiter/-in | Datum | | Bitte bei der Zahlung angeben: | | |
| 15 | 01.08.20.. | | Frau Dose | 03.08.20.. | | Kundennummer: | | 1008 |
| 16 | | | | | | | | |
| 17 | | | | | | Rechnungsnummer: | | 1577 |
| 18 | | | | | | | | |
| 19 | Rechnung | | | | | | | |
| 20 | | | | | | | | |
| 21 | | | | | | | | |
| 22 | Position | Artikelnummer | Artikelbezeichnung | Menge (Stück) | Listenpreis pro Stück | Rabatt (%) | Rabatt pro Stück | Gesamtpreis |
| 23 | 1 | 13792 | Textverarbeitung I | 10 | 14,95 | 0 | | |
| 24 | 2 | 11207 | Arbeiten mit dem PC | 25 | 22,4 | 10 | | |
| 25 | 3 | 12430 | Tabellenkalkulation II | 20 | 24,9 | 10 | | |
| 26 | 4 | 13080 | Präsentieren leicht gemacht | 15 | 16,95 | 10 | | |
| 27 | | | | | | | | |
| 28 | | | | | | | | |
| 29 | | | | | | | Warenwert (netto) | |
| 30 | | | | | | | + 19% Umsatzsteuer | |
| 31 | | | | | | | Gesamtbetrag (brutto) | |

***Abbildung 10:** Entwurf eines Rechnungsformulars (unformatiert)*

# 1.3 Einfache Formatierungen

**Situation:**

Herr Werner ist über die schnelle Erfassung seiner Vorgaben und Ihr versiertes Vorgehen sehr erfreut. Eine Vorstellung des Arbeitsergebnisses bei Frau Schmitz und Herrn Marlies hält er jedoch noch für zu früh. Er ist der Meinung, dass das Formular hinsichtlich seines Aussehens noch verändert werden sollte. Ziel ist es, den Vordruck sowohl ansehnlicher als auch benutzerfreundlicher zu gestalten.

Um eine Tabelle ansehnlich zu gestalten, müssen Formatierungen vorgenommen, das heißt die Eigenschaften der Zelle bzw. des Zelleninhalts verändert werden. Formatierungen beziehen sich beispielsweise auf die Schriftart, Rahmungen, Zahlenformate. Um Formatierungen durchzuführen, muss zunächst die Registerkarte START mit einem Mausklick aktiviert werden. In der Multifunktionsleiste erscheinen zahlreiche Formatierungsmöglichkeiten. Einige Kategorien in der Multifunktionsleiste weisen rechts unten ein kleines Symbol ( ⇲ ) auf. Nach einem Mausklick auf dieses Symbol öffnet sich ein Fenster, welches weitere Möglichkeiten für Formatierungen bietet.

**Anmerkung:**

Reicht die vorgesehene Spaltenbreite nicht aus, um einen Text vollständig zu erfassen, stehen grundsätzlich zwei Möglichkeiten für die Lösung dieses Problems zur Verfügung:

1. **Verbreiterung der Spalte:** Durch die Positionierung des Mauszeigers auf die Trennlinie zwischen zwei Spalten im Spaltenkopf verändert sich der Mauszeiger. Bei gedrückter linker Maustaste kann so die linke Spaltenbreite durch das Bewegen der Maus nach links oder rechts verändert werden.

2. **Einstellung eines Zeilenumbruchs:** Der Zeilenumbruch bewirkt, dass der entsprechende Text in der ausgewählten Zelle in eine zweite Zeile verschoben wird. Der Zeilenumbruch kann durch einen Mausklick auf das Symbol ( ) aktiviert werden. Dieses Symbol befindet sich in der Multifunktionsleiste im Bereich der AUSRICHTUNGEN. Der Zeilenumbruch kann auch **manuell** erstellt werden, indem die **Eingabetaste bei gedrückter ALT-Taste** betätigt wird. Zuvor muss jedoch die entsprechende Zelle als aktive Zelle ausgewählt werden und der Cursor muss auf die Stelle positioniert werden, an der der Zeilenumbruch stattfinden soll.

Bevor einer Zelle oder einem Zellinhalt ein Format zugewiesen werden kann, muss die entsprechende Zelle **markiert** werden (z. B. durch Anklicken). Soll das vorgesehene Format für einen **zusammenhängenden Zellbereich** gelten, ist der entsprechende Zellbereich zu markieren. Hierzu muss die Zelle angeklickt werden, in der die Markierung beginnen soll. Bei gedrückter linker Maustaste ist die Markierung auf die gewünschten Zellen zu erweitern. Es können auch **nicht zusammenhängende Bereiche** markiert werden, um ihnen das gleiche Format zuzuweisen. Hierzu müssen die entsprechenden **Zellen oder Zellbereiche bei gleichzeitig gedrückter STRG-Taste** angeklickt werden.

**Arbeitsauftrag 2:**

Von Frau Ferl erhalten Sie die Aufgabe, das Rechnungsformular (siehe Kapitel 1.2) mit den Formatierungen gemäß der angegebenen Vorgabe zu versehen.

| | A | B | C | D | E | F | G | H |
|---|---|---|---|---|---|---|---|---|
| 3 | **Ausschnitt aus der Tabelle Rechnungsformular** | | | | | | | |
| 4 | | | | | | | | |
| 5 | *Bürodesign GmbH, Stollberger Straße 188, 50933 Köln* | | | | | | | |
| 6 | | | | | | | | |
| 7 | Leondörfer GmbH | | | | | | | |
| 8 | Herr Braun | | | | | | | |
| 9 | Postfach | | | | | | | |
| 10 | 26122 Oldenburg | | | | | | | |
| 11 | | | | | | | | |
| 12 | | | | | | | | |
| 13 | | | | | | | | |
| 14 | Ihre Bestellung vom | | Sachbearbeiter/-in | Datum | | Bitte bei der Zahlung angeben: | | |
| 15 | 01.08.20.. | | Frau Dose | 03.08.20.. | | **Kundennummer:** | | **1008** |
| 16 | | | | | | | | |
| 17 | | | | | | **Rechnungsnummer:** | | **1577** |
| 18 | | | | | | | | |
| 19 | **Rechnung** | | | | | | | |
| 20 | | | | | | | | |
| 21 | | | | | | | | |
| 22 | **Position** | **Artikel-nummer** | **Artikel-bezeichnung** | **Menge (Stück)** | **Listenpreis pro Stück** | **Rabatt (%)** | **Rabatt pro Stück** | **Gesamt-preis** |
| 23 | 1 | 13792 | Textverarbeitung I | 10 | 14,95 € | 0 | | |
| 24 | 2 | 11207 | Arbeiten mit dem PC | 25 | 22,40 € | 10 | | |
| 25 | 3 | 12430 | Tabellenkalkulation II | 20 | 24,90 € | 10 | | |
| 26 | 4 | 13080 | Präsentieren leicht gemacht | 15 | 16,95 € | 10 | | |
| 27 | | | | | | | | |
| 28 | | | | | | | | |
| 29 | | | | | | | Warenwert (netto) | |
| 30 | | | | | | | + 19% Umsatzsteuer | |
| 31 | | | | | | | **Gesamtbetrag (brutto)** | |

***Abbildung 11:*** *Entwurf eines Rechnungsformulars (formatiert)*

# 1.4 Einfache Berechnungen

**Situation:**

Herr Werner ist mit dem Layout des von Ihnen erstellten Rechnungsformulars sehr zufrieden. Auch die Geschäftsleitung zeigt sich begeistert. Herr Marlies hat vor Kurzem in einer Fachzeitschrift gelesen, dass mit der Hilfe von Tabellenkalkulationsprogrammen auch Berechnungen durchgeführt werden können. Er ist der Meinung, dass auch in das von Ihnen erstellte Formular solche Anwendungen eingearbeitet werden sollten. Automatisch durchgeführte Berechnungen beschleunigen seines Erachtens den Rechnungserstellungsprozess und vermeiden Rechenfehler.

Einfache Berechnungen können im Tabellenkalkulationsprogramm mittels der Eingabe von **Formeln** durchgeführt werden. Die Eingabe einer Formel muss in der Zelle erfolgen, in der das Ergebnis erscheinen soll. Formeln bestehen aus einer Kombination von Werten, Zellbezügen und mathematischen Operatoren (z. B. +, *). Allen Berechnungen muss **immer** ein **Gleichheitszeichen** (=) vorangehen.

| mathematisches Operatorzeichen | Rechenart | Anwendungsbeispiel |
|---|---|---|
| + | Addition | =A2+A3 |
| – | Subtraktion | =A2–A3 |
| * | Multiplikation | =A2*A3 |
| / | Division | =A2/A3 |
| ^ | Potenz | =A2^A3 |

Ist für die Berechnung des gewünschten Ergebnisses der Wert einer anderen Zelle erforderlich, ist der Wert **nicht als Konstante** in die Formel mit aufzunehmen, sondern als **Zellbezug** (z. B. durch einen einfachen Mausklick in die betreffende Zelle). Bei einer Veränderung der Ausgangswerte für die Berechnung wird so auch das durch die Formel ermittelte Ergebnis aktualisiert.

In dem Rechnungsformular ergibt sich der Rabatt pro Stück (Spalte G) aus der Multiplikation des Listenpreises mit dem Rabattsatz dividiert durch 100 (=E23*F23/100). Für die Ermittlung des Gesamtpreises (Spalte H) muss die zugrunde liegende Menge aus Spalte D berücksichtigt werden. Die Formel lautet somit: =D23*(E23-G23). Die eingegebenen Formeln können zusätzlich der Abbildung entnommen werden.

**Anmerkung:**

In Tabellenkalkulationsprogrammen gilt für die Reihenfolge der durchzuführenden Berechnungen die mathematische Regel **Punktrechnung vor Strichrechnung.** Diese Reihenfolge kann durch die Verwendung von Klammern aufgehoben werden, z. B. =(A2+A3)*A4. In diesem Beispiel wird als Erstes das Ergebnis der Addition ermittelt, um dieses dann mit dem Wert in Zelle A4 zu multiplizieren.

| | A | B | C | D | E | F | G | H |
|---|---|---|---|---|---|---|---|---|
| 3 | **Ausschnitt aus der Tabelle Rechnungsformular** | | | | | | | |
| 4 | | | | | | | | |
| 5 | *Bürodesign GmbH, Stollberger Straße 188, 50933 Köln* | | | | | | | |
| 6 | | | | | | | | |
| 7 | Leondörfer GmbH | | | | | | | |
| 8 | Herr Braun | | | | | | | |
| 9 | Postfach | | | | | | | |
| 10 | 26122 Oldenburg | | | | | | | |
| 11 | | | | | | | | |
| 12 | | | | | | | | |
| 13 | | | | | | | | |
| 14 | Ihre Bestellung vom | | Sachbearbeiter/-in | Datum | | Bitte bei der Zahlung angeben: | | |
| 15 | 01.08.20.. | | Frau Dose | 03.08.20.. | | **Kundennummer:** | | **1008** |
| 16 | | | | | | | | |
| 17 | | | | | | **Rechnungsnummer:** | | **1577** |
| 18 | | | | | | | | |
| 19 | **Rechnung** | | | | | | | |
| 20 | | | | | | | | |
| 21 | | | | | | | | |
| 22 | **Position** | **Artikel-nummer** | **Artikel-bezeichnung** | **Menge (Stück)** | **Listenpreis pro Stück** | **Rabatt (%)** | **Rabatt pro Stück** | **Gesamt-preis** |
| 23 | 1 | 13792 | Textverarbeitung I | 10 | 14,95 € | 0 | =E23*F23/100 | =D23*(E23-G23) |
| 24 | 2 | 11207 | Arbeiten mit dem PC | 25 | 22,40 € | 10 | | |
| 25 | 3 | 12430 | Tabellenkalkulation II | 20 | 24,90 € | 10 | | |
| 26 | 4 | 13080 | Präsentieren leicht gemacht | 15 | 16,95 € | 10 | | |
| 27 | | | | | | | | |
| 28 | | | | | | | | |
| 29 | | | | | | | Warenwert (netto) | |
| 30 | | | | | | | + 19% Umsatzsteuer | |
| 31 | | | | | | | **Gesamtbetrag (brutto)** | |

***Abbildung 12:*** *Einfache Berechnungen im Rechnungsformular*

**Arbeitsauftrag 3:**

Ermitteln Sie die verbleibenden Werte im dargestellten Rechnungsformular durch die Eingabe der entsprechenden Formeln. Verwenden Sie, falls möglich, immer Zellbezüge in den Formeln. Bedenken Sie, dass auch in den Zellen G27 und G28 Formeln eingegeben werden müssen, da die Rechnung für einen anderen Kunden möglicherweise sechs Positionen umfasst.

Überzeugen Sie sich von den Vorteilen Ihrer Arbeit (automatische und schnelle Berechnung des Gesamtbetrags (brutto) in Zelle G31), indem Sie die für die Berechnung notwendigen Werte (Menge, Listenpreis oder Rabatt [%]) verändern oder die Rechnung durch eine Position erweitern.

## 1.5 Einfache Funktionen

**Situation:**

Die von Ihnen eingegebenen Formeln funktionieren, sodass das Rechnungsformular inzwischen Herrn Üstün, dem Absatzsachbearbeiter im Innendienst, vorgestellt wurde. Herr Üstün, von dem dieses Formular später mehrfach täglich angewendet werden soll, erkennt die Vorteile des neuen Systems auf Anhieb. Er kann sich daher einen sinnvollen Einsatz vorstellen. Herr Üstün hat jedoch auch noch Anregungen für weitere Vereinfachungen für Sie. Zum einen sollte das Formular durch einen Bereich für statistische Auswertungen (durchschnittliche Gesamtpreise, höchster und niedrigster Gesamtpreis) erweitert werden. Darüber hinaus stellt es seiner Meinung nach eine Vereinfachung dar, wenn auf jeder Ausgangsrechnung automatisch das aktuelle Datum (in Zelle D15) ausgegeben wird. Er ist auch davon überzeugt, dass der Warenwert (netto) (Zelle G29) durch eine Funktion einfacher zu ermitteln ist.

Neben der Möglichkeit, Berechnungen durch die Eingabe von Formeln durchführen zu lassen, zeichnen sich Tabellenkalkulationsprogramme vor allem durch eine Vielzahl von **Funktionen** aus. Funktionen sind standardisierte Formeln. Sie nehmen Werte auf, verarbeiten diese und geben nach der Verarbeitung ein Ergebnis aus. Funktionen bestehen aus einem Funktionsnamen und einer Reihe von Argumenten. Einer Funktion muss immer ein Gleichheitszeichen (=) vorangehen. Zu den einfachen Funktionen gehören:

| Funktion und Syntax | Beschreibung |
|---|---|
| =SUMME(Zahl1;Zahl2 …)<br>=SUMME(Zahl1:Zahl2) | bildet die Summe der einzelnen Argumente<br>bildet die Summe des angegebenen Bereichs |
| =MITTELWERT(Zahl1;Zahl2 …)<br>=MITTELWERT(Zahl1:Zahl2) | bildet den Durchschnitt der einzelnen Argumente<br>bildet den Durchschnitt des angegebenen Bereichs |
| =MAX(Zahl1;Zahl2 …)<br>=MAX(Zahl1:Zahl2) | ermittelt den maximalen Wert aus den einzelnen Argumenten<br>ermittelt den maximalen Wert aus dem angegebenen Bereich |
| =MIN(Zahl1;Zahl2 …)<br>=MIN(Zahl1:Zahl2) | ermittelt den minimalen Wert aus den einzelnen Argumenten<br>ermittelt den minimalen Wert aus dem angegebenen Bereich |
| =JETZT() | gibt das aktuelle Datum sowie die aktuelle Uhrzeit aus |
| =HEUTE() | gibt das aktuelle Datum aus |

**Anmerkung:**

Die Argumente (Zahl1, Zahl2 …) können beispielsweise Zahlen, Zellbezüge oder Zellbereiche sein. Bei Zellbereichen sind das erste und das letzte Argument durch einen Doppelpunkt voneinander zu trennen.

Im Rechnungsformular (Abbildung 13) ist die Syntax (= Schreibweise) der Funktion SUMME in der Zelle H29 abgebildet. Nach dem **Gleichheitszeichen** folgt das Wort SUMME. In dem **Klammerausdruck** befinden sich die Argumente (H23:H28). Der **Doppelpunkt** weist darauf hin, dass **alle Werte im angegebenen Bereich addiert** werden sollen. Wird der Doppelpunkt durch ein **Semikolon** (H23;H28) ersetzt, wird als Ergebnis lediglich die Summe aus dem Wert in Zelle H23 und dem Wert in Zelle H28 (also 149,50 €) ausgegeben.

| | A | B | C | D | E | F | G | H |
|---|---|---|---|---|---|---|---|---|
| 3 | **Ausschnitt aus der Tabelle Rechnungsformular** | | | | | | | |
| 4 | | | | | | | | |
| 5 | *Bürodesign GmbH, Stollberger Straße 188, 50933 Köln* | | | | | | | |
| 6 | | | | | | | | |
| 7 | Leondörfer GmbH | | | | | | | |
| 8 | Herr Braun | | | | | | | |
| 9 | Postfach | | | | | | | |
| 10 | 26122 Oldenburg | | | | | | | |
| 11 | | | | | | | | |
| 12 | | | | | | | | |
| 13 | | | | | | | | |
| 14 | Ihre Bestellung vom | | Sachbearbeiter/-in | Datum | | Bitte bei der Zahlung angeben: | | |
| 15 | 01.08.20.. | | Frau Dose | 03.08.20.. | | **Kundennummer:** | | **1008** |
| 16 | | | | | | | | |
| 17 | | | | | | **Rechnungsnummer:** | | **1577** |
| 18 | | | | | | | | |
| 19 | **Rechnung** | | | | | | | |
| 20 | | | | | | | | |
| 21 | | | | | | | | |
| 22 | **Position** | **Artikel-nummer** | **Artikel-bezeichnung** | **Menge (Stück)** | **Listenpreis pro Stück** | **Rabatt (%)** | **Rabatt pro Stück** | **Gesamt-preis** |
| 23 | 1 | 13792 | Textverarbeitung I | 10 | 14,95 € | 0 | - € | 149,50 € |
| 24 | 2 | 11207 | Arbeiten mit dem PC | 25 | 22,40 € | 10 | 2,24 € | 504,00 € |
| 25 | 3 | 12430 | Tabellenkalkulation II | 20 | 24,90 € | 10 | 2,49 € | 448,20 € |
| 26 | 4 | 13080 | Präsentieren leicht gemacht | 15 | 16,95 € | 10 | 1,70 € | 228,83 € |
| 27 | | | | | | | | - € |
| 28 | | | | | | | | - € |
| 29 | | | | | | | Warenwert (netto) | 1.330,53 € |
| 30 | | | | | | | + 19% Umsatzsteuer | 252,80 € |
| 31 | | | | | | | **Gesamtbetrag (brutto)** | 1.583,32 € |
| 32 | | | | | | | | |
| 33 | **Auswertung:** | | | | | | | |
| 34 | Durchschnittlicher Gesamtpreis | | | | | | | |
| 35 | Höchster Gesamtpreis | | | | | | | |
| 36 | Niedrigster Gesamtpreis | | | | | | | |

***Abbildung 13:*** *Einfache Funktionen im Rechnungsformular*

**Arbeitsauftrag 4:**

Ergänzen Sie Ihr Rechnungsformular gemäß der Vorlage in Abbildung 13. Ermitteln Sie die entsprechenden Werte durch die Eingabe geeigneter Funktionen.
Veranlassen Sie, dass in der Zelle D15 das aktuelle Datum ausgegeben wird.

# 1.6 Drucken von Mappen und Tabellenblättern

**Situation:**

Das neue Rechnungsformular soll auf der anstehenden Verkaufsinformationssitzung, an der neben den Mitarbeitern der Abteilung Absatz auch Herr Taube aus der Abteilung Rechnungswesen teilnehmen wird, präsentiert werden. Da Einzelheiten des Formulars bei der Präsentation mittels eines Beamers von den Teilnehmern nicht zu erkennen sein werden, soll jedem Teilnehmer ein Exemplar des neuen Formulars per Ausdruck zur Verfügung gestellt werden. Sie halten es für sinnvoll, den Teilnehmern auch einen Einblick in die Funktionsweise des Formulars zu ermöglichen. Aus diesem Grund soll ein weiterer Ausdruck zur Verfügung gestellt werden, auf dem die erstellten Formeln und Funktionen ersichtlich sind.

Um das Drucklayout, d. h. das Erscheinungsbild der Tabelle in der Druckerausgabe, festzulegen, ist ein Wechsel in die Registerkarte SEITENLAYOUT notwendig. Nach dem Mausklick auf die Registerkarte SEITENLAYOUT ändern sich die Einträge in der Multifunktionsleiste wie folgt:

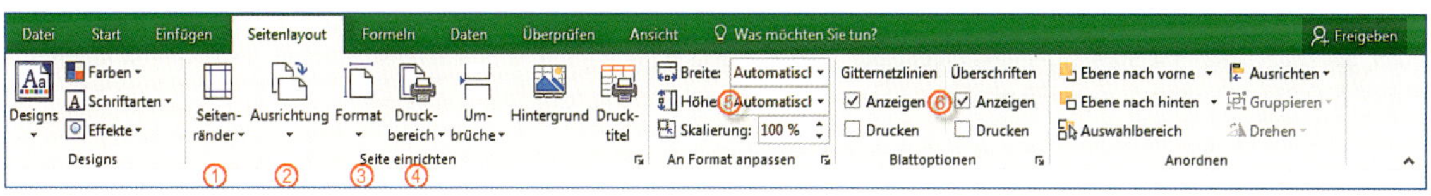


***Abbildung 14:*** *Einstellmöglichkeiten für das Seitenlayout für die Ausgabe einer Tabelle auf dem Drucker*

Von besonderer Bedeutung sind die in der Abbildung mit Nummern versehenen Einträge.

**Anmerkung:**

Eine Erweiterung der jeweiligen Einträge in der Multifunktionsleiste kann mit einem Mausklick auf den nach unten gerichteten Pfeil ( ▾ ) aufgerufen werden. Die Erweiterung enthält die zur Verfügung stehenden Einstellmöglichkeiten für den jeweiligen Punkt.

### 1. Seitenränder

Ein Mausklick auf den nach unten gerichteten Pfeil öffnet das Fenster mit den Einstellmöglichkeiten für diesen Eintrag.

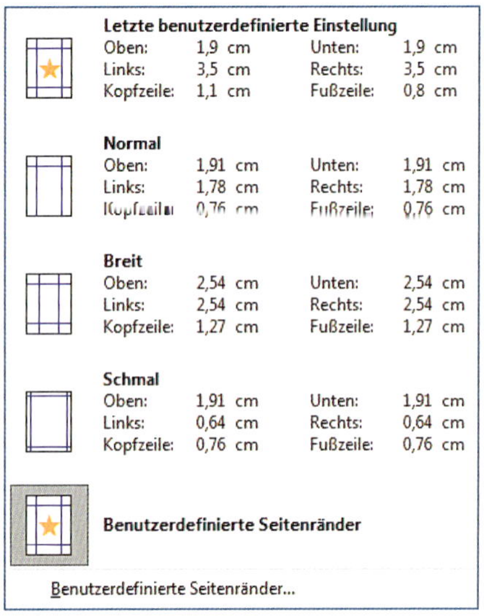


***Abbildung 15:*** *Einstellmöglichkeiten im Fenster SEITENRÄNDER*

Abweichend von den vorgegebenen Einstellmöglichkeiten können auch eigene Einstellungen gewählt werden. Hierzu ist ein Mausklick auf den Eintrag BENUTZERDEFINIERTE SEITENRÄNDER ... notwendig. In dem sich öffnenden Fenster kann darüber hinaus festgelegt werden, ob das Tabellenblatt horizontal und/ oder vertikal zentriert auf dem Papierblatt ausgedruckt werden soll.

### 2. Orientierung

Hier stehen zwei Einstellmöglichkeiten zur Verfügung. Der Inhalt des Tabellenblattes kann entweder im HOCHFORMAT oder im QUERFORMAT über den Drucker ausgegeben werden.

### 3. Größe

Unter diesem Eintrag wird festgelegt, welches Format das Papier hat, auf dem der Ausdruck erfolgen soll. Das Tabellenkalkulationsprogramm stellt eine Auswahl von Formaten zur Verfügung.

### 4. Druckbereich

Häufig ist es nicht gewünscht, dass der gesamte Inhalt eines Tabellenblattes ausgedruckt wird. In diesem Fall kann ein Druckbereich festgelegt werden. Um einen Druckbereich festzulegen, muss zunächst der Bereich, der auf dem Ausdruck erscheinen soll, im Tabellenblatt markiert werden. Anschließend ist unter dem Eintrag DRUCKBEREICH die Option DRUCKBEREICH FESTLEGEN anzuklicken. Mit einem Mausklick auf die Option DRUCKBEREICH AUFHEBEN wird der zuvor definierte Druckbereich wieder gelöscht.

### 5. An Format anpassen

Unter Umständen ist es nicht sinnvoll, dass eine Tabelle auf zwei oder mehreren unterschiedlichen Blättern ausgedruckt wird. Beim Rechnungsformular ist es beispielsweise ungünstig, wenn der Gesamtpreis auf der zweiten Seite ausgedruckt wird und der Rest des Formulars auf der ersten Seite zu finden ist.

Die Einstellmöglichkeiten des Eintrags AN FORMAT ANPASSEN erlauben es, das Tabellenblatt auf eine bestimmte Anzahl von Druckseiten festzulegen. Folgende Einstellung zwingt das Tabellenkalkulationsprogramm, das Tabellenblatt auf genau einer Seite auszudrucken.

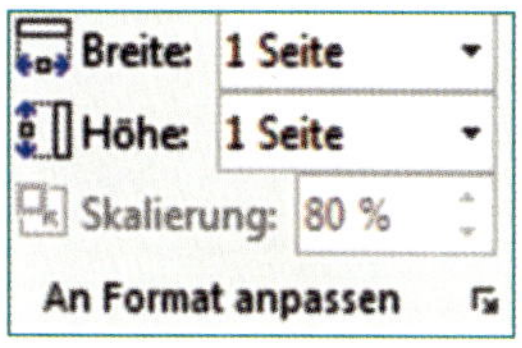


***Abbildung 16:*** *Einstellung für den Ausdruck des Tabellenblattes auf eine Seite*

Dabei ist zu berücksichtigen, dass die Inhalte des Tabellenblattes unter Umständen (stark) verkleinert werden. Im Beispiel in Abbildung 16 beträgt die Größe des Tabellenblattes im Ausdruck noch 80 %, gemessen an seiner ursprünglichen Größe.

**6. Tabellenblattoptionen**

Für die bessere Lesbarkeit ist es häufig sinnvoll, dass das Tabellenblatt mit Gitternetzlinien sowie Zeilen- und Spaltenüberschriften (insbesondere beim Formelausdruck) ausgegeben wird. Um dies zu erreichen, muss bei den BLATTOPTIONEN jeweils der Eintrag DRUCKEN durch einen Mausklick aktiviert werden (siehe Abbildung 17).

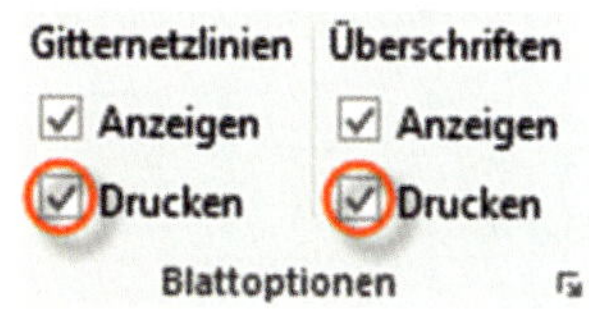


***Abbildung 17:*** *Aktivierung der Einstellung Gitternetzlinien und Überschriften ausdrucken*

In vielen Fällen ist es sinnvoll, in die Kopf- oder Fußzeile eines Ausdrucks weitere Informationen aufzunehmen. Um die Kopf- bzw. Fußzeile zu beschriften, muss unter dem Eintrag SEITE EINRICHTEN der kleine Pfeil rechts unten (  ) angeklickt werden. Danach öffnet sich das Fenster, in dem die Kopf- und die Fußzeile eingerichtet werden kann:

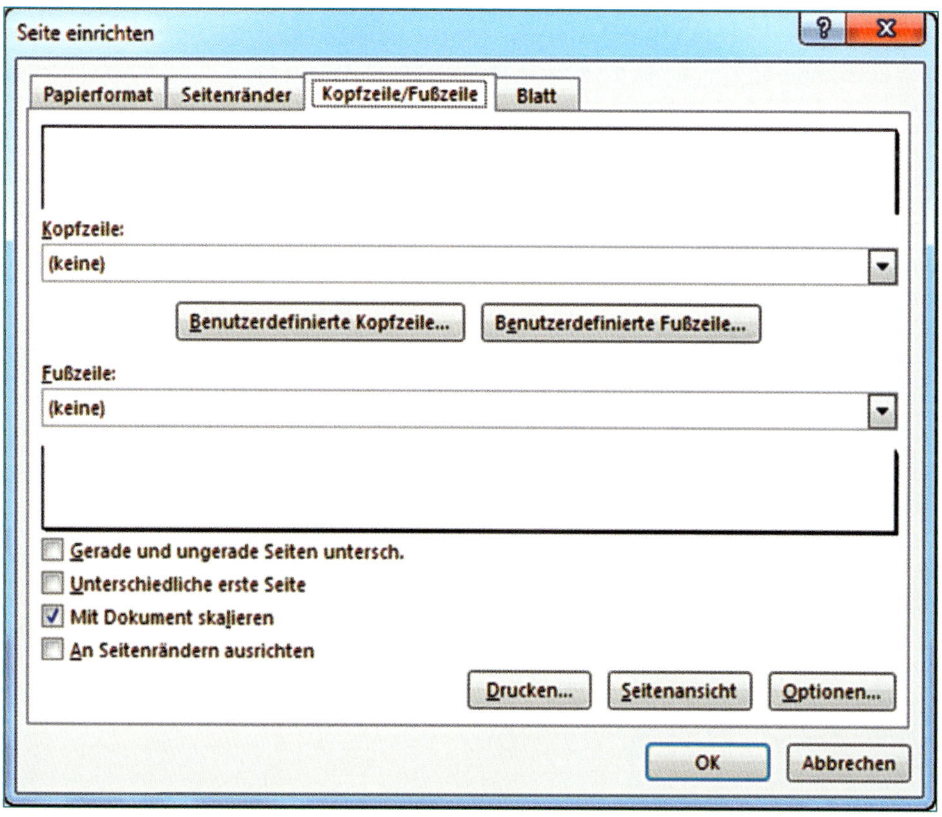


***Abbildung 18:*** *Seite einrichten – Kopf-/Fußzeile*

Sowohl in der Kopf- als auch in der Fußzeile können Eintragungen in drei Bereichen vorgenommen werden (LINKER ABSCHNITT, MITTLERER ABSCHNITT, RECHTER ABSCHNITT).

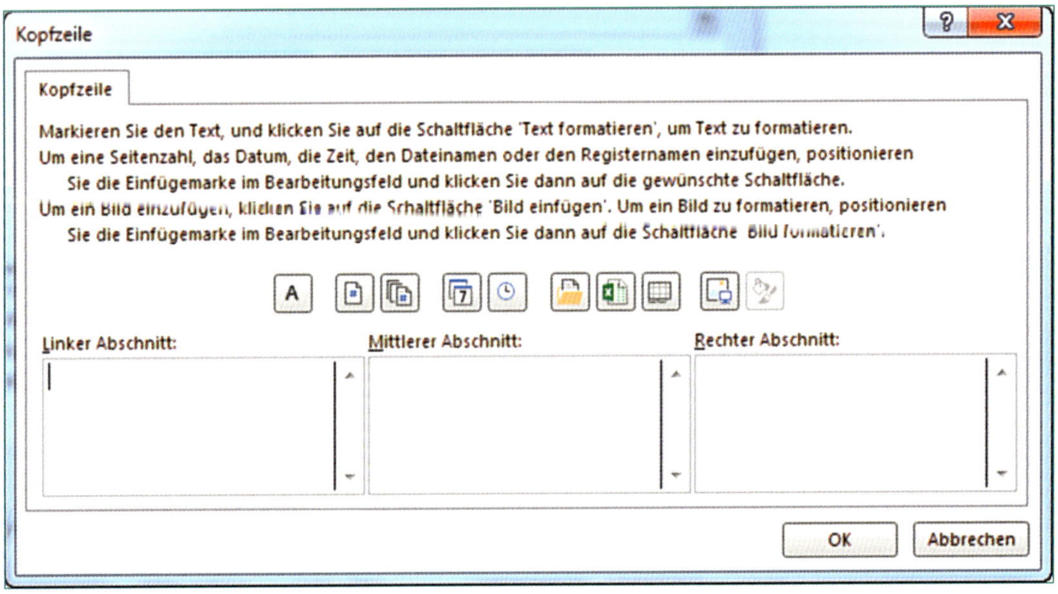


***Abbildung 19:*** *Seite einrichten – Kopfzeile*

Die Eintragungen erfolgen entweder direkt über die Tastatur oder über die mit den Symbolen versehenen Schaltflächen. Mit den Schaltflächen lässt sich zum einen der eingegebene Text formatieren (Mausklick auf das Symbol ( A ). Zum anderen können in die einzelnen Bereiche Platzhalter z. B. für den Dateinamen ( ) oder die Seitenzahlen ( ) eingefügt werden. Mit einem Mausklick auf das Symbol ( ) wird ein Bild eingefügt.

**Anmerkung:**

In der **Formelansicht** werden die in den Zellen hinterlegten Formeln und Funktionen auf dem Bildschirm angezeigt. Die Formelansicht sollte stets in einem separaten Tabellenblatt erstellt werden. Hierfür müssen zunächst alle Daten des bestehenden Tabellenblattes in ein neues bzw. leeres Tabellenblatt kopiert werden. Um sicherzustellen, dass alle Daten kopiert werden, ist es sinnvoll, das komplette Tabellenblatt zu markieren (durch einen Mausklick auf das leere Kästchen oberhalb der 1 im Zeilenkopf und links neben dem A im Spaltenkopf ( )). Mit einem Mausklick auf das Symbol ( ) (Register START, Eintrag ZWISCHENABLAGE) werden die Daten zum Kopieren in den Zwischenspeicher übernommen. Die Daten können nun in ein leeres Tabellenblatt eingefügt werden (Register START, Eintrag ZWISCHENABLAGE, Schaltfläche EINFÜGEN, Menüpunkt EINFÜGEN). Die Formelansicht wird über die **Tastenkombination ALT O F** aktiviert. Da die Formeln und Funktionen häufig länger als die vorgegebene Spaltenbreite sind, ist es unvermeidbar, die Spaltenbreite manuell anzupassen. Die Breite von Spalten, die keine Formeln und Funktionen enthalten, kann zugunsten der besseren Lesbarkeit der Formeln und Funktionen verkleinert werden.

**Arbeitsauftrag 5:**

Kopieren Sie das Rechnungsformular in ein leeres Tabellenblatt. Geben Sie diesem Tabellenblatt den Namen **Formeln** und wechseln Sie in die Formelansicht. Achten Sie darauf, dass alle Formeln und Funktionen vollständig lesbar sind. Weisen Sie beiden Tabellenblättern folgendes Layout zu:

a) Der Ausdruck soll im Querformat auf je einer Seite erfolgen.
b) In der Kopfzeile soll links Ihr Name als Erstellerin bzw. Ersteller des Formulars erscheinen. In der Kopfzeile rechts soll der aktuelle Dateiname automatisch ausgewiesen werden.
c) Der Ausdruck soll mit Gitternetzlinien und Zeilen- und Spaltenüberschriften erfolgen.
Drucken Sie beide Tabellenblätter aus.

# 1.7 Arbeiten mit Prozent

**Situation:**

Die Teilnehmer der Verkaufsinformationssitzung sind mit dem neu erstellten Formular für die Ausgangsrechnungen durchaus zufrieden. Ein Änderungswunsch hinsichtlich des Formats hat sich aber dennoch ergeben. Herr Grohe hält es für sinnvoll, dass die Rabattsätze mit dem Prozentzeichen versehen werden. Nach kurzer Diskussion stimmen die übrigen Teilnehmer Herrn Grohe einvernehmlich zu.

Viele kaufmännische Problemstellungen erfordern die Einbeziehung der Prozentrechnung. Hierfür bieten Tabellenkalkulationsprogramme die Möglichkeit, Zellen auf das **Format Prozent** zu formatieren. Die eingegebenen bzw. ausgegebenen Werte erhalten dann automatisch als Erweiterung das Prozentzeichen (%). Um richtige Ergebnisse zu erhalten, müssen die **Grundlagen der Prozentrechnung** beachtet werden. 10 % steht für 10 pro Hundert. Mathematisch bedeutet der Ausdruck also:

$$10\,\% = \frac{10}{100} = 0{,}1$$

Vor dem Zuweisen des Prozentformats müssen die Zellen, für die dieses Format gelten soll, markiert werden. Die Zuweisung des Prozentformats erfolgt innerhalb der Registerkarte START im Eintrag ZAHL mit dem Symbol ( % ).

**Hinweis:**

Befinden sich bereits Werte in Zellen, denen das Prozentformat zugewiesen werden soll – wie im Rechnungsformular –, werden diese verändert. Sie müssen neu erfasst bzw. überschrieben werden.

Web

**Arbeitsauftrag 6:**

1. Ändern Sie das bestehende Rechnungsformular gemäß der folgenden Vorlage ab:

| | A | B | C | D | E | F | G | H |
|---|---|---|---|---|---|---|---|---|
| 3 | **Ausschnitt aus der Tabelle Rechnungsformular** | | | | | | | |
| 4 | | | | | | | | |
| 5 | *Bürodesign GmbH, Stollberger Straße 188, 50933 Köln* | | | | | | | |
| 6 | | | | | | | | |
| 7 | Leondörfer GmbH | | | | | | | |
| 8 | Herr Braun | | | | | | | |
| 9 | Postfach | | | | | | | |
| 10 | 26122 Oldenburg | | | | | | | |
| 11 | | | | | | | | |
| 12 | | | | | | | | |
| 13 | | | | | | | | |
| 14 | Ihre Bestellung vom | | Sachbearbeiter/-in | Datum | | **Bitte bei der Zahlung angeben:** | | |
| 15 | 01.08.20.. | | Frau Dose | 03.08.20.. | | **Kundennummer:** | | **1008** |
| 16 | | | | | | | | |
| 17 | | | | | | **Rechnungsnummer:** | | **1577** |
| 18 | | | | | | | | |
| 19 | **Rechnung** | | | | | | | |
| 20 | | | | | | | | |
| 21 | | | | | | | | |
| 22 | **Position** | **Artikel-nummer** | **Artikel-bezeichnung** | **Menge (Stück)** | **Listenpreis pro Stück** | **Rabatt** | **Rabatt pro Stück** | **Gesamt-preis** |
| 23 | 1 | 13792 | Textverarbeitung I | 10 | 14,95 € | 0% | - € | 149,50 € |
| 24 | 2 | 11207 | Arbeiten mit dem PC | 25 | 22,40 € | 10% | 2,24 € | 504,00 € |
| 25 | 3 | 12430 | Tabellenkalkulation II | 20 | 24,90 € | 10% | 2,49 € | 448,20 € |
| 26 | 4 | 13080 | Präsentieren leicht gemacht | 15 | 16,95 € | 10% | 1,70 € | 228,83 € |
| 27 | | | | | | | - € | - € |
| 28 | | | | | | | - € | - € |
| 29 | | | | | | | Warenwert (netto) | 1.330,53 € |
| 30 | | | | | | | + 19% Umsatzsteuer | 252,80 € |
| 31 | | | | | | | **Gesamtbetrag (brutto)** | 1.583,32 € |
| 32 | | | | | | | | |
| 33 | **Auswertung:** | | | | | | | |
| 34 | Durchschnittlicher Gesamtpreis | | | 221,75 € | | | | |
| 35 | Höchster Gesamtpreis | | | 504,00 € | | | | |
| 36 | Niedrigster Gesamtpreis | | | - € | | | | |

***Abbildung 20:*** *Rabattsätze im Prozentformat*

2. Korrigieren Sie die Formeln zur Berechnung des Rabatts (Spalte G).

# 1.8 Übungsaufgaben

## 1.8.1 Bildschirmaufbau

**Situation:**

Als Auszubildende/-r der Bürodesign GmbH wird es zu Ihren Aufgaben gehören, eine Vielzahl von kaufmännischen Problemstellungen mit dem Tabellenkalkulationsprogramm zu lösen. Um das Programm effizient zu nutzen, müssen Sie sich zunächst mit dem Bildschirmaufbau beschäftigen. Ihre erste Aufgabe ist es daher, die in der Tabelle stehenden Elemente der unteren Abbildung des Excel-Anwendungsfensters zuzuordnen und mit eigenen Worten kurz zu beschreiben.

| Bildschirmelement | Funktion des Bildschirmelements |
|---|---|
| Bildlaufleisten | |
| Dokumentenname | |
| Multifunktionsleiste | |
| aktive Zelle | |
| Spaltenkopf der Spalte H | |
| Statusleiste | |
| Symbolleiste für den Schnellzugriff | |
| Registerkartenleiste | |
| Registerleiste | |
| Namensfeld | |
| Zeilenkopf der Zeile 5 | |
| Funktionsfeld | |

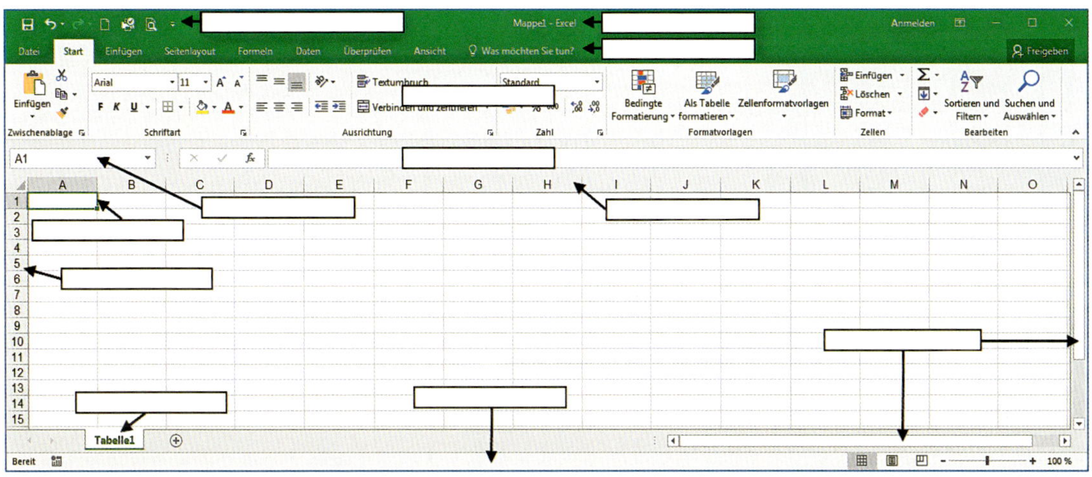


***Abbildung 21:*** *Bildschirmaufbau*

## 1.8.2 Eingabeübungen

**Situation:**

Ziel der folgenden Übung ist es, dass Sie sich mit den verschiedenen Inhalten, die eine Zelle annehmen kann, nochmals auseinandersetzen. Nehmen Sie folgende Eingaben in einem Tabellenblatt Ihres Tabellenkalkulationsprogramms vor und tragen Sie das jeweilige Ergebnis in die Tabelle ein. Beschreiben Sie außerdem, wodurch sich die Ausgabeergebnisse unterscheiden.

| | A | B | C | D |
|---|---|---|---|---|
| 1 | Nr. | Eingabe | Ausgabe | Bemerkung |
| 2 | 1. | 3.45 | | |
| 3 | 2. | =345 | | |
| 4 | 3. | +345 | | |
| 5 | 4. | -345 | | |
| 6 | 5. | 3,45 | | |
| 7 | 6. | 7+8 | | |
| 8 | 7. | =7+8 | | |
| 9 | 8. | =7+acht | | |
| 10 | 9. | =7+"acht" | | |
| 11 | 10. | =7/0 | | |
| 12 | 11. | =7/8 | | |
| 13 | 12. | 7/8 | | |
| 14 | 13. | heute() | | |
| 15 | 14. | =heute() | | |
| 16 | 15. | =6*5 | | |

***Abbildung 22:*** *Eingabeübungen*

## 1.8.3 Benzinverbrauch

**Situation:**

Die Bürodesign GmbH sieht sich einem immer stärker werdenden Wettbewerbsdruck ausgesetzt. Um sich gegenüber der Konkurrenz besser behaupten zu können, erhalten alle Abteilungsleiter von Herrn Marlies die Vorgabe, die Kosten um 5 % zu senken.

Als Auszubildende/-r sind Sie derzeit in der Abteilung Lager/Versand tätig. Herr Beck ist dort der Ansprechpartner für den Fuhrpark. Auch er muss sich überlegen, ob Kosten in seinem Bereich eingespart werden können. Herr Beck hat bereits von Ihren Fähigkeiten im Umgang mit Tabellenkalkulationsprogrammen gehört und bittet Sie, die Kosten des Firmen-Lkw hinsichtlich des Verbrauchs zu untersuchen. Herr Beck legt Ihnen hierzu die Tankdaten des letzten Monats vor:

| | A | B | C | D | E | F | G | H | I |
|---|---|---|---|---|---|---|---|---|---|
| 1 | Benzinverbrauch | | | | | | | | |
| 2 | | | | | | | | | |
| 3 | Datum | Kilometerstand | gefahrene Kilometer | Tankfüllung in Litern | Rechnungsbetrag | Kosten pro Liter | zurückgelegte Entfernung in Kilometer pro Liter | Verbrauch pro 100 Kilometer in Litern | Kosten pro 100 Kilometer |
| 4 | 02.01. | 49.563,0 | 780,0 | 75,0 | 79,43 € | | | | |
| 5 | 10.01. | 50.215,0 | | 62,0 | 68,74 € | | | | |
| 6 | 15.01. | 50.978,0 | | 73,0 | 73,66 € | | | | |
| 7 | 28.01. | 51.819,0 | | 81,0 | 85,50 € | | | | |

***Abbildung 23:*** *Benzinverbrauch*

**Arbeitsaufträge:**

1. Speichern Sie eine Arbeitsmappe unter dem Namen **Benzinverbrauch** ab. Speichern Sie die Datei regelmäßig zwischen, um Datenverluste zu vermeiden.
2. Übertragen Sie die Tabellenvorlage einschließlich **aller Formatierungen** in ein leeres Tabellenblatt. Geben Sie diesem Tabellenblatt den Namen **Ergebnis**.
3. Ermitteln Sie mithilfe geeigneter Formeln die entsprechenden Werte in den leeren Zellen.
4. Hinsichtlich der Formatierungen der Ausgabewerte gelten folgende Vorgaben:
   a) Alle Währungsangaben sind mit dem Eurozeichen und mit zwei Nachkommastellen auszugeben.
   b) Die gefahrenen Kilometer sind mit einer Nachkommastelle, alle übrigen Werte mit zwei Nachkommastellen auszuweisen.
   c) Die ermittelten Werte in der Spalte C, G und H sind zu zentrieren.
5. Erstellen Sie in einem weiteren Tabellenblatt mit dem Namen **Formeln** die Formelansicht.
6. Für das Drucklayout gelten folgende Vorgaben:
   a) Die Tabellenblätter sollen im Format DIN A4 quer auf je einer Seite ausgedruckt werden.
   b) In der Fußzeile unten links soll automatisch der Dateiname und in der Fußzeile unten rechts soll Ihr Name ausgewiesen werden.
   c) Beide Tabellenblätter sind mit Zeilen- und Spaltenüberschriften sowie mit Gitternetzlinien auszudrucken.

## 1.8.4 Umsatzauswertung

**Situation:**

Frau Schmitz und Herr Marlies möchten sich einen Überblick über die Umsatzentwicklung in diesem Jahr im Vergleich zum Vorjahr verschaffen. Als Hilfsmittel soll die folgende Tabelle verwendet werden. Leider fehlen noch die Eintragungen im Auswertungsbereich. Da Frau Schmitz Sie als sehr fähig und zuverlässig kennengelernt hat, erteilt sie Ihnen die Aufgabe, die leeren Zellen unter Verwendung von Zellbezügen, Formeln und Funktionen zu füllen.

| | A | B | C | D | E | F | G |
|---|---|---|---|---|---|---|---|
| 1 | Auswertung der Umsätze unserer Absatzmitarbeiter | | | | | | |
| 2 | | | | | | | |
| 3 | Absatzmitarbeiter | | Umsätze des Vorjahres in Euro | Umsätze des aktuellen Jahres in Euro | | | |
| 4 | Name | Vorname | | 1. Quartal | 2. Quartal | 3. Quartal | 4. Quartal |
| 5 | Grohe | Heinrich | 7.400.000,00 | 2.100.000,00 | 1.800.000,00 | 1.700.000,00 | 2.100.000,00 |
| 6 | Oberndorf | Rudolf | 6.700.000,00 | 1.800.000,00 | 1.500.000,00 | 1.600.000,00 | 2.300.000,00 |
| 7 | Üstün | Mustafa | 8.200.000,00 | 2.300.000,00 | 2.100.000,00 | 1.500.000,00 | 2.200.000,00 |
| 8 | Wutzler | Olga | 7.100.000,00 | 1.700.000,00 | 2.100.000,00 | 2.200.000,00 | 1.500.000,00 |
| 9 | Dose | Heike | 7.400.000,00 | 1.800.000,00 | 1.900.000,00 | 1.800.000,00 | 1.800.000,00 |
| 10 | Feld | Veronika | 10.500.000,00 | 2.300.000,00 | 2.700.000,00 | 2.400.000,00 | 2.900.000,00 |
| 11 | | | | | | | |
| 12 | Bereich der Auswertung | | | | | | |
| 13 | Absatzmitarbeiter | | | Umsätze des Vorjahres in Euro | Umsätze des aktuellen Jahres in Euro | Veränderung in Prozent | |
| 14 | Name | | Vorname | | | | |
| 15 | | | | | | | |
| 16 | | | | | | | |
| 17 | | | | | | | |
| 18 | | | | | | | |
| 19 | | | | | | | |
| 20 | | | | | | | |
| 21 | | | Summe | | | | |
| 22 | | | Mittelwert | | | | |
| 23 | | | niedrigster Umsatz | | | | |
| 24 | | | höchster Umsatz | | | | |

***Abbildung 24:*** *Umsatzauswertung*

**Arbeitsaufträge:**

1. Speichern Sie eine Arbeitsmappe unter dem Namen **Umsatzauswertung** ab. Speichern Sie die Datei regelmäßig zwischen, um Datenverluste zu vermeiden.
2. Übertragen Sie die Tabellenvorlage einschließlich **aller Formatierungen** in ein leeres Tabellenblatt. Geben Sie diesem Tabellenblatt den Namen **Ergebnis**.
3. Ermitteln Sie im Auswertungsbereich den Namen und Vornamen sowie den Vorjahresumsatz der jeweiligen Absatzmitarbeiter durch Zellbezug.
4. Ermitteln Sie mithilfe geeigneter Funktionen
   a) die Summe der Umsätze des aktuellen Jahres je Absatzmitarbeiter,
   b) die Summe der Umsätze des Vorjahres und des aktuellen Jahres in den Zellen D21 und E21,
   c) die entsprechenden Werte in den Zellen D22 bis E24.
5. Ermitteln Sie in den Zellen F15 bis F20 die Umsatzveränderung auf der Basis des Umsatzes des Vorjahres.
6. Die berechneten Werte sind mit einem Tausenderpunkt und zwei Nachkommastellen auszuweisen.
7. Erstellen Sie in einem weiteren Tabellenblatt mit dem Namen **Formeln** die Formelansicht.
8. Für das Drucklayout gelten folgende Vorgaben:
   a) Die Tabellenblätter sollen im Format DIN A4 quer auf je einer Seite ausgedruckt werden.
   b) In der Fußzeile unten links soll automatisch der Dateiname und in der Fußzeile unten rechts soll Ihr Name ausgewiesen werden.
   c) Beide Tabellenblätter sind mit Zeilen- und Spaltenüberschriften sowie mit Gitternetzlinien auszudrucken.

## 1.8.5 Bewerberanalyse

**Situation:**

Frau Ferl möchte für statistische Zwecke Informationen über die eingegangenen Bewerbungen in den Jahren 2011 bis 2015 von Ihnen haben. Die Anzahl der eingegangenen Bewerbungen je Beruf liegt Ihnen bereits vor. Die Auswertung muss jedoch noch erfolgen.

Web

| | A | B | C | D | E | F | G |
|---|---|---|---|---|---|---|---|
| 1 | **Bewerberanalyse** | | | | | | |
| 2 | | | | | | | |
| 3 | **Berufe** | **2011** | **2012** | **2013** | **2014** | **2015** | **Summe** |
| 4 | **Bürokaufleute** | 64 | 76 | 79 | 84 | 87 | |
| 5 | **Kommunikationskaufleute** | 55 | 39 | 63 | 69 | 74 | |
| 6 | **Industriekaufleute** | 32 | 46 | 58 | 69 | 72 | |
| 7 | **Schreiner** | 45 | 48 | 54 | 66 | 67 | |
| 8 | **Lageristen** | 47 | 52 | 69 | 75 | 88 | |
| 9 | **Facharbeiter** | 46 | 51 | 61 | 73 | 72 | |
| 10 | **Summe** | | | | | | |
| 11 | | | | | | | |
| 12 | **Auswertung** | **2011** | **2012** | **2013** | **2014** | **2015** | |
| 13 | **Durchschnitt** | | | | | | |
| 14 | **Anteil der Kaufleute pro Jahr** | | | | | | |
| 15 | | | | | | | |
| 16 | **höchste Bewerberzahl** | | | | | | |
| 17 | **niedrigste Bewerberzahl** | | | | | | |

***Abbildung 25:*** *Bewerberanalyse*

**Arbeitsaufträge:**

1. Speichern Sie eine Arbeitsmappe unter dem Namen **Bewerberanalyse** ab. Speichern Sie die Datei regelmäßig zwischen, um Datenverluste zu vermeiden.
2. Übertragen Sie die Tabellenvorlage einschließlich **aller Formatierungen** in ein leeres Tabellenblatt. Geben Sie diesem Tabellenblatt den Namen **Ergebnis**.
3. Ermitteln Sie
   a) die Summen in der Spalte G sowie in der Zeile 10,
   b) den Durchschnitt in den Zellen B13 bis F13,
   c) den Anteil der Bewerbungen der Kaufleute an der Anzahl der Gesamtbewerber pro Jahr. Die Ausgabe soll im Prozentformat erfolgen,
   d) die höchste Bewerberzahl insgesamt,
   e) die niedrigste Bewerberzahl insgesamt.
4. Formatieren Sie die ermittelten Ergebnisse auf zwei Nachkommastellen.
5. Erstellen Sie in einem weiteren Tabellenblatt mit dem Namen **Formeln** die Formelansicht.
6. Für das Drucklayout gelten folgende Vorgaben:
   a) Die Tabellenblätter sollen im Format DIN A4 quer auf je einer Seite ausgedruckt werden.
   b) In der Fußzeile unten links soll automatisch der Dateiname und in der Fußzeile unten rechts soll Ihr Name ausgewiesen werden.
   c) Beide Tabellenblätter sind mit Zeilen- und Spaltenüberschriften sowie mit Gitternetzlinien auszudrucken.

# 2 Kopieren, verschieben und ausfüllen von Zellinhalten und Zellbereichen

## 2.1 Kopieren von Zellinhalten und Zellbereichen

**Situation:**

Die Teilnehmer der Verkaufsinformationssitzung haben Sie zufriedengestellt, indem Sie den Rabattsatz im Prozentformat ausgewiesen haben. Auch mit Ihrer bisherigen Vorgehensweise bei der Erstellung des Formulars und der Eingabe der Formeln und Funktionen sind Sie grundsätzlich zufrieden. Es erscheint Ihnen jedoch als zu umständlich, die Formel zur Berechnung des Gesamtpreises pro Position jeweils neu einzugeben, da dies zum einen sehr lange dauert und außerdem ein hohes Fehlerrisiko in sich birgt. Sie überlegen daher, wie Sie die Arbeit in diesem Bereich optimieren können.

Tabellenkalkulationsprogramme bieten die Möglichkeit, einzelne Zellinhalte oder ganze Zellbereiche zu kopieren. Beim Kopieren werden einzelne Zellinhalte in eine andere Zelle übertragen, ohne dass die kopierten Daten in der Ursprungszelle gelöscht werden. Für das Kopieren von Zellinhalten bzw. Zellbereichen bieten Tabellenkalkulationsprogramme mehrere Möglichkeiten:

| | |
|---|---|
| **Benutzung von Registerblatt und Multifunktionsleiste** | 1. **Markierung** der zu kopierenden Zelle(n).<br>2. Aktivierung der Schaltfläche KOPIEREN ( ).<br>3. **Markierung** der Zielzelle.<br>4. Aktivierung der Schaltfläche EINFÜGEN durch einen Mausklick auf das Symbol über dem Eintrag EINFÜGEN ( ). |
| **Benutzung von Tastenkombinationen** | 1. **Markierung** der zu kopierenden Zelle(n).<br>2. Betätigung der Tasten **STRG + C**.<br>3. **Markierung** der Zielzelle.<br>4. Betätigung der Tasten **STRG + V.** |
| **Benutzung der rechten Maustaste** | 1. **Markierung** der zu kopierenden Zelle(n).<br>2. Betätigung der **rechten Maustaste** im markierten Bereich und Aktivierung des Befehls KOPIEREN mit der **linken Maustaste**.<br>3. **Markierung** der Zielzelle.<br>4. Betätigung der **rechten Maustaste** im markierten Bereich und Auswahl einer Möglichkeit unter dem Menüpunkt EINFÜGEOPTIONEN mit der **linken Maustaste**. |

Die ersten beiden Möglichkeiten des Kopierens von Zellinhalten haben zur Folge, dass der komplette Inhalt der markierten Zelle kopiert wird, d. h., dass auch die zugewiesenen Formate kopiert werden. Dies führt zu einem Problem, wenn das Format der Zielzelle nicht verändert werden soll. Tabellenkalkulationsprogramme bieten hierfür eine Lösung.

Ein Mausklick auf den unteren Teil der Schaltfläche EINFÜGEN ( ) öffnet ein Fenster mit weiteren Einfügeoptionen (siehe Abbildung 1). Wird der Mauszeiger auf eines der Symbole bewegt und dort kurze Zeit belassen, erscheint eine kurze Information, die darüber Aufschluss gibt, welche der zum Kopieren ausgewählten

Inhalte nach einem Mausklick auf das entsprechende Symbol in die Zielzelle übertragen werden. Die Auswahl des Symbols führt beispielsweise dazu, dass lediglich die in den zu kopierenden Zellen hinterlegten Formeln beziehungsweise Funktionen kopiert werden. Die Formatierungen der zu kopierenden Zelle werden hingegen nicht in die Zielzelle übertragen, sodass die bereits bestehenden Formatierungen der Zielzelle erhalten bleiben.

***Abbildung 1:*** *Einfügeoptionen*

**Arbeitsauftrag 1:**

Öffnen Sie das Rechnungsformular aus Kapitel 1.5 und kopieren Sie die Formel für die Berechnung des Gesamtpreises anhand der vorgestellten Kopiermöglichkeiten. Bewerten Sie die einzelnen Kopiermöglichkeiten und begründen Sie, welche Alternative Sie bevorzugen. Halten Sie Ihre Ergebnisse schriftlich fest.

## 2.2 Verschieben von Zellinhalten und Zellbereichen

**Situation:**

Das von Ihnen entwickelte Rechnungsformular kommt inzwischen probeweise zum Einsatz und Sie erhalten weitere Rückmeldungen von den Anwendern. Im Großen und Ganzen sind die Sachbearbeiter weiterhin mit dem Layout zufrieden. Beim Eintüten der Rechnungen in die Briefumschläge fällt jedoch auf, dass das Adressfeld nicht in das Sichtfeld des Briefumschlags passt. Die Adresse soll daher nicht in Zeile 5 beginnen, sondern erst in Zeile 6. Außerdem soll das Wort „Rechnung" nicht in Zeile 19 stehen, sondern in Zeile 20. Mit dem Kommentar von Herrn Werner: „Für Sie ist das doch eine Kleinigkeit!", werden Sie gebeten, diese Änderung vorzunehmen.

Im Unterschied zum vorherigen Kapitel soll hier keine Kopie einer bestimmten Zelle gemacht werden. Stattdessen soll der Inhalt einer Zelle aus seiner ursprünglichen Position entfernt und an einer anderen Stelle wieder eingefügt werden. Dieser Vorgang wird in Tabellenkalkulationsprogrammen als Verschieben von Zellinhalten bezeichnet. Beim Verschieben werden nicht nur der Zellinhalt, sondern auch alle den jeweiligen Zellen zugeordneten Formate und Zellbezüge mit verschoben. Für das Verschieben von Zellinhalten bzw. Zellbereichen bieten Tabellenkalkulationsprogramme mehrere Möglichkeiten:

| | |
|---|---|
| **Benutzung der Registerblatt- und Multifunktionsleiste** | 1. **Markierung** der zu kopierenden Zelle(n).<br>2. Aktivierung der Schaltfläche AUSSCHNEIDEN ( ✂ ).<br>3. **Markierung** der Zielzelle.<br>4. Aktivierung der Schaltfläche EINFÜGEN durch einen Mausklick auf das Symbol über dem Eintrag EINFÜGEN. ( Einfügen ). |
| **Benutzung von Tastenkombinationen** | 1. **Markierung** der zu kopierenden Zelle(n).<br>2. Betätigung der Tasten **STRG + X**.<br>3. **Markierung** der Zielzelle.<br>4. Betätigung der Tasten **STRG + V**. |
| **Benutzung der rechten Maustaste** | 1. **Markierung** der zu kopierenden Zelle(n).<br>2. Betätigung der **rechten Maustaste** im markierten Bereich und Aktivierung des Befehls AUSSCHNEIDEN mit der **linken Maustaste**.<br>3. **Markierung** der Zielzelle.<br>4. Betätigung der **rechten Maustaste** im markierten Bereich und Auswahl einer Möglichkeit unter dem Menüpunkt EINFÜGEOPTIONEN mit der **linken Maustaste**. |
| **Benutzung des Mauszeigers** | 1. **Markierung** der zu kopierenden Zelle(n).<br>2. Bewegung des Mauszeigers auf die Umrandung der Markierung, bis sich der Zeiger in das folgende Symbol verändert: (✥).<br>3. Bei **gedrückter linker Maustaste** den markierten Bereich auf die gewünschte Position ziehen. |

**Arbeitsauftrag 2:**

Öffnen Sie das Rechnungsformular aus Kapitel 1.5. Verschieben Sie den Inhalt der Zelle A19 in Zelle A20 sowie den Inhalt des Zellbereichs A5 bis C10 in A6 bis C11. Nutzen Sie hierzu die beschriebenen Möglichkeiten zum Verschieben von Zellinhalten. Bewerten Sie die einzelnen Möglichkeiten und begründen Sie, welche Alternative Sie bevorzugen. Halten Sie Ihre Ergebnisse schriftlich fest.

## 2.3 Ausfüllen von Zellinhalten und Zellbereichen

**Situation:**

Sie haben sich in der Mittagspause mit Frau Pfeiffer über Ihre Arbeit an dem Rechnungsformular unterhalten. Da Frau Pfeiffer gerade dabei ist, ein Bestellformular für die Beschaffungsvorgänge zu erstellen, hat sie für Sie noch einige wertvolle Tipps, die Ihnen die Arbeit erleichtern können. So ist es laut Frau Pfeiffer mit einem Tabellenkalkulationsprogramm möglich, Zahlenreihen komplett automatisch zu generieren. Für das Rechnungsformular fallen Ihnen auf Anhieb eine Reihe von Anwendungsmöglichkeiten ein. So können Sie beispielsweise die Positionsnummern automatisch erzeugen lassen.

Für Routineaufgaben bei der Eingabe von Zahlen, Kombinationen von Zahlen und Text, Daten und Uhrzeiten bieten Tabellenkalkulationsprogramme Vereinfachungen durch die Möglichkeit des automatischen Ausfüllens. In Abhängigkeit von dem entsprechenden Zellinhalt stehen verschiedene Vorgehensweisen zur Verfügung:

| | |
|---|---|
| **Aufzählung von Zahlen** | **Möglichkeit 1:**<br>Damit das Programm „weiß", in welchem Abstand es Zahlen ergänzen soll, müssen mindestens zwei Zahlen vorgegeben sein. Das Programm ermittelt den Abstand zwischen diesen beiden Zahlen und kann auf die nächste Zahl schließen. Dazu müssen die beiden Werte zunächst markiert werden. Anschließend ist der Mauszeiger auf die untere rechte Ecke der Markierung zu bewegen. Er verändert sich dort in ein Kreuz. Bei gedrückter linker Maustaste muss der Mauszeiger in die gewünschte Richtung gezogen werden. Nach dem Loslassen der Maustaste werden die ausgewählten Zellen automatisch ausgefüllt.<br><br>**Möglichkeit 2:**<br>Soll der Wert in der nächsten Zelle genau um den Wert eins größer als der vorherige sein, bietet sich die Vorgehensweise über die Benutzung der STRG-Taste an. Hierbei ist der Ausgangswert zunächst zu markieren und der Mauszeiger auf die rechte untere Ecke zu bewegen. Der Mauszeiger verändert sich dort in ein Kreuz. Bei gedrückter linker Maustaste muss der Mauszeiger in die gewünschte Richtung gezogen werden. Nach dem Loslassen der Maustaste werden die ausgewählten Zellen automatisch ausgefüllt. |
| **Aufzählung von Kombinationen von Zahlen und Text** | Eine Kombination aus Text und Zahl stellt beispielsweise „Quartal 1" dar. Auch hier ist das automatische Ausfüllen möglich, indem die markierte Zelle in die gewünschte Richtung gezogen wird. |
| **Aufzählung von Daten und Uhrzeiten** | Unter Daten sind hier Angaben zum Tag, Monat und Jahr zu verstehen. Die Vorgehensweise für das automatische Ausfüllen ist identisch mit der vorherigen Beschreibung. |

**Arbeitsauftrag 3:**

Öffnen Sie das Rechnungsformular aus Kapitel 1.5. Löschen Sie die Positionsnummern und erstellen Sie diese neu. Nutzen Sie dazu die Möglichkeiten des automatischen Ausfüllens.

## 2.4 Übungsaufgaben

### 2.4.1 Umsatzstatistik

**Situation:**

Herr Taube erhält von Frau Schmitz den Auftrag, den Gewinn für den „Konferenztisch LOGO" für das vergangene Jahr zu ermitteln. Der „Konferenztisch LOGO" gehört zu den selbst hergestellten Produkten der Bürodesign GmbH. Aufgrund von Preisschwankungen für die benötigten Rohstoffe verursachte der Tisch im betrachteten Zeitraum jeden Monat unterschiedliche Kosten. Außerdem sind die Verkaufspreise im Verlauf des Jahres mehrmals angehoben worden. Für Präsentationszwecke sollen die benötigten Werte mithilfe der nachstehenden Tabelle ermittelt werden.

| | A | B | C | D | E | F | G |
|---|---|---|---|---|---|---|---|
| 1 | Umsatzstatistik und Gewinnermittlung für den Konferenztisch LOGO | | | | | | |
| 2 | | | | | | | |
| 3 | Monat | verkaufte Menge in Stück | Verkaufspreis pro Stück | Umsatz gesamt | Kosten pro Stück | Kosten gesamt | Gewinn pro Monat |
| 4 | Januar | 235 | 310,00 € | | 254,00 € | | |
| 5 | Februar | 310 | 310,00 € | | 257,00 € | | |
| 6 | März | 295 | 310,00 € | | 259,00 € | | |
| 7 | April | 360 | 312,00 € | | 255,00 € | | |
| 8 | Mai | 285 | 312,00 € | | 253,00 € | | |
| 9 | Juni | 260 | 312,00 € | | 262,00 € | | |
| 10 | Juli | 270 | 314,00 € | | 262,00 € | | |
| 11 | August | 305 | 314,00 € | | 263,00 € | | |
| 12 | September | 320 | 314,00 € | | 259,00 € | | |
| 13 | Oktober | 290 | 316,00 € | | 257,00 € | | |
| 14 | November | 195 | 316,00 € | | 261,00 € | | |
| 15 | Dezember | 305 | 316,00 € | | 265,00 € | | |
| 16 | Gesamt | | | | | | |
| 17 | | | | | | | |
| 18 | niedrigster Gewinn | | | | | | |
| 19 | höchster Gewinn | | | | | | |

***Abbildung 2:*** *Umsatzstatistik*

**Arbeitsaufträge:**

1. Speichern Sie eine Arbeitsmappe unter dem Namen **Umsatzstatistik** ab. Speichern Sie die Datei regelmäßig zwischen, um Datenverluste zu vermeiden.
2. Übertragen Sie die Tabellenvorlage einschließlich **aller Formatierungen** in ein leeres Tabellenblatt. Geben Sie diesem Tabellenblatt den Namen **Ergebnis**.
3. Ermitteln Sie
   a) Umsatz, Kosten und Gewinn pro Monat,
   b) die Summen der jeweiligen Spalten,
   c) den niedrigsten und den höchsten Gewinn.
4. Erstellen Sie in einem weiteren Tabellenblatt mit dem Namen **Formeln** die Formelansicht.
5. Für das Drucklayout gelten folgende Vorgaben:
   a) Die Tabellenblätter sollen im Format DIN A4 quer auf je einer Seite ausgedruckt werden.
   b) In der Fußzeile unten links soll automatisch der Dateiname und in der Fußzeile unten rechts soll Ihr Name ausgewiesen werden.
   c) Beide Tabellenblätter sind mit Zeilen- und Spaltenüberschriften sowie mit Gitternetzlinien auszudrucken.

## 2.4.2 Umsatzauswertung

**Situation:**

Der Vertreter Klein hat im vergangenen Jahr verschiedene Produkte verkauft und die in der Tabelle aufgeführten Umsätze erreicht. Mit Herrn Marlies und Frau Schmitz hatte er zuvor Umsatzziele für die einzelnen Produkte pro Quartal vereinbart. Zum Zwecke der Überprüfung der Zielerreichung möchte Herr Klein die Umsätze in einer übersichtlichen Tabelle (vgl. Abbildung 3) auswerten und die Ergebnisse zu einem späteren Termin der Geschäftsleitung der Bürodesign GmbH vorlegen.

| | A | B | C | D | E | F | G |
|---|---|---|---|---|---|---|---|
| 1 | Umsatztabelle Vertreter Klein | | | | | | |
| 2 | | | | | | | |
| 3 | Artikel-nummer | Artikel-bezeichnung | Umsatz Quartal 1 | Umsatz Quartal 2 | Umsatz Quartal 3 | Umsatz Quartal 4 | Jahres-umsatz |
| 4 | 30P94 | Druckertisch EURATIO | 130.000,00 € | 180.000,00 € | 210.000,00 € | 190.000,00 € | |
| 5 | 11P65 | Besucherstuhl STAPLER | 220.000,00 € | 170.000,00 € | 200.000,00 € | 180.000,00 € | |
| 6 | 229906 | Stativ Leinwand Professionell | 195.000,00 € | 175.000,00 € | 215.000,00 € | 185.000,00 € | |
| 7 | 335927 | Faxgerät TA InkJet-Fax FX 640TI | 340.000,00 € | 215.000,00 € | 250.000,00 € | 235.000,00 € | |
| 8 | 21P33 | Regalsystem WIKING | 285.000,00 € | 220.000,00 € | 230.000,00 € | 260.000,00 € | |
| 9 | 200071 | Barhocker ITALIA | 190.000,00 € | 185.000,00 € | 170.000,00 € | 175.000,00 € | |
| 10 | 54P98 | Konferenztisch LOGO | 230.000,00 € | 270.000,00 € | 310.000,00 € | 225.000,00 € | |
| 11 | 149393 | Weißwandtafel Premium | 175.000,00 € | 230.000,00 € | 265.000,00 € | 225.000,00 € | |
| 12 | 235614 | Faxgerät Primus FAX T 30 | 265.000,00 € | 195.000,00 € | 245.000,00 € | 232.000,00 € | |
| 13 | 150391 | Tischkopierer Primus Z-52 | 375.000,00 € | 245.000,00 € | 185.000,00 € | 215.000,00 € | |
| 14 | | | | | | | |
| 15 | | Summe | | | | | |
| 16 | | Mittelwert | | | | | |
| 17 | | Minimum | | | | | |
| 18 | | Maximum | | | | | |

***Abbildung 3:*** *Umsatzauswertung*

**Arbeitsaufträge:**

1. Speichern Sie eine Arbeitsmappe unter dem Namen **Umsatzauswertung** ab. Speichern Sie die Datei regelmäßig zwischen, um Datenverluste zu vermeiden.
2. Übertragen Sie die Tabellenvorlage einschließlich **aller Formatierungen** in ein leeres Tabellenblatt. Geben Sie diesem Tabellenblatt den Namen **Ergebnis**.
3. Ermitteln Sie
   a) den Jahresumsatz,
   b) die Summe, den Durchschnitt, das Minimum und das Maximum in den dafür vorgesehenen Zellen.
4. Erstellen Sie in einem weiteren Tabellenblatt mit dem Namen **Formeln** die Formelansicht.
5. Für das Drucklayout gelten folgende Vorgaben:
   a) Die Tabellenblätter sollen im Format DIN A4 quer auf je einer Seite ausgedruckt werden.
   b) In der Fußzeile unten links soll automatisch der Dateiname und in der Fußzeile unten rechts soll Ihr Name ausgewiesen werden.
   c) Beide Tabellenblätter sind mit Zeilen- und Spaltenüberschriften sowie mit Gitternetzlinien auszudrucken.

## 2.4.3 Lohnliste

**Situation:**

In der Personalabteilung sollen die Löhne der Mitarbeiter in der Produktion in einer Tabelle berechnet werden. Zwar hat jeder Mitarbeiter die gleiche Arbeitszeit, jedoch nicht den gleichen Stundenlohn. Außerdem haben die Mitarbeiter unterschiedlich viele Überstunden geleistet.

| | A | B | C | D | E | F | G | H |
|---|---|---|---|---|---|---|---|---|
| 1 | **Lohnliste unserer Mitarbeiter in der Produktion für September** | | | | | | | |
| 2 | | | | | | | | |
| 3 | **Name** | **Stundenlohn in Euro** | **Arbeitszeit in Stunden pro Woche** | **Grundlohn pro Monat in Euro** | **Überstundenlohn in Euro pro Stunde** | **Überstunden im Monat** | **Überstunden-lohn in Euro pro Monat** | **Gesamtlohn in Euro pro Monat** |
| 4 | Land, Ulrich | 12,30 | 39,5 | | 15,38 | 20,0 | | |
| 5 | Schäfer, Andreas | 10,50 | 39,5 | | 13,13 | 20,0 | | |
| 6 | Seidel, Karlheinz | 10,50 | 39,5 | | 13,13 | 16,0 | | |
| 7 | Dasbach, Heinz | 13,10 | 39,5 | | 16,38 | 12,0 | | |
| 8 | Jähnke, Holger | 13,10 | 39,5 | | 16,38 | 8,0 | | |
| 9 | Merker, Bernd | 10,50 | 39,5 | | 13,13 | 12,0 | | |
| 10 | Curth, Rosa | 12,30 | 39,5 | | 15,38 | 16,0 | | |
| 11 | Pfefferkorn, Bernd | 10,50 | 39,5 | | 13,13 | 16,0 | | |
| 12 | Pfeiffer, Andre | 12,30 | 39,5 | | 15,38 | 20,0 | | |
| 13 | Hoffmann, Dieter | 10,50 | 39,5 | | 13,13 | 32,0 | | |
| 14 | Guth, Helmut | 14,20 | 39,5 | | 17,75 | 4,0 | | |
| 15 | Jung, Heiko | 14,20 | 39,5 | | 17,75 | 20,0 | | |
| 16 | **Summe** | | | | | | | |
| 17 | **Mittelwert** | | | | | | | |
| 18 | **Minimum** | | | | | | | |
| 19 | **Maximum** | | | | | | | |

***Abbildung 4:*** *Lohnliste*

### Arbeitsaufträge:

1. Speichern Sie eine Arbeitsmappe unter dem Namen **Lohnliste** ab. Speichern Sie die Datei regelmäßig zwischen, um Datenverluste zu vermeiden.
2. Übertragen Sie die Tabellenvorlage einschließlich **aller Formatierungen** in ein leeres Tabellenblatt. Geben Sie diesem Tabellenblatt den Namen **Ergebnis**.
3. Ermitteln Sie
   a) den Grundlohn pro Monat in Euro. Unterstellen Sie, dass der September exakt vier Arbeitswochen hat.
   b) den Überstundenlohn in Euro,
   c) den Gesamtlohn pro Monat,
   d) Summe, Durchschnitt, Minimum und Maximum in den dafür vorgesehenen Zellen.
4. Erstellen Sie in einem weiteren Tabellenblatt mit dem Namen **Formeln** die Formelansicht.
5. Für das Drucklayout gelten folgende Vorgaben:
   a) Die Tabellenblätter sollen im Format DIN A4 quer auf je einer Seite ausgedruckt werden.
   b) In der Fußzeile unten links soll automatisch der Dateiname und in der Fußzeile unten rechts soll Ihr Name ausgewiesen werden.
   c) Beide Tabellenblätter sind mit Zeilen- und Spaltenüberschriften sowie mit Gitternetzlinien auszudrucken.

## 2.4.4 Bezugspreisermittlung

### Situation:

Die Abteilungsleiterin der Beschaffung, Frau Evert, zieht es in Erwägung, für den Druckertisch Euratio einen neuen Lieferanten auszuwählen, da sich der derzeitige Lieferer in der letzten Zeit als sehr unzuverlässig erwiesen hat. Bevor eine endgültige Entscheidung getroffen wird, soll in einem ersten Schritt der Bezugspreis von möglichen Lieferern ermittelt werden.

| | A | B | C | D | E |
|---|---|---|---|---|---|
| 1 | Ermittlung des Bezugspreises für den Druckertisch Euratio | | | | |
| 2 | | | | | |
| 3 | | Primus GmbH | Jansen OHG | Giesen KG | Bürotec GmbH |
| 4 | = Listeneinkaufspreis (netto) | 60,00 € | 65,00 € | 52,00 € | 58,00 € |
| 5 | - Rabatt | | | | |
| 6 | = Zieleinkaufspreis | | | | |
| 7 | - Skonto | | | | |
| 8 | = Bareinkaufspreis | | | | |
| 9 | + Bezugskosten | 9,00 € | 7,50 € | - € | - € |
| 10 | = Bezugspreis | | | | |
| 11 | | | | | |
| 12 | Der günstigste Bezugspreis beträgt: | | | | |
| 13 | Der höchste Bezugspreis beträgt: | | | | |

***Abbildung 5:*** *Bezugspreisermittlung*

## Arbeitsaufträge:

1. Speichern Sie eine Arbeitsmappe unter dem Namen **Bezugspreisermittlung** ab. Speichern Sie die Datei regelmäßig zwischen, um Datenverluste zu vermeiden.
2. Übertragen Sie die Tabellenvorlage einschließlich **aller Formatierungen** in ein leeres Tabellenblatt. Geben Sie diesem Tabellenblatt den Namen **Ergebnis**.
3. Ermitteln Sie
   a) den Rabatt in Euro (Primus GmbH: 20 %, Jansen OHG: 25 %, Giesen KG: 0 %, Bürotec GmbH: 10 %),
   b) den Zieleinkaufspreis,
   c) das Skonto (Primus GmbH: 2 %, Jansen OHG: 0 %, Giesen KG: 3 %, Bürotec GmbH: 1,5 %),
   d) den Bareinkaufspreis,
   e) den Bezugspreis,
   f) den günstigsten und den höchsten Bezugspreis.
4. Erstellen Sie in einem weiteren Tabellenblatt mit dem Namen **Formeln** die Formelansicht.
5. Für das Drucklayout gelten folgende Vorgaben:
   a) Die Tabellenblätter sollen im Format DIN A4 quer auf je einer Seite ausgedruckt werden.
   b) In der Fußzeile unten links soll automatisch der Dateiname und in der Fußzeile unten rechts soll Ihr Name ausgewiesen werden.
   c) Beide Tabellenblätter sind mit Zeilen- und Spaltenüberschriften sowie mit Gitternetzlinien auszudrucken.

# 3 Adressierungsarten von Zellen

## 3.1 Relative Zelladressierung

**Situation:**

Herr Kurt Taube aus der Abteilung Rechnungswesen möchte in der Spalte G des bestehenden Rechnungsformulars den Rabatt pro Stück in Euro mithilfe einer Formel berechnen lassen. Weiterhin soll sichergestellt werden, dass die in der Zelle G23 erstellte Formel in die Zellen G24 bis G26 kopiert werden kann.

Wenn in dem Tabellenkalkulationsprogramm eine Formel bzw. Funktion in andere Zellen kopiert wird, verschieben sich die in der Formel bzw. Funktion befindlichen Zellbezüge im Regelfall mit. Hierbei ist jedoch zu beachten, ob diese Verschiebung sinnvoll ist. Zellen, die sich beim Kopieren mit verändern sollen, werden als **relative Zellbezüge** bezeichnet.

Im nachstehenden Beispiel lautet die Ausgangsformel in der Zelle G23 wie folgt: =E23*F23/100

| | A | B | C | D | E | F | G | H |
|---|---|---|---|---|---|---|---|---|
| 17 | **Ausschnitt aus dem Rechnungsformular** | | | | | | | |
| 18 | | | | | | | | |
| 19 | **Rechnung** | | | | | | | |
| 20 | | | | | | | | |
| 21 | | | | | | | | |
| 22 | **Position** | **Artikel-nummer** | **Artikel-bezeichnung** | **Menge (Stück)** | **Listenpreis pro Stück** | **Rabatt (%)** | **Rabatt pro Stück** | **Gesamt-preis** |
| 23 | 1 | 13792 | Textverarbeitung I | 10 | 14,95 € | 0 | =E23*F23/100 | |
| 24 | 2 | 11207 | Arbeiten mit dem PC | 25 | 22,40 € | 10 | | |
| 25 | 3 | 12430 | Tabellenkalkulation I | 20 | 24,90 € | 10 | | |
| 26 | 4 | 13080 | Präsentieren leichtgemacht | 15 | 16,95 € | 10 | | |

***Abbildung 1:*** *Rechnungsformular mit der zusätzlichen Spalte G (Rabatt pro Stück)*

Wenn nun die Formel aus der Zelle G23 in die Zellen G24 bis G26 kopiert wird, werden die Zellbezüge der Ursprungsformel (E23 und F23) ebenfalls angepasst. Wie der obigen Abbildung zu entnehmen ist, ist das Anpassen der Zellen E23 und F23 hier sinnvoll.
Um sicherzustellen, dass beim Kopieren keine Fehler aufgetreten sind, empfiehlt sich die Kontrolle der „letztkopierten" Zelle (hier G26). Wenn die Zelle mit der Maus angewählt wird, reicht ein einfacher Mausklick in die Befehlszeile (optional ist auch ein Doppelklick in die Zelle G26 möglich), und es werden alle für die Zelle G26 verwendeten Zellen farblich dargestellt, sodass mögliche Fehler schnell auffallen.

| | A | B | C | D | E | F | G | H |
|---|---|---|---|---|---|---|---|---|
| 17 | **Ausschnitt aus dem Rechnungsformular** | | | | | | | |
| 18 | | | | | | | | |
| 19 | **Rechnung** | | | | | | | |
| 20 | | | | | | | | |
| 21 | | | | | | | | |
| 22 | **Position** | **Artikel-nummer** | **Artikel-bezeichnung** | **Menge (Stück)** | **Listenpreis pro Stück** | **Rabatt (%)** | **Rabatt pro Stück** | **Gesamt-preis** |
| 23 | 1 | 13792 | Textverarbeitung I | 10 | 14,95 € | 0 | - € | |
| 24 | 2 | 11207 | Arbeiten mit dem PC | 25 | 22,40 € | 10 | 2,24 € | |
| 25 | 3 | 12430 | Tabellenkalkulation I | 20 | 24,90 € | 10 | 2,49 € | |
| 26 | 4 | 13080 | Präsentieren leichtgemacht | 15 | 16,95 € | 10 | =E26*F26/100 | |

***Abbildung 2:*** *Vollständig in die Zellen G24 bis G26 kopierte Formel*

**Arbeitsauftrag 1:**

Ermitteln Sie mithilfe geeigneter Formeln die Ergebnisse für die Spalten G und H.

## 3.2 Absolute Zelladressierung

**Situation:**

Frau Schmitz und Herr Marlies haben beschlossen, dass im Rahmen des diesjährigen Unternehmensjubiläums jeder Kunde für Bestellungen auf jeden Artikel einen einheitlichen Rabatt in Höhe von 10 % erhalten soll. Um das Rechnungsformular etwas übersichtlicher zu gestalten, soll nach dem Willen von Herrn Taube die Spalte „Rabatt (%)" wegfallen. Stattdessen soll der allgemeine Rabattsatz in einer gesonderten Zelle (D31) aufgeführt werden. Hierbei soll dafür Sorge getragen werden, dass der Rabatt pro Stück unter Verwendung der Zelle D31 berechnet wird und dass die in Zelle F23 erstellte Formel in die Zellen F24 bis F26 kopiert werden kann.

Wenn in einer Formel oder Funktion ein oder mehrere Zellbezüge vorhanden sind, die beim Kopieren in andere Zellen **nicht** mit verändert werden dürfen, handelt es sich hierbei um **absolute Zellbezüge**. Damit absolute Zellbezüge beim Kopiervorgang unverändert bestehen bleiben, müssen diese **festgesetzt** werden.

Im nachstehenden Beispiel lautet die Ausgangsformel in der Zelle F23 wie folgt: =E23*D31

| | A | B | C | D | E | F | G |
|---|---|---|---|---|---|---|---|
| 17 | **Ausschnitt aus dem Rechnungsformular** | | | | | | |
| 18 | | | | | | | |
| 19 | **Rechnung** | | | | | | |
| 20 | | | | | | | |
| 21 | | | | | | | |
| 22 | **Position** | **Artikel-nummer** | **Artikel-bezeichnung** | **Menge (Stück)** | **Listenpreis pro Stück** | **Rabatt pro Stück** | **Gesamt-preis** |
| 23 | 1 | 13792 | Textverarbeitung I | 10 | 14,95 € | =E23*D31 | |
| 24 | 2 | 11207 | Arbeiten mit dem PC | 25 | 22,40 € | | |
| 25 | 3 | 12430 | Tabellenkalkulation I | 20 | 24,90 € | | |
| 26 | 4 | 13080 | Präsentieren leichtgemacht | 15 | 16,95 € | | |
| 27 | | | | | | | |
| 28 | | | | | | | |
| 29 | **Ausschnitt aus der Hilfstabelle Rabatte** | | | | | | |
| 30 | | | | | | | |
| 31 | | | Rabatt | 10% | | | |

***Abbildung 3:*** *Ursprüngliche Formel in der Zelle F23 (=E23*D31)*

Wenn diese Formel ohne ein Festsetzen in die Zellen F24 bis F26 kopiert wird, ergibt sich hieraus das Problem, dass alle Zellen den Wert null annehmen. Grund hierfür ist, dass die Zelle D31 (Rabattsatz) für alle Artikel hätte berücksichtigt werden müssen. Die nachstehende Abbildung zeigt allerdings, dass in der Zelle F26 die Formel =E26*D34 steht.

| | A | B | C | D | E | F | G |
|---|---|---|---|---|---|---|---|
| 17 | **Ausschnitt aus dem Rechnungsformular** | | | | | | |
| 18 | | | | | | | |
| 19 | **Rechnung** | | | | | | |
| 20 | | | | | | | |
| 21 | | | | | | | |
| 22 | **Position** | **Artikel-nummer** | **Artikel-bezeichnung** | **Menge (Stück)** | **Listenpreis pro Stück** | **Rabatt pro Stück** | **Gesamt-preis** |
| 23 | 1 | 13792 | Textverarbeitung I | 10 | 14,95 € | 1,50 € | |
| 24 | 2 | 11207 | Arbeiten mit dem PC | 25 | 22,40 € | - € | |
| 25 | 3 | 12430 | Tabellenkalkulation I | 20 | 24,90 € | - € | |
| 26 | 4 | 13080 | Präsentieren leichtgemacht | 15 | 16,95 € | =E26*D34 | |
| 27 | | | | | | | |
| 28 | | | | | | | |
| 29 | **Ausschnitt aus der Hilfstabelle Rabatte** | | | | | | |
| 30 | | | | | | | |
| 31 | | | Rabatt | 10% | | | |
| 32 | | | | | | | |
| 33 | | | | | | | |
| 34 | | | | | | | |

***Abbildung 4:*** *Darstellung der beim Kopieren nicht festgesetzten Zelle D31*

Damit der Zellbezug D31 beim Kopieren nicht verändert wird, muss dieser **festgesetzt** werden. Dies wird realisiert, indem der Zellbezug D31 in der Ausgangsformel (Zelle F23) angeklickt wird. Das anschließende Betätigen der **Funktionstaste <F4>** macht aus dem relativen Zellbezug einen **absoluten Zellbezug.**

Eine festgesetzte Zelle wird durch Dollarzeichen vor der Spalten- und der Zeilenangabe kenntlich gemacht (hier $D$31). In der Zelle F23 muss vor dem Kopieren dementsprechend folgende Formel stehen: =E23*$D$31

Wenn die Formel nun in die entsprechenden Zellen kopiert wird, ergibt die anschließende Kontrolle der Zelle F26 folgendes Bild:

| | A | B | C | D | E | F | G |
|---|---|---|---|---|---|---|---|
| 17 | **Ausschnitt aus dem Rechnungsformular** | | | | | | |
| 18 | | | | | | | |
| 19 | **Rechnung** | | | | | | |
| 20 | | | | | | | |
| 21 | | | | | | | |
| 22 | **Position** | **Artikel-nummer** | **Artikel-bezeichnung** | **Menge (Stück)** | **Listenpreis pro Stück** | **Rabatt pro Stück** | **Gesamt-preis** |
| 23 | 1 | 13792 | Textverarbeitung I | 10 | 14,95 € | 1,50 € | |
| 24 | 2 | 11207 | Arbeiten mit dem PC | 25 | 22,40 € | 2,24 € | |
| 25 | 3 | 12430 | Tabellenkalkulation I | 20 | 24,90 € | 2,49 € | |
| 26 | 4 | 13080 | Präsentieren leichtgemacht | 15 | 16,95 € | =E26*$D$31 | |
| 27 | | | | | | | |
| 28 | | | | | | | |
| 29 | **Ausschnitt aus der Hilfstabelle Rabatte** | | | | | | |
| 30 | | | | | | | |
| 31 | | | Rabatt | 10% | | | |

***Abbildung 5:*** *Darstellung der Formel mit der korrekt festgesetzten Zelle D31*

**Anmerkung:**

Um eine Zelle festzusetzen, ist es ohne Bedeutung, ob der Mauszeiger vor oder hinter der Spalten- bzw. Zeilenbezeichnung steht. Soll eine Festsetzung wieder entfernt werden, so muss hierfür lediglich wieder der entsprechende Zellbezug in der Formel bzw. Funktion angeklickt werden, um durch mehrmaliges Betätigen der Funktionstaste <F4> die absolute Zelladressierung aufzuheben.

**Arbeitsauftrag 2:**

Verändern Sie Ihr Tabellenblatt so, dass es der Abbildung 5 entspricht. Ermitteln Sie anschließend mithilfe geeigneter Formeln die Ergebnisse für die Spalten F und G. Achten Sie dabei auf die absolute Zelladressierung.

## 3.3 Gemischte Zelladressierung

Im Kapitel 3.2 wurde die Bedeutung der absoluten Zelladressierung dargestellt. Im Beispiel wurde aufgezeigt, dass sich der Zellbezug D31 (Rabattsatz) beim Herunterkopieren der Formeln nicht verändern darf. Die sicherste Möglichkeit besteht in dem Festsetzen des Zellbezugs D31 als absolutem Zellbezug ($D$31).

Da in dem Beispiel (vgl. Abbildung 5) die Formel =E23*$D$31 nach unten kopiert wird, ändert das Tabellenkalkulationsprogramm von sich aus lediglich die Zeilenangaben (z. B. aus E23 wird E24, E25 und E26). Das Festsetzen der Spaltenangabe E war demnach nicht notwendig. Es ist ausreichend, wenn sich in der ursprünglichen Formel (Zelle F23) der absolute Zellbezug nur auf die Zeile bezieht. Der Zellbezug hat dann das folgende Aussehen: D$31

| | A | B | C | D | E | F | G |
|---|---|---|---|---|---|---|---|
| 17 | **Ausschnitt aus dem Rechnungsformular** | | | | | | |
| 18 | | | | | | | |
| 19 | **Rechnung** | | | | | | |
| 20 | | | | | | | |
| 21 | | | | | | | |
| 22 | **Position** | **Artikel-nummer** | **Artikel-bezeichnung** | **Menge (Stück)** | **Listenpreis pro Stück** | **Rabatt pro Stück** | **Gesamt-preis** |
| 23 | 1 | 13792 | Textverarbeitung I | 10 | 14,95 € | 1,50 € | |
| 24 | 2 | 11207 | Arbeiten mit dem PC | 25 | 22,40 € | 2,24 € | |
| 25 | 3 | 12430 | Tabellenkalkulation I | 20 | 24,90 € | 2,49 € | |
| 26 | 4 | 13080 | Präsentieren leichtgemacht | 15 | 16,95 € | =E26*D$31 | |
| 27 | | | | | | | |
| 28 | | | | | | | |
| 29 | **Ausschnitt aus der Hilfstabelle Rabatte** | | | | | | |
| 30 | | | | | | | |
| 31 | | | Rabatt | 10% | | | |

***Abbildung 6:*** *Formel, in der lediglich die Zeilenangabe 31 festgesetzt worden ist*

Da hier eine Kombination aus relativer und absoluter Zelladressierung vorliegt (Spaltenangabe D = relative Adressierung, Zeilenangabe 31 = absolute Adressierung), wird diese Art der Zelladressierung als **Gemischte Adressierung** bezeichnet.

**Anmerkung:**

Wenn die Formel von der Zelle F23 aus in die Zellen G23, H23 usw. kopiert worden wäre, wäre das Festsetzen der Zeile 31 unzureichend gewesen. Stattdessen hätte ein Festsetzen der Spalte D ($D31) erfolgen müssen.

## 3.4 Zelladressierung durch Namen

**Situation:**
Um mögliche Probleme beim Festsetzen von Zellbezügen (absolute Zelladressierung) zu vermeiden, möchte Herr Kurt Taube das Rechnungsformular (vgl. Kapitel 3.2) hinsichtlich der Zelladressierung der Zelle D31 weiter vereinfachen. Auch hier soll sichergestellt werden, dass die Formel in die Zellen F24 bis F26 kopiert werden kann.

Das Festsetzen eines Zellbezugs kann nicht nur durch die Verwendung der Dollarzeichen erreicht werden, sondern auch durch die **Verwendung von Namen** für einzelne Zellen oder ganze Zellbereiche. Im nachfolgenden Beispiel wurde der Zellbezug D31 bislang durch die Dollarzeichen festgesetzt, sodass die gesamte Formel in der Zelle F23 bislang wie folgt lautete: =E23*$D$31

| | A | B | C | D | E | F | G |
|---|---|---|---|---|---|---|---|
| 17 | **Ausschnitt aus dem Rechnungsformular** | | | | | | |
| 18 | | | | | | | |
| 19 | **Rechnung** | | | | | | |
| 20 | | | | | | | |
| 21 | | | | | | | |
| 22 | **Position** | **Artikel-nummer** | **Artikel-bezeichnung** | **Menge (Stück)** | **Listenpreis pro Stück** | **Rabatt pro Stück** | **Gesamt-preis** |
| 23 | 1 | 13792 | Textverarbeitung I | 10 | 14,95 € | =E23*$D$31 | |
| 24 | 2 | 11207 | Arbeiten mit dem PC | 25 | 22,40 € | | |
| 25 | 3 | 12430 | Tabellenkalkulation I | 20 | 24,90 € | | |
| 26 | 4 | 13080 | Präsentieren leichtgemacht | 15 | 16,95 € | | |
| 27 | | | | | | | |
| 28 | | | | | | | |
| 29 | **Ausschnitt aus der Hilfstabelle Rabatte** | | | | | | |
| 30 | | | | | | | |
| 31 | | | Rabatt | 10% | | | |

***Abbildung 7:*** *Formel, die noch keinen absoluten Zellbezug durch Namen enthält*

***Abbildung 8:*** *Vergabe des Namens „Rabattsatz" für die Zelle D31*

Um der Zelle D31 einen Namen zuzuweisen und sie somit für alle späteren Kopiervorgänge festzusetzen, muss zunächst die Zelle D31 markiert werden. Anschließend ist folgender Befehlsweg zu gehen:
FORMELN – DEFINIERTE NAMEN – NAMEN DEFINIEREN – Eingabe des Namens (z. B. Rabattsatz).

Nachdem der Name durch die Schaltfläche OK bestätigt wurde, trägt die Zelle den zugewiesenen Namen. Dieser kann jetzt statt des Zellbezugs D31 in den Formeln und Funktionen verwendet werden. Wird die Zelle D31 im Laufe der weiteren Arbeit mit der Maus angeklickt, so erscheint im **Namenfeld** (links oben über der Spalte A) statt der Zellbezeichnung der gewählte Name (vgl. Abbildung 9).

Rabattsatz | 10%

| | A | B | C | D | E | F | G |
|---|---|---|---|---|---|---|---|
| 17 | **Ausschnitt aus dem Rechnungsformular** | | | | | | |
| 18 | | | | | | | |
| 19 | **Rechnung** | | | | | | |
| 20 | | | | | | | |
| 21 | | | | | | | |
| 22 | **Position** | **Artikel-nummer** | **Artikel-bezeichnung** | **Menge (Stück)** | **Listenpreis pro Stück** | **Rabatt pro Stück** | **Gesamt-preis** |
| 23 | 1 | 13792 | Textverarbeitung I | 10 | 14,95 € | 1,50 € | |
| 24 | 2 | 11207 | Arbeiten mit dem PC | 25 | 22,40 € | | |
| 25 | 3 | 12430 | Tabellenkalkulation I | 20 | 24,90 € | | |
| 26 | 4 | 13080 | Präsentieren leichtgemacht | 15 | 16,95 € | | |
| 27 | | | | | | | |
| 28 | | | | | | | |
| 29 | **Ausschnitt aus der Hilfstabelle Rabatte** | | | | | | |
| 30 | | | | | | | |
| 31 | | | Rabatt | 10% | | | |

***Abbildung 9:*** *Dokumentation, dass die Zelle D31 den Namen „Rabattsatz" trägt*

Durch diese Namenszuweisung kann die ursprüngliche Formel in der Zelle F23 in =E23*Rabattsatz geändert werden.

> **Anmerkung:**
>
> Um den Zellnamen verwenden zu können, gibt es folgende drei Möglichkeiten:
>
> 1. Die Zelle D31 (Rabattsatz) wird mit der Maus angeklickt.
> 2. Der Name wird per Hand in die Formel bzw. Funktion eingegeben (Achtung: Gefahr von Eingabefehlern!).
> 3. Während der Formel-/Funktionseingabe wird an der relevanten Stelle die **Funktionstaste <F3>** betätigt. Anschließend öffnet sich ein Fenster, in dem das Programm alle derzeit verwendeten Namen aufführt. Der Anwender kann den gewünschten Namen per Maus auswählen (siehe nachstehende Abbildung).

| | A | B | C | D | E | F | G |
|---|---|---|---|---|---|---|---|
| 17 | **Ausschnitt aus dem Rechnungsformular** | | | | | | |
| 18 | | | | | | | |
| 19 | **Rechnung** | | | | | | |
| 20 | | | | | | | |
| 21 | | | | | | | |
| 22 | **Position** | **Artikel-nummer** | **Artikel-bezeichnung** | **Menge (Stück)** | **Listenpreis pro Stück** | **Rabatt pro Stück** | **Gesamt-preis** |
| 23 | 1 | 13792 | Textverarbeitung I | 10 | 14,95 € | =E23* | |
| 24 | 2 | 11207 | Arbeiten mit dem PC | 25 | | | |
| 25 | 3 | 12430 | Tabellenkalkulation I | 20 | | | |
| 26 | 4 | 13080 | Präsentieren leichtgemacht | 15 | | | |
| 27 | | | | | | | |
| 28 | | | | | | | |
| 29 | **Ausschnitt aus der Hilfstabelle Rabatte** | | | | | | |
| 30 | | | | | | | |
| 31 | | | Rabatt | 10% | | | |

Namen einfügen

Namen einfügen:

Rabattsatz

OK | Abbrechen

***Abbildung 10:*** *Änderung der ursprünglichen Formel in =E23*Rabattsatz*

Durch die Benennung einer Zelle mit einem Namen weiß das Programm automatisch, auf welche Zelle zugegriffen werden soll, wenn in einer Formel oder Funktion mit diesem Namen gearbeitet wird. Es ist wichtig, dass den Zellen bzw. Zellbereichen sinnvolle und unmissverständliche Namen gegeben werden. Im obigen Fall bietet sich für die Zelle D31 der Name „Rabattsatz" an.

Wird an dieser Stelle die Formel =E23*Rabattsatz in die Zellen F24 bis F26 kopiert, verändert sich nur die relative Zelladressierung von E23 in E24 ... E26. Die Zelle D31 ist bereits durch die Namensgebung als absoluter Zellbezug definiert worden, ohne dass hier zusätzlich mit der **Funktionstaste <F4>** gearbeitet werden muss.

Nachdem die Formel in die entsprechenden Zellen kopiert wurde, ergibt die anschließende Kontrolle der Zelle F26 folgendes Bild:

| | A | B | C | D | E | F | G |
|---|---|---|---|---|---|---|---|
| 17 | **Ausschnitt aus dem Rechnungsformular** | | | | | | |
| 18 | | | | | | | |
| 19 | **Rechnung** | | | | | | |
| 20 | | | | | | | |
| 21 | | | | | | | |
| 22 | **Position** | **Artikel-nummer** | **Artikel-bezeichnung** | **Menge (Stück)** | **Listenpreis pro Stück** | **Rabatt pro Stück** | **Gesamt-preis** |
| 23 | 1 | 13792 | Textverarbeitung I | 10 | 14,95 € | 1,50 € | |
| 24 | 2 | 11207 | Arbeiten mit dem PC | 25 | 22,40 € | 2,24 € | |
| 25 | 3 | 12430 | Tabellenkalkulation I | 20 | 24,90 € | 2,49 € | |
| 26 | 4 | 13080 | Präsentieren leichtgemacht | 15 | 16,95 € | =E26*Rabattsatz | |
| 27 | | | | | | | |
| 28 | | | | | | | |
| 29 | **Ausschnitt aus der Hilfstabelle Rabatte** | | | | | | |
| 30 | | | | | | | |
| 31 | | | Rabatt | 10% | | | |

***Abbildung 11:*** *In die Zellen F24 bis F26 kopierte Formel unter Verwendung des Zellnamens „Rabattsatz"*

Zu berücksichtigen ist, dass in einem Dokument **derselbe Name nicht für mehrere Zellen vergeben** werden darf. Sind in einem Tabellenblatt beispielsweise mehrere Rabattsätze zu berücksichtigen, müssen diese mit verschiedenen Namen (z. B. **Rabattsatz1**, **Rabattsatz2** usw.) versehen werden.

Abschließend muss noch sichergestellt werden, dass die Namen **keine Leerzeichen** enthalten dürfen, da sie ansonsten nicht vom Programm anerkannt werden (d. h., **Rabattsatz 1** wird nicht erkannt, **Rabattsatz1** hingegen schon).

**Anmerkung:**

Neben dem aufgezeigten (etwas langen) Befehlsweg FORMELN – DEFINIERTE NAMEN – NAMEN DEFINIEREN kann der gewünschte Name auch direkt in das Namenfeld eingetragen werden. Um den Namen zu bestätigen, muss die ENTER-Taste betätigt werden.

Sollte versehentlich ein falscher Namen vergeben worden sein, kann dieser Fehler problemlos behoben werden. Um beispielsweise den oben vergebenen Namen für die Zelle D31 (Rabattsatz) wieder zu löschen, wird der Befehlsweg FORMELN – DEFINIERTE NAMEN – NAMENS-MANAGER gewählt.

In dem sich öffnenden Fenster zeigt das Programm alle bislang vergebenen Namen an. Mithilfe der Maus wird der zu löschende Name ausgewählt und durch das Anklicken der Befehlsfläche LÖSCHEN entfernt.

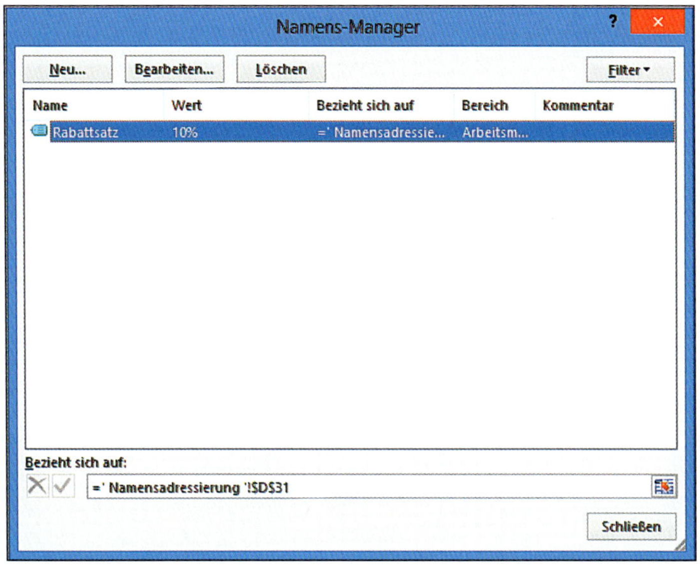


***Abbildung 12:*** *Markierter Zellname „Rabattsatz", bevor dieser gelöscht wird*

**Arbeitsauftrag 3:**

Vergeben Sie der Zelle D31 den Namen „Rabattsatz". Ändern Sie anschließend die in den Zellen F23 bis F26 stehenden Formeln dahin gehend ab, dass Sie mit dem Namen „Rabattsatz" arbeiten. Löschen Sie anschließend den Namen „Rabattsatz" und überprüfen Sie die auftretende Änderung.

# 3.5 Übungsaufgaben

## 3.5.1 Büromittelausgaben

**Situation:**

Herr Thorsten Klein aus der Abteilung Rechnungswesen/Statistik will untersuchen, wie hoch die Ausgaben für Büromittel im vergangenen Jahr waren. Die hierfür notwendigen Verbrauchszahlen wurden bereits ermittelt, sodass Sie mithilfe der nachstehend dargestellten Tabelle die Kosten für die einzelnen Positionen sowie die aufgeführten besonders interessanten Werte ermitteln sollen.

**Arbeitsaufträge:**

1. Speichern Sie die Datei unter dem Namen **Büromittelausgaben**. Speichern Sie Ihre Datei **spätestens alle fünf Minuten** ab, um Datenverlust zu vermeiden.
2. Übernehmen Sie die nachstehende Tabelle inklusive aller Werte und Formatierungen in das Tabellenblatt 1 und benennen Sie dieses Tabellenblatt in **Ergebnisse** um.
3. Überlegen Sie, welche Zellen Sie im Laufe der weiteren Arbeit mehrfach gebrauchen und deswegen später festsetzen müssen. Vergeben Sie diesen Zellen sinnvolle Namen, die Sie später – sofern möglich – in den Formeln und Funktionen verwenden.
4. Geben Sie mithilfe einer geeigneten Funktion in der Zelle G4 das heutige Datum aus.

5. Ermitteln Sie mithilfe von geeigneten Formeln die Kosten für
   a) Schreibutensilien in der Spalte C;
   b) Kopierpapier in der Spalte E;
   c) die Position Sonstiges in der Spalte G;
   d) alle Positionen in der Spalte H.
6. Ermitteln Sie durch Verwendung geeigneter Funktionen in der
   a) Zeile 27 die Gesamtwerte für die Spalten B bis H;
   b) Zeile 28 den jeweiligen Durchschnitt der Spalten B bis H.
7. Mithilfe von geeigneten Funktionen ist von Ihnen für die Position Sonstiges in der Zelle
   a) B33 der geringste Wert zu ermitteln;
   b) B34 der höchste Wert zu ermitteln.
8. Übernehmen Sie die Inhalte aus dem Tabellenblatt **Ergebnisse** in das Tabellenblatt 2, benennen Sie dieses in **Formeln** um und wechseln Sie dort in die Formelansicht (STRG + #).
   Richten Sie beide Tabellenblätter so ein, dass diese später alle relevanten Informationen vollständig lesbar anzeigen. Beide Tabellenblätter sollen im Querformat auf jeweils einer Seite ausgedruckt werden, wobei das Tabellenblatt **Formeln** auch die Zeilen- und Spaltenüberschriften enthalten soll. Stellen Sie weiterhin sicher, dass alle später ausgedruckten Tabellenblätter in der Kopfzeile Ihren Namen sowie das aktuelle Datum enthalten.
9. Drucken Sie nach abschließender Kontrolle die Tabellenblätter **Ergebnisse** und **Formeln** aus.

| | A | B | C | D | E | F | G | H |
|---|---|---|---|---|---|---|---|---|
| 1 | Ermittlung der Ausgaben für Büromittel | | | | | | | |
| 2 | | | | | | | | |
| 3 | | | | | | | | |
| 4 | **Kosten der Büromittel pro Einheit:** | | | | | | < Datum > | |
| 5 | | | | | | | | |
| 6 | Schreibutensilien: | 3,50 € | | | | | | |
| 7 | Kopierpapier: | 4,20 € | | | | | | |
| 8 | Sonstiges: | 2,80 € | | | | | | |
| 9 | | | | | | | | |
| 10 | | | | | | | | |
| 11 | **Rechenbereich:** | | | | | | | |
| 12 | | | | | | | | |
| 13 | | Verbrauchte Einheiten Schreibutensilien | Kosten für Schreibutensilien | Verbrauchte Einheiten Kopierpapier | Kosten für Kopierpapier | Verbrauchte Einheiten Sonstiges | Kosten für Sonstiges | Kosten gesamt |
| 14 | Januar | 23 | | 17 | | 53 | | |
| 15 | Februar | 18 | | 31 | | 67 | | |
| 16 | März | 21 | | 45 | | 42 | | |
| 17 | April | 32 | | 32 | | 81 | | |
| 18 | Mai | 34 | | 38 | | 67 | | |
| 19 | Juni | 36 | | 19 | | 74 | | |
| 20 | Juli | 28 | | 42 | | 65 | | |
| 21 | August | 26 | | 26 | | 59 | | |
| 22 | September | 22 | | 28 | | 43 | | |
| 23 | Oktober | 29 | | 41 | | 77 | | |
| 24 | November | 34 | | 19 | | 68 | | |
| 25 | Dezember | 22 | | 22 | | 55 | | |
| 26 | | | | | | | | |
| 27 | Gesamt | | | | | | | |
| 28 | Durchschnitt | | | | | | | |
| 29 | | | | | | | | |
| 30 | | | | | | | | |
| 31 | **Interessante Werte der Büromittelgruppe "Sonstiges":** | | | | | | | |
| 32 | | | | | | | | |
| 33 | geringste Kosten: | | | | | | | |
| 34 | höchste Kosten: | | | | | | | |

***Abbildung 13:*** *Büromittelausgaben; Tabellenblatt „Ergebnisse"*

## 3.5.2 Telefonkostenermittlung

**Situation:**

Frau Sandra Berg aus der Abteilung Verwaltung soll im Auftrag der Geschäftsleitung für das vergangene Jahr eine Übersicht über die angefallenen monatlichen Telefonkosten erstellen. Da Frau Berg von Ihren Kenntnissen im Umgang mit dem Tabellenkalkulationsprogramm gehört hat, überträgt Sie Ihnen die Aufgabe, mithilfe einer vorgefertigten Tabelle diese Aufstellung anzufertigen.

**Arbeitsaufträge:**

1. Speichern Sie diese Aufgabe unter dem Dateinamen **Telefonkostenermittlung** in Ihrem Arbeitsverzeichnis ab. Speichern Sie Ihre Datei **spätestens alle fünf Minuten** ab, um Datenverlust zu vermeiden.
2. Übernehmen Sie die nachstehende Tabelle inklusive aller Werte und Formatierungen in das Tabellenblatt 1. Benennen Sie das Tabellenblatt in **Ergebnisse** um.
3. Vergeben Sie der Zelle B4 sowie den Zellen B7 bis B9 sinnvolle Namen und verwenden Sie diese Namen – sofern möglich – in den späteren Formeln und Funktionen.
4. Weisen Sie mithilfe einer Funktion in der Zelle E7 das aktuelle Datum und die aktuelle Uhrzeit aus.
5. Übernehmen Sie in den Zellen C13 bis C24 per Zellbezug die monatliche Grundgebühr.
6. Ermitteln Sie formelgesteuert in den Zellen D13 bis D24 die Gebühren für die jeweils im Monat verbrauchten Telefoneinheiten. Beachten Sie hierbei, dass die Gebühren pro Einheit im Lauf des Jahres unterschiedlich hoch sind.
7. Ermitteln Sie durch Verwendung einer Funktion in den Zellen E13 bis E24 die Höhe der jeweiligen Monatsrechnung. Diese setzt sich aus der Grundgebühr und der Gebühr für die Einheiten zusammen.
8. Ermitteln Sie in der Zeile 26 funktionsgesteuert die gesamten Werte der Spalten B bis E.
9. In den Zellen B33 bis B35 bzw. E33 bis E34 sind für die zweite Jahreshälfte die geforderten Werte zu ermitteln. Verwenden Sie für deren Ermittlung ausschließlich Funktionen.
10. Formatieren Sie alle Zellen, die Währungsbeträge enthalten, auf das Euroformat.
11. Kopieren Sie den Inhalt des Tabellenblattes **Ergebnisse** in das Tabellenblatt 2 und wechseln Sie dort in die Formelansicht (STRG + #). Benennen Sie das Tabellenblatt 2 als **Formeln**.
12. Richten Sie die beiden Tabellenblätter so ein, dass Sie diese im Hochformat auf jeweils einer Seite ausdrucken können. Beachten Sie hierbei unbedingt, dass beide Tabellenblätter in der Kopfzeile Ihren Namen sowie das heutige Datum tragen. Weiterhin sollen beide Tabellenblätter auch die Zeilen- und Spaltenüberschriften anzeigen.
13. Drucken Sie nach abschließender Kontrolle die Tabellenblätter **Ergebnisse** und **Formeln** aus.

| | A | B | C | D | E |
|---|---|---|---|---|---|
| 1 | **Ermittlung der monatlichen Telefonkosten** | | | | |
| 2 | | | | | |
| 3 | | | | | |
| 4 | monatliche Grundgebühr | 16,00 € | | | |
| 5 | | | | | |
| 6 | **Gebühren je Einheit:** | | | | |
| 7 | Januar - April | 0,09 € | | Datum/Uhrzeit: | |
| 8 | Mai - August | 0,08 € | | | |
| 9 | ab September | 0,07 € | | | |
| 10 | | | | | |
| 11 | | | | | |
| 12 | Monat | Telefon-einheiten | Grundgebühr | Gebühr für Einheiten gesamt | Monats-rechnung |
| 13 | Januar | 12.420 | | | |
| 14 | Februar | 11.685 | | | |
| 15 | März | 14.205 | | | |
| 16 | April | 13.610 | | | |
| 17 | Mai | 12.990 | | | |
| 18 | Juni | 10.845 | | | |
| 19 | Juli | 15.410 | | | |
| 20 | August | 13.540 | | | |
| 21 | September | 14.030 | | | |
| 22 | Oktober | 13.850 | | | |
| 23 | November | 16.200 | | | |
| 24 | Dezember | 15.325 | | | |
| 25 | | | | | |
| 26 | Gesamt | | | | |
| 27 | | | | | |
| 28 | | | | | |
| 29 | **Relevante Werte für den Zeitraum von Juli bis Dezember:** | | | | |
| 30 | | | | | |
| 31 | **Telefoneinheiten:** | | | **Telefonrechnung:** | |
| 32 | | | | | |
| 33 | kleinste Anzahl: | | | kleinste Rechnung: | |
| 34 | größte Anzahl: | | | größte Rechnung: | |
| 35 | durch. Anzahl: | | | | |

***Abbildung 14:*** *Telefonkostenermittlung; Tabellenblatt „Ergebnisse"*

## 3.5.3 Gewinnverteilung

**Situation:**

Die Bürodesign GmbH geht neue Wege zur Mitarbeitermotivation. Für ein neu entwickeltes Produkt konnten Mitarbeiter sich an den Entwicklungskosten beteiligen und erhalten dafür im Gegenzug einen Anteil an dem Gewinn aus dem Verkauf dieses Produktes.

Damit die Mitarbeiter auf keinen Fall „leer ausgehen", sagt die Bürodesign GmbH allen Kapitalgebern am Ende des ersten Jahres eine garantierte Mindestzahlung in Höhe von 500,00 € zu. Weiterhin will sie allen Mitarbeitern das investierte Kapital mit 6,00 % verzinsen.

Ihre Aufgabe besteht darin, mithilfe der umseitigen Tabelle die Gewinnberechnung für die Mitarbeiter der Bürodesign GmbH durchzuführen.

**Arbeitsaufträge:**

1. Speichern Sie Ihre Datei unter dem Dateinamen **Gewinnverteilung** ab. Speichern Sie Ihre Datei **spätestens alle fünf Minuten** ab, um Datenverlust zu vermeiden.
2. Übernehmen Sie die nachstehende Tabelle in das Tabellenblatt 1. Benennen Sie das Tabellenblatt in **Ergebnisse** um. Übernehmen Sie die angegebenen Texte und Werte einschließlich der entsprechenden Formatierungen.
3. Vergeben Sie den Zellen B3 bis B5 sinnvolle Namen und verwenden Sie diese – sofern möglich – in den späteren Formeln und Funktionen.
4. Ermitteln Sie in der Zelle C19 mittels einer geeigneten Funktion die Höhe der gesamten Kapitaleinlagen aller Mitarbeiter.
5. Übernehmen Sie in den Zellen D9 bis D17 durch Zellbezüge die den Mitarbeitern zustehende garantierte Zahlung! Ermitteln Sie weiterhin in der Zelle D19 die Summe der Spalte D. Formatieren Sie diese Ergebnisse auf das Format Euro.
6. Ermitteln Sie in den Zellen E9 bis E17 unter Verwendung einer Formel die Verzinsung des von den Mitarbeitern zur Verfügung gestellten Kapitals. Ermitteln Sie weiterhin in der Zelle E19 die Summe aller Zinsen. Formatieren Sie diese Ergebnisse auf Euro.
7. In der Spalte F sind die Gewinne je Mitarbeiter durch eine Funktion zu ermitteln. Auch hier ist der Gesamtwert zu bestimmen und alle Ergebnisse sind auf Euro zu formatieren.
8. In der Spalte G sollen Sie mithilfe einer geeigneten Funktion den prozentualen Anteil am Gesamtgewinn (Zelle B5) je Kapitalgeber ermitteln! Formatieren Sie das Ergebnis auf das Format Zahl mit zwei Nachkommastellen.
9. Abschließend soll in der Zelle B23 der Restgewinn sowie in der Zelle B25 der prozentuale Anteil am Gesamtgewinn – unter Angabe von 2 Nachkommastellen – für die Bürodesign GmbH ermittelt werden.
10. Kopieren Sie den Inhalt Ihres Tabellenblattes **Ergebnisse** in das Tabellenblatt 2. Benennen Sie das Tabellenblatt in **Formeln** um. Wechseln Sie dort in die Formelansicht und richten Sie beide Tabellenblätter so ein, dass diese später jeweils auf einer Seite im Querformat und mit den Zeilen-/Spaltenüberschriften ausgedruckt werden können. Beachten Sie zudem, dass die Tabellenblätter in der Kopfzeile Ihren Namen sowie das aktuelle Datum (als Funktion) anzeigen.
11. Drucken Sie – nach nochmaliger Kontrolle – die beiden Tabellenblätter **Ergebnisse** und **Formeln** aus.

**Gewinnverteilung für neues Produkt**

| | |
|---|---|
| garantierte Zahlung | 500,00 € |
| Verzinsung | 6,00% |
| Gesamtgewinn | 45.000,00 € |

| Name | Vorname | Kapitaleinlage | garantierte Zahlung | Verzinsung | Gewinn je Mitarbeiter | prozentualer Anteil am Gesamtgewinn |
|---|---|---|---|---|---|---|
| Schneider | Inge | 7.700,00 € | | | | |
| Pyplo | Jutta | 4.400,00 € | | | | |
| Hagemann | Mark | 6.100,00 € | | | | |
| Wagner | Chris | 3.400,00 € | | | | |
| Sanders | Udo | 6.900,00 € | | | | |
| Cussét | Chantal | 5.200,00 € | | | | |
| Pesch | Stefanie | 2.800,00 € | | | | |
| Fahringer | Ute | 5.300,00 € | | | | |
| Belke | Michael | 3.200,00 € | | | | |
| Gesamt | | | | | | |

**Angaben für Bürodesign GmbH**

| | |
|---|---|
| Restgewinn | |
| prozentualer Anteil am Gesamtgewinn | |

***Abbildung 15:*** *Gewinnverteilung; Tabellenblatt „Ergebnisse"*

# 4 Logische Funktionen

## 4.1 WENN-Funktion

**Situation:**

Der Leiter der Abteilung Rechnungswesen, Herr Taube, beauftragt Sie, mithilfe eines Tabellenkalkulationsprogramms die Rabattsätze auf dem Rechnungsformular automatisiert auszugeben bzw. anzeigen zu lassen.

Er teilt Ihnen weiterhin mit, dass ab einer Menge von 20 Stück ein Rabatt von 10 % und bei Mengen unter 20 Stück kein Rabatt gewährt werden soll.

Wenn das Tabellenkalkulationsprogramm in Abhängigkeit einer bestimmten Größe (hier: Menge) zwischen zwei verschiedenen Möglichkeiten (hier: Rabattsatz von 0 % und 10 %) wählen soll, empfiehlt sich die Nutzung der **WENN-Funktion**. Syntax der Funktion: **=WENN(PRÜFUNG;DANN-Wert;SONST-Wert)**

Nachfolgend ist der Aufbau der WENN-Funktion in Form eines Struktogramms dargestellt:

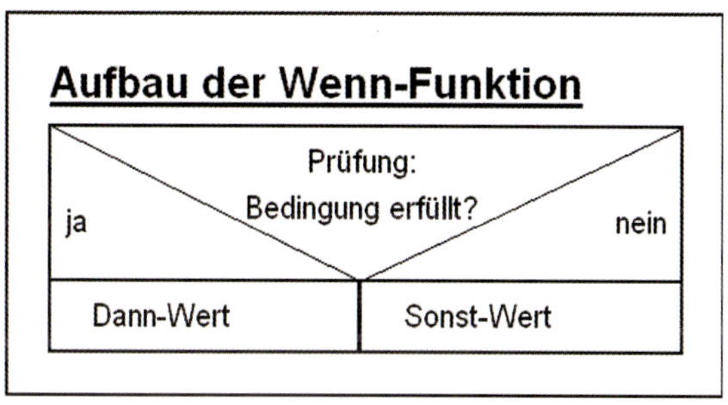


***Abbildung 1:*** *Grundlegendes Struktogramm der WENN-Funktion*

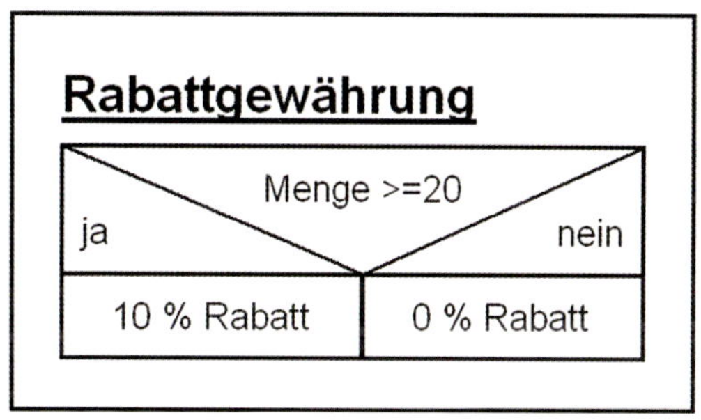


***Abbildung 2:*** *Struktogramm der WENN-Funktion am Beispiel der Rabattgewährung*

Das Tabellenkalkulationsprogramm prüft, ob der jeweilige Artikel in einer Menge von mindestens 20 Stück gekauft wurde. Stehen in der Rechnung zum jeweiligen Artikel weniger als 20 Einheiten, so erhält der Kunde keinen Rabatt. Wenn der Kunde allerdings von dem jeweiligen Artikel mindestens 20 Stück bezogen hat, wird ihm ein Mengenrabatt von 10 % gewährt. Die entsprechende **Prüfung** für die abgebildete Rechnung (siehe Abbildung 3) in Zelle F23 lautet somit: **=WENN(D23>=$A$38;**

**Anmerkung:**

Ein gemischter Bezug ist hier ausreichend: statt $A$38 → A$38. Im Folgenden wird auf die Unterscheidung von absoluten und gemischten Bezügen nur eingegangen, wenn dies für die Lösung der Problemstellung relevant ist.

Wird diese Prüfung vom Tabellenkalkulationsprogramm als **WAHR** bestätigt, folgt hinter dem ersten Semikolon der dargestellte **DANN-Wert**. Fortführung des obigen Beispiels: =WENN(D23>=$A$38;**$B$38**

Da in diesem Fall die Prüfung allerdings zur Antwort **FALSCH** führt (denn in Zelle D23 steht die Menge „10"), benötigt das Tabellenkalkulationsprogramm noch die Angabe des sog. **SONST-Wertes**. Dieser wird hinter dem zweiten Semikolon angegeben. Fortführung des obigen Beispiels: =WENN(D23>=$A$38;$B$38;**$B$37**)

**Anmerkung:**

Die Zellen A38, B38 und B37 müssen „festgesetzt" bzw. absolut adressiert werden, damit beim Kopieren der Funktion bei jeder Position im Rechnungsformular die abgebildete Hilfstabelle berücksichtigt wird.

Nachfolgend ist die vollständige Funktion im Ausschnitt der Tabelle Rechnungsformular dargestellt. Die Zeilen 4 bis 18 und 27 bis 31 wurden ausgeblendet.

**Ausschnitt aus der Tabelle Rechnungsformular**

**Rechnung**

| Position | Artikel-nummer | Artikel-bezeichnung | Menge (Stück) | Listenpreis pro Stück | Rabatt (%) | Rabatt pro Stück | Gesamt-preis |
|---|---|---|---|---|---|---|---|
| 1 | 13792 | Textverarbeitung I | 10 | =WENN(D23>=$A$38;$B$38;$B$37) | | | |
| 2 | 11207 | Arbeiten mit dem PC | 25 | | | | |
| 3 | 12430 | Tabellenkalkulation II | 20 | 24,90 € | | | |
| 4 | 13080 | Präsentieren leichtgemacht | 15 | 16,95 € | | | |

**Ausschnitt aus der Tabelle Rabattsätze**

| Menge ab ... | Rabattsatz (%) |
|---|---|
| 0 | 0 |
| 20 | 10 |

***Abbildung 3:*** *Einführung der WENN-Funktion*

**Anmerkung:**

Die folgende Funktion führt **nicht** zum richtigen Ergebnis: =WENN(D23>=$A$37;$B$37;$B$38). Die Prüfung (D23>=$A$37) bedeutet: „Wenn die Menge größer oder gleich 0 ist, dann ..." Alle Mengen (z. B. Position 1 = 10 Stück, Position 4 = 15 Stück usw.) erfüllen diese Bedingung. Für jede Menge wird so kein Rabatt (Rabatt = 0 %) gewährt. Der Grund dafür liegt darin, dass die „Arbeit" der Funktion dann endet, wenn sie eine positive Antwort (WAHR) erhält. Dies ist bei der o. g. Funktion bei 0 und jeder positiven Zahl gegeben.

**Arbeitsauftrag 1:**

Stellen Sie die abgebildeten Tabellen in einem Tabellenkalkulationsprogramm dar und tragen Sie die erforderlichen Funktionen ein.

Die WENN-Funktion kann auch mit anderen Funktionen verknüpft werden. Soll in einer Spalte „Anmerkung" (siehe Abbildung 4) die Position bzw. der Artikel mit dem größten Umsatz als „umsatzstärkster Artikel" ausgewiesen werden, muss die WENN-Funktion prüfen, ob der jeweilige Artikel den größten Gesamtpreis aller Artikel aufweist. Ausgangspunkt ist hier wieder die Position 1. Die relevanten Werte sind die Gesamtpreise in den Zellen von H23 bis H26.

Da hier zwei Zustände möglich sind (der Artikel ist der mit dem größten Umsatz **oder** nicht), ist eine WENN-Funktion notwendig. Da der umsatzstärkste Artikel derjenige ist, der den größten Gesamtpreis hat, muss zudem die **MAX-Funktion** verwendet werden.

Die Prüfung in der Zelle I23 lautet somit: **=WENN(H23=MAX($H$23:$H$26);**

**Anmerkung:**

Der Zellbereich von H23 bis H26 muss „festgesetzt" bzw. absolut adressiert werden, damit beim Kopieren der Funktion alle Gesamtpreise der jeweiligen Artikel berücksichtigt werden.

Der gewünschte **DANN-Wert** muss per Tastatur eingegeben werden. Wenn als **DANN-Wert** ein Text ausgegeben werden soll, muss dieser in Anführungszeichen gesetzt werden. Anführungszeichen sind auch notwendig, wenn als Antwort nichts ausgegeben werden soll. Zwei Anführungszeichen ohne Leerzeichen führen zur Ausgabe einer leeren Zelle. Die vollständige Funktion in der Zelle I23 lautet somit:
**=WENN(H23=MAX($H$23:$H$26);"umsatzstärkster Artikel";"")**

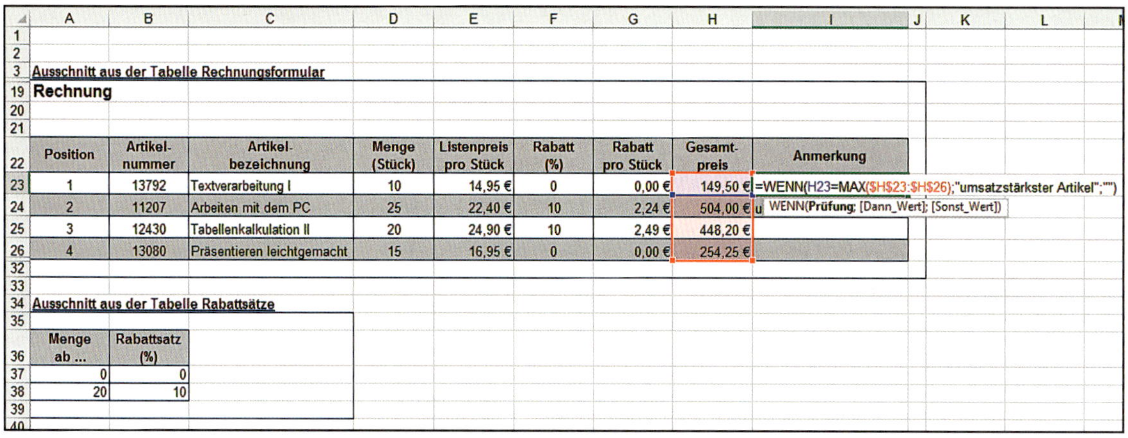

Ausschnitt aus der Tabelle Rechnungsformular

Rechnung

| Position | Artikel-nummer | Artikel-bezeichnung | Menge (Stück) | Listenpreis pro Stück | Rabatt (%) | Rabatt pro Stück | Gesamt-preis | Anmerkung |
|---|---|---|---|---|---|---|---|---|
| 1 | 13792 | Textverarbeitung I | 10 | 14,95 € | 0 | 0,00 € | 149,50 € | =WENN(H23=MAX($H$23:$H$26);"umsatzstärkster Artikel";"") |
| 2 | 11207 | Arbeiten mit dem PC | 25 | 22,40 € | 10 | 2,24 € | 504,00 € | WENN(Prüfung; [Dann_Wert]; [Sonst_Wert]) |
| 3 | 12430 | Tabellenkalkulation II | 20 | 24,90 € | 10 | 2,49 € | 448,20 € | |
| 4 | 13080 | Präsentieren leichtgemacht | 15 | 16,95 € | 0 | 0,00 € | 254,25 € | |

Ausschnitt aus der Tabelle Rabattsätze

| Menge ab ... | Rabattsatz (%) |
|---|---|
| 0 | 0 |
| 20 | 10 |

***Abbildung 4:*** *WENN-Funktion in Kombination mit der MAX-Funktion*

**Arbeitsauftrag 2:**

Ergänzen Sie die Spalte „Anmerkung" in den Zellen I22 bis I26 und tragen Sie in die Zellen I23 bis I26 die erforderlichen Funktionen ein.

**Exkurs: Mathematische Operanden**

Häufig treten Probleme bei der Wahl des richtigen mathematischen Zeichens auf, das für die zu erfüllende Aufgabe notwendig ist. Im Folgenden finden Sie einen Überblick über die bedeutendsten Zeichen:

| Bedingung: | Damit die Bedingung erfüllt ist, muss die Zahl ... | folgende Zahlen erfüllen die Bedingung: |
|---|---|---|
| A1 > 10 | **größer als** die Zahl 10 sein. | 11, 12, 13, ..., 999.999.999 |
| A1>=10 | entweder **größer als** die Zahl 10 **oder gleich** der Zahl 10 sein. | 10, 11, 12, ... , 999.999.999 |
| A1 =10 | **gleich** (identisch mit) der Zahl 10 sein. | 10 |
| A1 <10 | **kleiner als** die Zahl 10 sein. | 9, 8, 7, ..., –999.999.999 |
| A1 <= 10 | entweder **kleiner als** die Zahl 10 **oder gleich** der Zahl 10 sein. | 10, 9 , 8, 7, ..., –999.999.999 |
| A1 <> 10 | **ungleich** der Zahl 10 sein. | –999.999.999 bis 9,9999999 **bzw.** 10,0000001 bis 999.999.999 |

# 4.2 Übungsaufgaben zur WENN-Funktion

## 4.2.1 Angebotsvergleich 1

**Situation:**

Frau Helga Pfeiffer aus der Abteilung Beschaffung teilt Ihnen mit, dass ein Flachbettscanner in das Sortiment der Bürodesign GmbH aufgenommen werden soll. Da als mögliche Lieferer mehrere Unternehmen infrage kommen, muss ein Angebotsvergleich durchgeführt werden. Bisher wurden in der Bürodesign GmbH Angebotsvergleiche immer manuell mittels eines Formulars (siehe Abbildung 6: Angebotsvergleich) durchgeführt. Als Auszubildende/-r der Bürodesign GmbH erhalten Sie von Frau Pfeiffer den Auftrag, diesen Vorgang mithilfe eines Tabellenkalkulationsprogramms zu automatisieren. Es liegen folgende Angebote vor:

| Lieferer | Listeneinkaufspreis in Euro | Rabatt in Prozent | Skonto in Prozent | Lieferzeit in Wochen | Zuverlässigkeit |
|---|---|---|---|---|---|
| Bürotec GmbH | 120,00 | 30,0 | 1,0 | 2 | 1 |
| Computec GmbH & Co. KG | 112,50 | 15,0 | 1,5 | 4 | 2 |
| Jansen OHG | 117,50 | 45,0 | 2,0 | 4 | 1 |
| Latex AG | 92,50 | 30,0 | 0,0 | 2 | 3 |

***Abbildung 5:*** *Übersicht der Angebote für Angebotsvergleich*

Web

| | A / B | C / D | E / F | G / H | I / J |
|---|---|---|---|---|---|
| 1 | **Angebotsvergleich** | | | | |
| 2 | | | | | |
| 3 | Anbieter | Bürotec GmbH | Computec GmbH & Co. KG | Jansen OHG | Latex AG |
| 4 | Artikelbezeichnung | TecScan3000 | CT2400 | JanSca4001F | LX 90Z |
| 5 | Listeneinkaufspreis | | | | |
| 6 | - Rabatt | | | | |
| 7 | = Zieleinkaufspreis | | | | |
| 8 | - Skonto | | | | |
| 9 | = Bareinkaufspreis | | | | |
| 10 | | | | | |
| 11 | Lieferzeit (in Wochen) | | | | |
| 12 | Zuverlässigkeit | | | | |
| 13 | | | | | |
| 14 | niedrigster Preis | | | | |

***Abbildung 6:*** *Angebotsvergleich*

**Arbeitsaufträge:**

1. Speichern Sie eine Arbeitsmappe unter dem Namen **Angebotsvergleich_1** ab. Speichern Sie die Datei regelmäßig, um Datenverluste zu vermeiden.
2. Übertragen Sie das Formular einschließlich aller Formatierungen in ein leeres Tabellenblatt. Geben Sie diesem Tabellenblatt den Namen **Ergebnis**.
3. Geben Sie die Daten der vorliegenden Angebote (siehe oben) ein.
4. Ermitteln Sie mithilfe geeigneter Formeln und Funktionen
   a) in Zeile 9 den Bareinkaufspreis pro Lieferer und Artikel,
   b) die Auswertung für die Lieferzeit. Es gilt, dass alle Lieferanten, die innerhalb von zwei Wochen liefern können, in der entsprechenden Zelle (z. B. D11) mit einem „OK" gekennzeichnet werden;
   c) die Auswertung für die Zuverlässigkeit. Es gilt, dass alle Lieferanten, deren Zuverlässigkeit bei „1" liegt, mit einem „OK" gekennzeichnet werden. Alle anderen Lieferer bleiben ohne Kennzeichnung;

d) den niedrigsten Preis. Der Lieferer mit dem niedrigsten Preis ist mit einem „X" zu kennzeichnen. Alle anderen Lieferer bleiben ohne Kennzeichnung.

5. Erstellen Sie in einem weiteren Tabellenblatt mit dem Namen **Formeln** die Formelansicht.
6. Fügen Sie unterhalb der Tabelle im Tabellenblatt **Ergebnis** ein Textfeld ein. Entscheiden Sie sich für einen Lieferanten und begründen Sie Ihre Entscheidung mithilfe der berechneten Werte. Formulieren Sie in ganzen Sätzen und achten Sie auf eine gute Ausdrucksweise.
7. Für das Drucklayout gelten folgende Vorgaben:
   a) Die Tabellenblätter sollen im Format DIN A4 quer auf je einer Seite ausgedruckt werden.
   b) In der Fußzeile unten links soll automatisch der Dateiname und in der Fußzeile unten rechts soll Ihr Name ausgewiesen werden.
   c) Beide Tabellenblätter sind mit Zeilen- und Spaltenüberschriften sowie mit Gitternetzlinien auszudrucken.

## 4.2.2 Lohnberechnung

**Situation:**

Sie sind im Bereich Personal der Abteilung Verwaltung eingesetzt. Die Bereichsleiterin, Frau Ferl, beauftragt Sie, die monatliche Lohnberechnung für die in der Produktion beschäftigten Arbeitnehmer durchzuführen.

Frau Ferl teilt Ihnen mit, dass sich der Monatslohn der Mitarbeiter aus dem Stückakkord und einer Qualitätsprämie zusammensetzt. Ihre Aufgabe besteht in der Ermittlung des Monatslohns sowie des voraussichtlichen Jahreslohns mithilfe der nachfolgend abgebildeten Tabelle.

| | A | B | C | D | E | F | G | H | I |
|---|---|---|---|---|---|---|---|---|---|
| 1 | Übersicht über den Lohn unserer Mitarbeiter für diesen Monat | | | | | | | | |
| 2 | | | | | | | | | |
| 3 | | | | | | | | | |
| 4 | Fertigungsmenge ab ... Stück | Lohn pro Stück | | fehlerhafte Stückzahl ab ... | Qualitätsprämie pro Monat | | | Abrechnungs-datum: | |
| 5 | 0 | 8,70 € | | 0 | 180,00 € | | | | |
| 6 | 200 | 9,20 € | | 5 | 0,00 € | | | | |
| 7 | | | | | | | | | |
| 8 | | | | | | | | | |
| 9 | Mitarbeiter-Nr. | Mitarbeiter-Name | Fertigungsmenge pro Monat | davon waren ... Stück fehlerhaft | Lohn pro Stück | Qualitätsprämie | Gesamtlohn für den aktuellen Monat | voraussichtlicher Jahreslohn | Mitarbeiter mit dem höchsten Monatslohn |
| 10 | 0012 | Albers, Jürgen | 208 | 4 | | | | | |
| 11 | 0014 | Brahmer, Tanja | 196 | 2 | | | | | |
| 12 | 0017 | Dinkel, Sabine | 224 | 6 | | | | | |
| 13 | 0021 | Dietrichs, Bernd | 204 | 3 | | | | | |
| 14 | 0022 | Ehrmann, Udo | 192 | 1 | | | | | |
| 15 | 0024 | Franzen, Jasmin | 224 | 5 | | | | | |
| 16 | 0027 | Gebering, Michael | 212 | 2 | | | | | |
| 17 | 0032 | Leitz, Manfred | 186 | 1 | | | | | |
| 18 | 0035 | Nietzke, Anita | 204 | 7 | | | | | |
| 19 | 0036 | Polling, Elvira | 193 | 2 | | | | | |
| 20 | 0039 | Quandt, Thorsten | 211 | 4 | | | | | |
| 21 | 0041 | Wilhelm, Jochen | 235 | 5 | | | | | |
| 22 | | | | | | | | | |
| 23 | Gesamt | ----- | ----- | | ----- | | | | |
| 24 | Durchschnitt | ----- | | | | | | | |

***Abbildung 7:*** *Lohnberechnung*

**Arbeitsaufträge:**

1. Übernehmen Sie die abgebildete Tabelle inklusive aller Werte und Formatierungen in das Tabellenblatt 1 und speichern Sie die Arbeitsmappe unter dem Dateinamen **Lohnberechnung** ab.
2. Ermitteln Sie in der Zelle I4 mithilfe einer Funktion das aktuelle Datum.
3. Ermitteln Sie mithilfe von WENN-Funktionen
   a) den Lohn pro Stück in der Spalte E in Abhängigkeit zur Fertigungsmenge pro Monat,
   b) die Höhe der Qualitätsprämie in der Spalte F in Abhängigkeit zu den Werten in Spalte D.
4. Berechnen Sie mithilfe geeigneter Formeln und Funktionen
   a) in Spalte G den Gesamtlohn für den aktuellen Monat. Berücksichtigen Sie, dass fehlerhafte Produkte nicht vergütet werden;
   b) in Spalte H den voraussichtlichen Jahreslohn.
5. Kennzeichnen Sie unter Verwendung einer WENN-Funktion den Mitarbeiter mit dem höchsten Monatslohn mit einem „X". Die Zellen der übrigen Mitarbeiter sollen leer bleiben.
6. Ermitteln Sie in den Zeilen 23 und 24 mithilfe von geeigneten Funktionen die geforderten Werte. Beachten Sie hierbei, dass die gestrichenen Zellen ohne Berechnung bleiben sollen.
7. Formatieren Sie alle Eurowerte im Format „Währung" (€) mit zwei Nachkommastellen.
8. Kopieren Sie die Inhalte aus dem Tabellenblatt 1 in das Tabellenblatt 2 und wechseln Sie dort in die Formelansicht.
9. Benennen Sie das Tabellenblatt 1 als **Ergebnis**, Tabellenblatt 2 als **Formeln**.
10. Richten Sie beide Tabellenblätter so ein, dass diese mit **Zeilen- und Spaltenüberschriften** auf jeweils einer Seite im **Querformat** ausgedruckt werden können. Weiterhin sollen beide Tabellenblätter in der Kopfzeile sowohl Ihren **Namen** als auch das **heutige Datum** enthalten.

## 4.2.3 Gesundheitsbonus

**Situation:**

Da Sie im Rahmen der Lohnberechnung (siehe Aufgabe 4.2.2) bereits einige Erfahrung gesammelt haben, sollen Sie nun die Gehälter der Mitarbeiter im Monat Januar 02 berechnen.

Als Grundlage dient neben zwei unterschiedlichen Gehaltsklassen noch ein Zuschlag für Mitarbeiter mit geringen Fehlquoten. Diese Gesundheitsprämie wird gemeinsam mit dem Gehalt im Januar des jeweiligen Folgejahres (02) ausgezahlt. Ihre Aufgabe besteht darin, mithilfe der nachfolgenden Tabelle diese Berechnung automatisiert durchzuführen.

| | A | B | C | D | E | F | G | H | I | J | K |
|---|---|---|---|---|---|---|---|---|---|---|---|
| 1 | **Ermittlung des Gesundheitsbonus für das Jahr 02** | | | | | | | | | | |
| 2 | | | | | | | | | | | |
| 3 | | | | | | | | | | | |
| 4 | **Ausgangswerte:** | | | **Grundgehalt pro Monat:** | | | **Voraussetzungen für die Gesundheitsprämie:** | | | | |
| 5 | | | | | | | | | | | |
| 6 | Arbeitstage lt. Tarifvertrag: | 230 | | Gehaltsklasse | Gehalt | | Fehlquote bis ... Prozent | Gesundheits-prämie | | | |
| 7 | | | | A | 2.200,00 € | | 4% | 300,00 € | | | |
| 8 | | | | B | 2.050,00 € | | | | | | |
| 9 | | | | | | | | | | | |
| 10 | | | | | | | | | | | |
| 11 | **Rechenbereich:** | | | | | | | | | | |
| 12 | | | | | | | | | | | |
| 13 | Name | Arbeitstage lt. Tarifvertrag | Gehaltsklasse | Gehalt | Fehltage | Fehlquote | Gesundheits-prämie | Sonderprämie | Gehalt Januar 02 | unterdurch-schnittliche Fehlquote | Persönliches Gespräch |
| 14 | Behrends, Anita | | A | | 13 | | | | | | |
| 15 | Classens, Jochen | | B | | 22 | | | | | | |
| 16 | Grönewald, Dagmar | | A | | 8 | | | | | | |
| 17 | Höver, Bianca | | A | | 3 | | | | | | |
| 18 | Klöver, André | | B | | 31 | | | | | | |
| 19 | Osteresch, Jutta | | A | | 9 | | | | | | |
| 20 | Petersen, Markus | | A | | 7 | | | | | | |
| 21 | Riester, Christian | | B | | 17 | | | | | | |
| 22 | Teichmann, Steffi | | B | | 9 | | | | | | |
| 23 | Wilms, Holger | | A | | 14 | | | | | | |
| 24 | | | | | | | | | | | |
| 25 | | | | | | | | | | | |
| 26 | **gesamte Fehltage aller Mitarbeiter** | | | | | | | | | | |

***Abbildung 8:*** *Gesundheitsbonus*

Web

**Arbeitsaufträge:**

1. Übernehmen Sie die abgebildete Tabelle inklusive aller Werte und Formatierungen in ein Tabellenblatt und speichern Sie die Arbeitsmappe (Datei) in Ihrem Arbeitsverzeichnis unter dem Namen **Gesundheitsbonus** ab.
2. Speichern Sie Ihre Datei in regelmäßigen Abständen – spätestens jedoch alle fünf Minuten – ab, um Datenverlust zu vermeiden.
3. Benennen Sie das Tabellenblatt 1 als **Ergebnis** und das Tabellenblatt 2 als **Formeln**.
4. Vergeben Sie für die Zellen B6 und H7 sinnvolle Namen und verwenden Sie diese – sofern möglich – in den späteren Formeln und Funktionen.
5. Übernehmen Sie in Spalte B für alle Mitarbeiter per Zellbezug die Arbeitstage, die laut Tarifvertrag pro Jahr zu arbeiten sind.
6. Ermitteln Sie mithilfe von geeigneten Formeln bzw. Funktionen
   a) in der Spalte D das jeweilige Gehalt der Mitarbeiter in Euro,
   b) in der Spalte F die Fehlquote des jeweiligen Mitarbeiters. Die Fehlquote soll als Prozent formatiert mit zwei Nachkommastellen ausgegeben werden;
   c) in der Spalte G die Gesundheitsprämie in Euro. Die Höhe der Prämie hängt von den in den Zellen G6 bis H7 aufgeführten Angaben ab;
   d) in der Spalte H die Sonderprämie in Euro. Die Sonderprämie in Höhe von 500,00 € erhält nur der Mitarbeiter, der die kleinste Fehlquote im Jahr 01 hatte. Alle anderen Mitarbeiter erhalten an dieser Stelle keine Zahlung;
   e) in Spalte I die Höhe des Gehaltes in Euro je Mitarbeiter für den Monat Januar 02;
   f) in der Spalte J alle Mitarbeiter, die eine unterdurchschnittliche Fehlquote aufweisen können. Diese Mitarbeiter sollen durch ein „X" gekennzeichnet werden. Die Zellen aller anderen Mitarbeiter sollen leer bleiben;
   g) in der Spalte K den Mitarbeiter, mit dem aufgrund der höchsten Fehlquote der Vorgesetzte ein persönliches Gespräch führen soll. Auch hier soll ein „X" diesen Mitarbeiter kennzeichnen.
7. Ermitteln Sie mithilfe einer geeigneten Funktion in der Zelle C26 die gesamte Anzahl an Fehltagen aller Mitarbeiter für das Jahr 01.
8. Formatieren Sie alle Zellen, in denen Währungsbeträge enthalten sind, im Format „Währung" (€) mit zwei Nachkommastellen.
9. Kopieren Sie den Inhalt des Tabellenblattes **Ergebnis** in das Tabellenblatt **Formeln** und schalten Sie dort in die Formelansicht um. Passen Sie das Tabellenblatt **Formeln** so an, dass alle Formeln und Funktionen vollständig lesbar sind.
10. Richten Sie beide Tabellenblätter so ein, dass diese im **Querformat** ausgedruckt werden können. Die Tabellenblätter sollen neben den **Spalten- und Zeilenüberschriften** auch Ihren **Namen**, **den Dateinamen** und das **heutige Datum** in der Kopfzeile enthalten. Beachten Sie, dass das Tabellenblatt **Formeln** auf zwei Seiten breit ausgedruckt wird.

# 4.3 Verschachtelte WENN-Funktion

**Situation:**

Sie sind in die Abteilung Rechnungswesen zurückgekehrt. Herr Taube ist sehr zufrieden mit Ihrer bisherigen Automatisierung des Rechnungsformulars. Die Rabattgewährung soll in Zukunft differenzierter stattfinden, d. h., die Rabattstaffel hat sich erweitert.

Herr Taube teilt Ihnen weiterhin mit, dass bei einer Menge unter 10 Stück kein Mengenrabatt gewährt werden soll. Ab einer Menge von 10 Stück soll ein Rabatt von 10 %, bei Mengen ab 20 Stück ein Rabatt von 15 % gewährt werden. Ihre Aufgabe besteht darin, das Rechnungsformular dahin gehend zu verändern.

Wenn das Tabellenkalkulationsprogramm in Abhängigkeit einer bestimmten Größe (z. B. Abnahmemenge eines Kunden) zwischen **mehr als zwei** verschiedenen Möglichkeiten wählen soll, reicht die Nutzung der einfachen WENN-Funktion nicht mehr aus. In einem solchen Fall kann die Nutzung der **verschachtelten WENN-Funktion** zur Lösung des betriebswirtschaftlichen Problems genutzt werden.

Nachfolgend ist der Aufbau der verschachtelten WENN-Funktion in Form eines Struktogramms dargestellt:

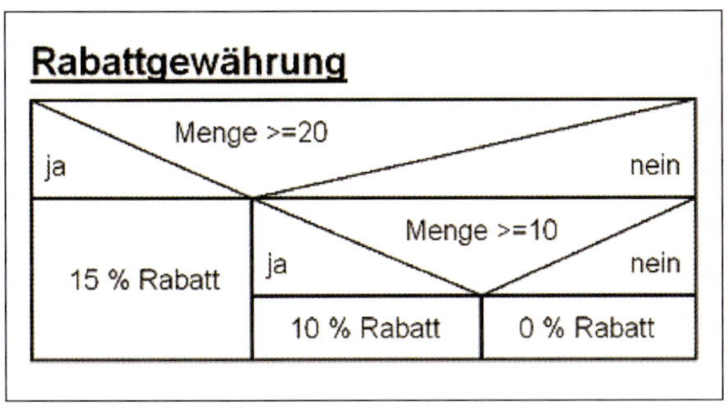


***Abbildung 9:*** *Struktogramm der verschachtelten WENN-Funktion am Beispiel der Rabattgewährung*

Im nachfolgenden Beispiel soll das Tabellenkalkulationsprogramm in den Zellen F23 bis F26 ermitteln, welcher Rabattsatz in Abhängigkeit von der jeweiligen Menge für den jeweiligen Artikel gilt. Für den Artikel mit der Position 1 (Art.-Nr.: 13792) wird aufgrund der Menge von 10 Stück ein Rabattsatz von 10 % gewährt. Zur Lösung des Problems muss zunächst mit der Eingabe der Funktion in der Zelle F23 begonnen werden. Wie aus der „einfachen" WENN-Funktion bekannt, beginnt die Eingabe wie folgt: **=WENN(D23>=$A$39;$B$39;**

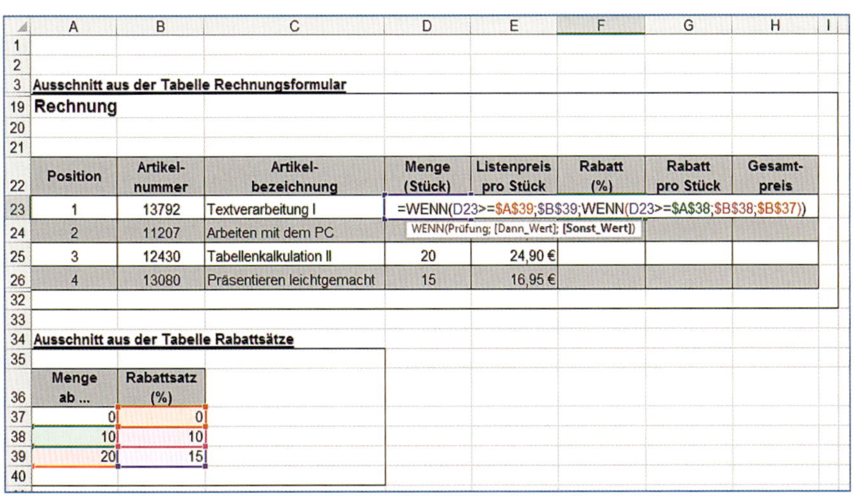

**Ausschnitt aus der Tabelle Rechnungsformular**

**Rechnung**

| Position | Artikel-nummer | Artikel-bezeichnung | Menge (Stück) | Listenpreis pro Stück | Rabatt (%) | Rabatt pro Stück | Gesamt-preis |
|---|---|---|---|---|---|---|---|
| 1 | 13792 | Textverarbeitung I | =WENN(D23>=$A$39;$B$39;WENN(D23>=$A$38;$B$38;$B$37)) | | | | |
| 2 | 11207 | Arbeiten mit dem PC | WENN(Prüfung; [Dann_Wert]; [Sonst_Wert]) | | | | |
| 3 | 12430 | Tabellenkalkulation II | 20 | 24,90 € | | | |
| 4 | 13080 | Präsentieren leichtgemacht | 15 | 16,95 € | | | |

**Ausschnitt aus der Tabelle Rabattsätze**

| Menge ab ... | Rabattsatz (%) |
|---|---|
| 0 | 0 |
| 10 | 10 |
| 20 | 15 |

***Abbildung 10:*** *Die verschachtelte WENN-Funktion*

An dieser Stelle führt die Anwendung der „einfachen" WENN-Funktion nicht zum gewünschten Ergebnis. Statt **eines** SONST-Wertes verbleiben in diesem Beispiel noch zwei Möglichkeiten (nämlich 10 % oder 0 %). Bei der Eingabe der Zelle B38 als SONST-Wert würden die Rabattsätze 15 % und 10 % berücksichtigt. Es fehlt allerdings noch der verbleibende **dritte** Wert (0 %). Dieser kann nicht mehr eingetragen werden, da die „einfache" WENN-Funktion durch die Angabe eines DANN-Wertes und eines SONST-Wertes beendet ist.

An dieser Stelle ermöglicht das Tabellenkalkulationsprogramm, nicht nur **eine** Zelle (oder **einen** Wert bzw. Text) als SONST-Wert anzugeben, sondern eine komplett neue WENN-Funktion zu **verschachteln**. Mit dieser **verschachtelten WENN-Funktion** können die noch verbleibenden zwei Möglichkeiten erfasst werden. Die Funktion kann somit wie folgt ergänzt werden:
=WENN(D23>=$A$39;$B$39;**WENN(D23>=$A$38;$B$38;**

Durch den fett hervorgehobenen Teil der WENN-Funktion wurden bereits zwei der drei Möglichkeiten berücksichtigt. Es fehlt nur noch eine Möglichkeit. Der Wert der Zelle B37 kann als SONST-Wert der zweiten WENN-Funktion angehängt werden!
=WENN(D23>=$A$39;$B$39;WENN(D23>=$A$38;$B$38;**$B$37))**
Zu beachten ist abschließend, dass am Ende der Funktion zwei Klammern geschlossen werden müssen, da zuvor zwei Klammern geöffnet worden sind.

### Hinweis – häufiger Fehler:

Damit die Funktion zu den richtigen Ergebnissen führt, ist es von großer Bedeutung, in welcher Reihenfolge die Menge geprüft wird. Die folgende Funktion berücksichtigt zwar ebenfalls alle Mengen, kommt aber zu einem falschen Ergebnis:
=WENN(D23>= $A$37 ;$B$37;WENN(D23>=$A$38;$B$38;$B$39))
=WENN(D23>=0;0;WENN(D23>=10;10;15))

**Menge**

| | | | | | | | | | | | | | | | | | | | | | |
|---|---|---|---|---|---|---|---|---|---|---|---|---|---|---|---|---|---|---|---|---|---|
| 1 | 2 | 3 | 4 | 5 | 6 | 7 | 8 | 9 | 10 | 11 | 12 | 13 | 14 | 15 | 16 | 17 | 18 | 19 | 20 | 21 | ... |

**Preis pro Erzeugnis**

| | | |
|---|---|---|
| 0 [%] | 10 [%] | 15 [%] ... |

Bei Verwendung der oben stehenden Funktion würde auch bei einer Menge von 25 Artikeln die folgende Prüfung erfolgen: =WENN(25>=0;0; ...

Obwohl festgelegt wurde, dass eine Bestellmenge von 25 Stück zu einem Rabattsatz von 15 % führen soll, würde die WENN-Funktion hier den Rabattsatz von 0 % ausgeben. Der Grund dafür ist, dass die Prüfung (25 größer gleich 0) als wahr betrachtet und so der zugehörige DANN-Wert ausgegeben wird. Bei einer positiven Prüfung wird das zugehörige Ergebnis (DANN-Wert) ausgegeben und an dieser Stelle beendet. Die verbleibenden Bedingungen werden dann nicht mehr „untersucht". Nur wenn die erste zu untersuchende Bedingung zu einer negativen Antwort führt, wird die zweite Bedingung untersucht usw.

### Arbeitsauftrag 3:

Stellen Sie die auf Seite 61 abgebildeten Tabellen in einem Tabellenkalkulationsprogramm dar und tragen Sie die erforderlichen Funktionen ein.

# 4.4 Übungsaufgaben zur verschachtelten WENN-Funktion

## 4.4.1 Provisionsabrechnung

**Situation:**

Zurück in der Personalabteilung sollen Sie sich, so Frau Ferl, mit weiteren Entgeltberechnungen beschäftigen. Nun sollen am Ende des Monats Januar – wie jeden Monat – die Provisionsabrechnungen für die Verkaufsmitarbeiter/-innen aus der Abteilung Absatz erstellt werden.

Frau Ferl teilt Ihnen mit, dass die Höhe der Provision abhängig von der Höhe des erzielten Umsatzes ist. Ihre Aufgabe ist es, die Provisionsabrechnung mit einem Tabellenkalkulationsprogramm zu automatisieren.

Web

| | A | B | C | D | E | F |
|---|---|---|---|---|---|---|
| 1 | **Provision und Entgelt der Verkaufsmitarbeiter/innen für Januar** | | | | | |
| 2 | | | | | | |
| 3 | **Fixum** | 2.500,00 € | | | | |
| 4 | | | | | | |
| 5 | **Mitarbeiter/in** | **Umsatz in Euro** | **anteiliger Umsatz in Prozent** | **Provision in Prozent** | **Provision in Euro** | **Gesamt-entgelt in Euro** |
| 6 | Grohe | 45.000,00 | | | | |
| 7 | Oberndorf | 51.000,00 | | | | |
| 8 | Üstün | 42.000,00 | | | | |
| 9 | Wutzler | 39.000,00 | | | | |
| 10 | Dose | 61.000,00 | | | | |
| 11 | Feld | 54.000,00 | | | | |
| 12 | | | | | | |
| 13 | | | | | | |
| 14 | **Hilfstabelle** | | | | | |
| 15 | **Umsatz ab** | **Provision** | | | | |
| 16 | 40.000,00 € | 2,0% | | | | |
| 17 | 60.000,00 € | 3,0% | | | | |
| 18 | 80.000,00 € | 4,0% | | | | |
| 19 | | | | | | |

***Abbildung 11:*** *Provisionsabrechnung*

**Arbeitsaufträge:**

1. Erfassen Sie das oben abgebildete Formular einschließlich aller Formate in einem leeren Tabellenblatt. Geben Sie dem Tabellenblatt den Namen **Ergebnis** und speichern Sie die Mappe unter dem Namen **Provisionsabrechnung** ab. Speichern Sie die Datei regelmäßig, um Datenverluste zu vermeiden.
2. Geben Sie der Zelle B3 den Namen „Fixum" und dem Zellbereich B6 bis B11 den Namen „Umsatz".

3. Ermitteln Sie mithilfe geeigneter Formeln und Funktionen und – sofern möglich – unter Verwendung der Namen
   a) in Spalte C den Umsatzanteil der einzelnen Mitarbeiter am Gesamtumsatz. Formatieren Sie den Wert als „Zahl" mit zwei Nachkommastellen,
   b) in Spalte D die Provision in Prozent. Formatieren Sie den Wert als „Zahl" mit zwei Nachkommastellen,
   c) in Spalte E die Provision in Euro,
   d) in Spalte F das Gesamtentgelt in Euro.
4. Formatieren Sie alle Eurobeträge als „Zahl" mit zwei Nachkommastellen und „1.000er-Trennzeichen".
5. Erstellen Sie in einem weiteren Tabellenblatt mit dem Namen Formeln die Formelansicht.
6. Für das Drucklayout gelten folgende Vorgaben:
   a) Die Tabellenblätter sollen im Format DIN A4 quer auf je einer Seite ausgedruckt werden.
   b) In der Fußzeile unten links soll automatisch der **Dateiname**, in der Fußzeile unten rechts soll Ihr **Name** und in der Mitte **das aktuelle Datum** ausgewiesen werden.
   c) Beide Tabellenblätter sind mit **Zeilen- und Spaltenüberschriften** sowie mit **Gitternetzlinien** auszudrucken.

## 4.4.2 Wochenlohn

**Situation:**

Frau Ferl teilt Ihnen mit, dass einige Mitarbeiter aus der Abteilung Produktion zusätzlich zur jeweiligen Entgeltberechnung wöchentlich über den erarbeiteten Wochenlohn informiert werden sollen.

Dieser Wochenlohn setzt sich neben dem Stückakkord auch aus einer Qualitätsprämie zusammen. Ihre Aufgabe ist es, den Wochenlohn sowie den voraussichtlichen Monatslohns mithilfe der nachstehend abgebildeten Tabelle automatisiert auszugeben.

| | A | B | C | D | E | F | G | H | I |
|---|---|---|---|---|---|---|---|---|---|
| 1 | Übersicht über den Lohn unserer Mitarbeiter für diese Woche | | | | | | | | |
| 2 | | | | | | | | | |
| 3 | | | | | | | | | |
| 4 | Fertigungsmenge ab ... Stück | Lohn pro Stück | | fehlerhafte Stückzahl ab ... | Qualitätsprämie pro Woche | | Datum/Uhrzeit: | | |
| 5 | 0 | 8,70 € | | 0 | 80,00 € | | | | |
| 6 | 30 | 9,20 € | | 3 | 30,00 € | | | | |
| 7 | 50 | 9,70 € | | 5 | 0,00 € | | | | |
| 8 | | | | | | | | | |
| 9 | | | | | | | | | |
| 10 | Mitarbeiter-Nr. | Mitarbeiter-Name | Fertigungsmenge pro Woche | davon waren ... Stück fehlerhaft | Lohn pro Stück | Qualitätsprämie | Gesamtlohn für die aktuelle Woche | voraussichtlicher Monatslohn | Mitarbeiter mit überdurchschnittlichem Wochenlohn |
| 11 | 0017 | | 52 | 3 | | | | | |
| 12 | 0012 | | 47 | 1 | | | | | |
| 13 | 0014 | | 56 | 5 | | | | | |
| 14 | | | | | | | | | |
| 15 | | | | | | | | | |
| 16 | Mitarbeiter-Nr. | Mitarbeiter-Name | | | | | | | |
| 17 | 0012 | Albers, Jürgen | | | | | | | |
| 18 | 0014 | Brahmer, Tanja | | | | | | | |
| 19 | 0017 | Dinkel, Sabine | | | | | | | |
| 20 | | | | | | | | | |

***Abbildung 12:*** *Wochenlohn*

**Arbeitsaufträge:**

1. Übernehmen Sie zunächst die Tabelle inklusive aller Werte und Formatierungen in das Tabellenblatt 1, geben Sie dem Tabellenblatt den Namen **Ergebnis** und speichern Sie die Arbeitsmappe unter dem Namen **Wochenlohn**.
2. Speichern Sie in regelmäßigen Abständen Ihre Ergebnisse ab – spätestens jedoch alle fünf Minuten –, um sich so vor Datenverlust zu schützen.
3. Ermitteln Sie in der Zelle H4 mithilfe einer geeigneten Funktion das aktuelle Datum sowie die aktuelle Uhrzeit.
4. Ermitteln Sie mithilfe von verschachtelten WENN-Funktionen
   a) den jeweiligen Mitarbeiter-Namen in der Spalte B. Bei fehlerhafter Eingabe einer Mitarbeiter-Nr. soll der Hinweis „Fehleingabe" erfolgen;
   b) den Lohn pro Stück in der Spalte E,
   c) die Höhe der Qualitätsprämie in der Spalte F.
5. Berechnen Sie mithilfe geeigneter Formeln und Funktionen
   a) in Spalte G den Gesamtlohn (inklusive Qualitätsprämie) für die aktuelle Woche. Hierbei ist zu beachten, dass fehlerhafte Erzeugnisse nicht vergütet werden;
   b) in Spalte H den voraussichtlichen Monatslohn.
6. Kennzeichnen Sie unter Verwendung einer WENN-Funktion die Mitarbeiter mit einem überdurchschnittlichen Wochenlohn. Diese sollen jeweils durch ein „X" gekennzeichnet werden. Die Zellen der übrigen Mitarbeiter sollen leer bleiben.
7. Formatieren Sie alle Eurowerte im Format „Währung" (€) mit zwei Nachkommastellen.
8. Kopieren Sie die Inhalte aus dem Tabellenblatt 1 in das Tabellenblatt 2 und wechseln Sie dort in die Formelansicht.
9. Benennen Sie das Tabellenblatt 2 als **Formeln**.
10. Richten Sie beide Tabellenblätter so ein, dass diese mit **Zeilen- und Spaltenüberschriften** auf jeweils einer Seite im **Querformat** ausgedruckt werden können. Weiterhin sollen beide Tabellenblätter in der Kopfzeile Ihren **Namen**, **den Dateinamen** und das **heutige Datum** enthalten.

## 4.4.3 Jubiläumsprämie

**Situation:**

Die Geschäftsführer der Bürodesign GmbH, Frau Schmitz und Herr Marlies, möchten ihren Mitarbeitern anlässlich des 20-jährigen Unternehmensjubiläums eine Prämie zukommen lassen. Sie sollen Frau Ferl bei der Berechnung der Prämie unterstützen.

Für die Verteilung der Prämie sollen verschiedene Verteilungsschlüssel angewendet werden. Alle Mitarbeiter erhalten zunächst eine Prämie in Abhängigkeit von der Dauer ihrer Betriebszugehörigkeit. Weiterhin sollen alle Mitarbeiter, die seit mindestens zehn Jahren dem Unternehmen angehören, eine Treueprämie in Höhe von 1.200,00 € erhalten. Zusätzlich will die Geschäftsleitung noch eine Sonderprämie in Höhe von 42.000,00 € auf alle Mitarbeiter im Verhältnis der Jahre ihrer Betriebszugehörigkeit verteilen.

Ihre Aufgabe ist es, die Jubiläumsprämie mithilfe der nachfolgenden Tabellen auf die Mitarbeiter zu verteilen.

| | A | B | C | D | E | F | G |
|---|---|---|---|---|---|---|---|
| 1 | **Ermittlung der Jubiläumsprämie** | | | | | | |
| 2 | | | | | | | |
| 3 | | | | | | | |
| 4 | **Eingabetabelle** | | | | **Hilfstabellen** | | |
| 5 | | | | | | | |
| 6 | Name | Betriebszugehörigkeit in Jahren | Monatsgehalt | | Betriebszugehörigkeit ab ... Jahren | Prämie auf Monatsgehalt | |
| 7 | Bauersfeld | 14 | 2.600,00 € | | 0 | 0% | |
| 8 | Dietrich | 3 | 2.950,00 € | | 3 | 3% | |
| 9 | Fahrenholz | 7 | 3.100,00 € | | 5 | 5% | |
| 10 | Hellmers | 16 | 1.200,00 € | | 10 | 10% | |
| 11 | Hoppenstedt | 24 | 3.800,00 € | | 15 | 15% | |
| 12 | Meyer | 6 | 2.300,00 € | | | | |
| 13 | Schultze | 10 | 3.200,00 € | | Treueprämie | 1.200,00 € | |
| 14 | | | | | Sonderprämie | 42.000,00 € | |
| 15 | | | | | Mindestzugehörigkeit in Jahren | 10 | |
| 16 | | | | | | | |
| 17 | | | | | | | |
| 18 | **Ausgabetabelle** | | | | | | |
| 19 | | | | | | | |
| 20 | Name | Betriebszugehörigkeit in Jahren | Prämie | Treueprämie | Verteilung der Sonderprämie | Gesamtprämie | Verteilung der Prämie |
| 21 | | | | | | | |
| 22 | | | | | | | |
| 23 | | | | | | | |
| 24 | | | | | | | |
| 25 | | | | | | | |
| 26 | | | | | | | |
| 27 | | | | | | | |
| 28 | | | | | | | |
| 29 | Summe | — | | | | | |
| 30 | Durchschnitt | | | | | | |

***Abbildung 13:*** *Jubiläumsprämie*

## Arbeitsaufträge:

1. Übernehmen Sie die abgebildete Tabelle inklusive aller Werte und Formatierungen in Ihr Tabellenblatt 1. Benennen Sie das Tabellenblatt als **Ergebnis**. Speichern Sie die Arbeitsmappe unter dem Namen **Jubiläumsprämie**.
2. Vergeben Sie den Zellen F13 bis F15 sinnvolle Namen, die Sie – sofern möglich – in den folgenden Funktionen und Formeln verwenden.
3. Übernehmen Sie im Bereich Ausgabetabelle durch Zellbezug zum Bereich Eingabetabelle die Namen der Mitarbeiter sowie die Betriebszugehörigkeit in Jahren.
4. Ermitteln Sie mithilfe von geeigneten Formeln und Funktionen
   a) die von der Dauer der Betriebszugehörigkeit abhängende Prämie in Euro,
   b) die Treueprämie in Euro, die allen Mitarbeitern gewährt wird, die seit mindestens zehn Jahren dem Unternehmen angehören,
   c) die Höhe der Sonderprämie in Euro je Mitarbeiter. Diese Prämie in der Gesamthöhe von 42.000,00 € soll im Verhältnis der Jahre der Betriebszugehörigkeit auf die Mitarbeiter verteilt werden;
   d) in Zelle B30 den Durchschnitt der Betriebszugehörigkeit,
   e) die Summe und den Durchschnitt der in den Spalten C bis F ermittelten Werte,
   f) die prozentuale Verteilung der insgesamt an die Mitarbeiter ausgezahlten Prämien je Mitarbeiter. Formatieren Sie dieses Ergebnis als Prozentzahlen und geben Sie dieses mit zwei Stellen nach dem Komma aus,
   g) die Summe und den Durchschnitt der in der Spalte G ermittelten Werte.
5. Formatieren Sie alle Eurowerte im Format „Währung" (€) mit zwei Nachkommastellen.

6. Kopieren Sie den Inhalt des Tabellenblattes **Ergebnis** in das Tabellenblatt 2 und benennen Sie dieses als Formeln. Wechseln Sie im Tabellenblatt **Formeln** in die Formelansicht und achten Sie darauf, dass alle Funktionen und Formeln vollständig lesbar sind.
7. Richten Sie beide Tabellenblätter so ein, dass diese im **Querformat** (Tabellenblatt Ergebnis auf einer, Formeln auf zwei Seiten) ausgedruckt werden können. In der Kopfzeile soll jeweils Ihr **Name**, der **Dateiname** und das **aktuelle Datum** erscheinen. Weiterhin sollen beide Tabellen mit **Zeilen- und Spaltenüberschriften** ausgedruckt werden.

# 4.5 WENN-UND-Funktion und WENN-ODER-Funktion

## 4.5.1 WENN-UND-Funktion

**Situation:**

Nach dem mehrwöchigen Aufenthalt im Personalbereich sind Sie wieder in der Abteilung Rechnungswesen eingesetzt, da Herr Taube nochmals Ihre Unterstützung benötigt.

Die Automatisierung des Rechnungsformulars soll nochmals verändert werden. Der Mengenrabatt soll zukünftig nur dem Kunden „Leondörfler GmbH" (Kundennummer: 1008) gewährt werden. Dieser soll bei einer Menge ab 15 Stück einen Rabatt in Höhe von 10 % erhalten.

Bisher wurden betriebswirtschaftliche Problemstellungen mithilfe der WENN-Funktion bzw. der verschachtelten WENN-Funktion gelöst. Dabei musste nur jeweils eine Bedingung erfüllt werden (z. B. Menge >= 10), um einen entsprechenden DANN-Wert auszugeben. Es existieren allerdings auch Problemstellungen, bei denen mindestens zwei Bedingungen erfüllt sein müssen, um einen entsprechenden DANN-Wert auszugeben. Hier führt die Verwendung einer einfachen oder verschachtelten WENN-Funktion nicht zum gewünschten Erfolg, da diese Funktion nur **eine** Prüfung durchführen kann.
Zur Lösung des Problems muss die **WENN-UND-Funktion** genutzt werden. In der o. g. Situation müssen zwei Bedingungen (Wahrheitswerte) erfüllt werden, damit ein Rabatt gewährt wird. Bezogen auf das Rechnungsformular (siehe Abbildung 15) muss der Kunde die Kundennummer 1008 besitzen **und** die Menge einer Position muss größer oder gleich 15 Stück sein. Die WENN-UND-Funktion hat die folgende Syntax:
**=WENN(UND(WAHRHEITSWERT1;WAHRHEITSWERT2;...);DANN-Wert;SONST-Wert)**

Nachfolgend ist der Aufbau der WENN-UND-Funktion in Form eines Struktogramms dargestellt:

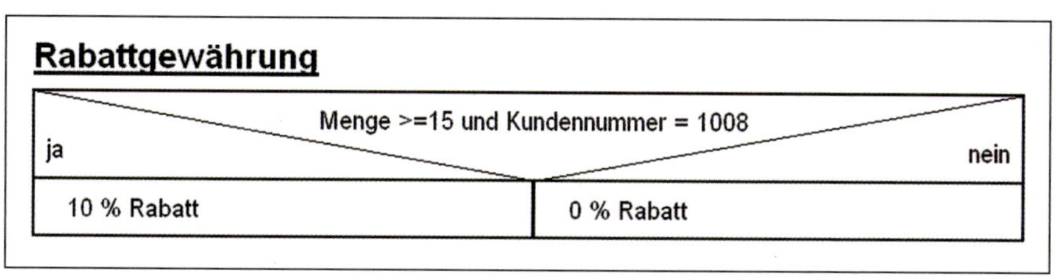


***Abbildung 14:*** *Struktogramm der WENN-UND-Funktion am Beispiel der Rabattgewährung*

In dieser Funktion wird der DANN-Wert nur ausgegeben, wenn alle zuvor aufgestellten Bedingungen erfüllt bzw. Prüfungen als wahr beantwortet worden sind. Trifft nur eine (oder keine) Bedingung zu, wird der SONST-Wert ausgegeben. So wird beispielsweise für den Artikel „Textverarbeitung I" (siehe Abb. 15 Zeile 23) kein Rabatt gewährt. Der Kunde besitzt zwar die Kundennummer 1008 (siehe Zelle H15), die Menge 10 in Zelle D23 ist allerdings kleiner als 15. Die Bedingung ist nicht erfüllt, sodass der SONST-Wert ausgegeben wird. Die Funktion wird im Folgenden dargestellt:

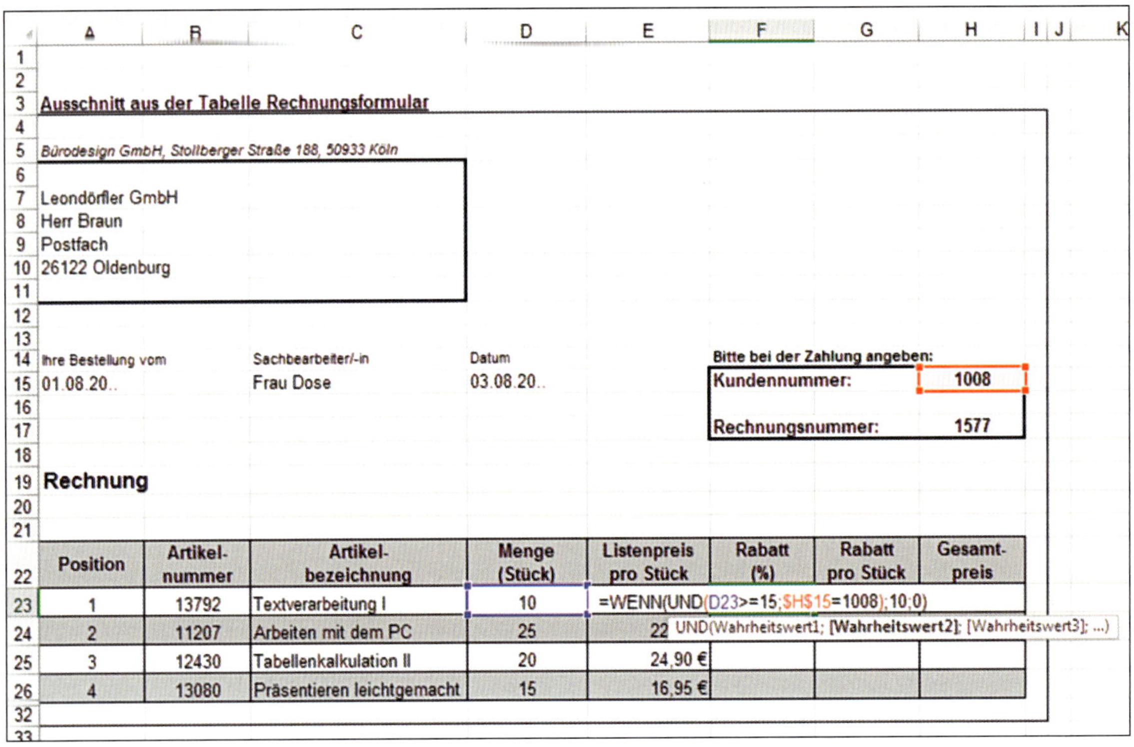


***Abbildung 15:*** *Die WENN-UND-Funktion*

**Anmerkung:**

Die Zelle H15 muss absolut adressiert werden, damit nach dem logischen Kopieren auch in den darunter liegenden Zeilen 24 bis 26 der Bezug richtig gesetzt ist. Zu beachten ist weiterhin, dass die sich öffnende Klammer hinter dem UND anzeigt, dass an dieser Stelle die Prüfung der Wahrheitswerte beginnt. D.h., die Bedingungen (hier Kundennummer = 1008 und Menge > = 15) werden geprüft, ob sie wahr sind. Damit das Tabellenkalkulationsprogramm zwischen der Prüfung der Wahrheitswerte und dem auszugebenden DANN-Wert unterscheiden kann, muss hinter der letzten Prüfung des Wahrheitswertes (der letzten Bedingung) die Klammer wieder geschlossen werden.

Nach dem Kopieren der vorgenannten Funktion ergibt sich das folgende Resultat:

**Ausschnitt aus der Tabelle Rechnungsformular**

*Bürodesign GmbH, Stollberger Straße 188, 50933 Köln*

Leondörfler GmbH
Herr Braun
Postfach
26122 Oldenburg

| Ihre Bestellung vom | Sachbearbeiter/-in | Datum | Bitte bei der Zahlung angeben: | |
|---|---|---|---|---|
| 01.08.20.. | Frau Dose | 03.08.20.. | **Kundennummer:** | **1008** |
| | | | **Rechnungsnummer:** | **1577** |

**Rechnung**

| Position | Artikel-nummer | Artikel-bezeichnung | Menge (Stück) | Listenpreis pro Stück | Rabatt (%) | Rabatt pro Stück | Gesamt-preis |
|---|---|---|---|---|---|---|---|
| 1 | 13792 | Textverarbeitung I | 10 | 14,95 € | 0 | | |
| 2 | 11207 | Arbeiten mit dem PC | 25 | 22,40 € | 10 | | |
| 3 | 12430 | Tabellenkalkulation II | 20 | 24,90 € | 10 | | |
| 4 | 13080 | Präsentieren leichtgemacht | 15 | 16,95 € | 10 | | |

***Abbildung 16:*** *Die WENN-UND-Funktion (Lösung)*

**Arbeitsauftrag 4:**

1. Stellen Sie die abgebildete Tabelle in einem Tabellenkalkulationsprogramm dar und tragen Sie die erforderlichen Funktionen ein.
2. Testen Sie Ihre automatisierte Rechnung, indem Sie in die Zelle H15 eine andere Kundennummer eingeben.

## 4.5.2 WENN-ODER-Funktion

**Situation:**

Nach dem Einsatz des zuvor erstellten Rechnungsformulars (siehe Kapitel 4.5.1) haben sich mehrere Kunden beschwert und einen Mengenrabatt von 10 % bei Mengen über 15 Stück pro Artikel gefordert. Die Leondörfler GmbH fordert aufgrund der langjährigen Geschäftsbeziehungen generell einen Rabatt von 10 %. Herr Taube möchte, nach Rücksprache mit der Geschäftsleitung, diesen Kundenwünschen entsprechen.

Der Leondörfler GmbH soll immer ein Rabatt in Höhe von 10 % gewährt werden. Alle anderen Kunden sollen nur bei einer Menge ab 15 Stück einen Mengenrabatt von 10 % erhalten.

Im Gegensatz zur WENN-UND-Funktion kommt die **WENN-ODER-Funktion** dann zum Einsatz, wenn lediglich **eine** der Bedingungen (Wahrheitswerte) zutreffen muss, um den DANN-Wert auszugeben. Bezogen auf die Situation bedeutet dies, dass der Kunde entweder die Kundennummer 1008 besitzen muss **oder** ein anderer Kunde Mengen ab 15 Stück gekauft haben muss, um einen Rabatt in Höhe von 10 % zu erhalten.

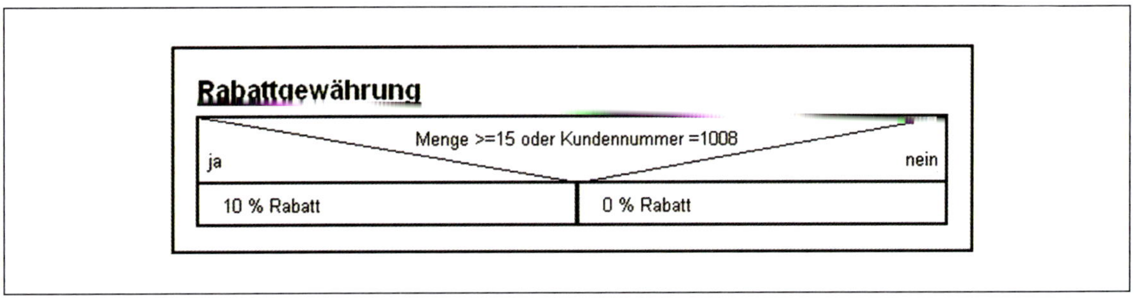


***Abbildung 17:*** *Struktogramm der WENN-ODER-Funktion am Beispiel der Rabattgewährung*

Die Syntax der WENN-ODER-Funktion lautet:
**=WENN(ODER(WAHRHEITSWERT1;WAHRHEITSWERT2;...);DANN-Wert;SONST-Wert)**

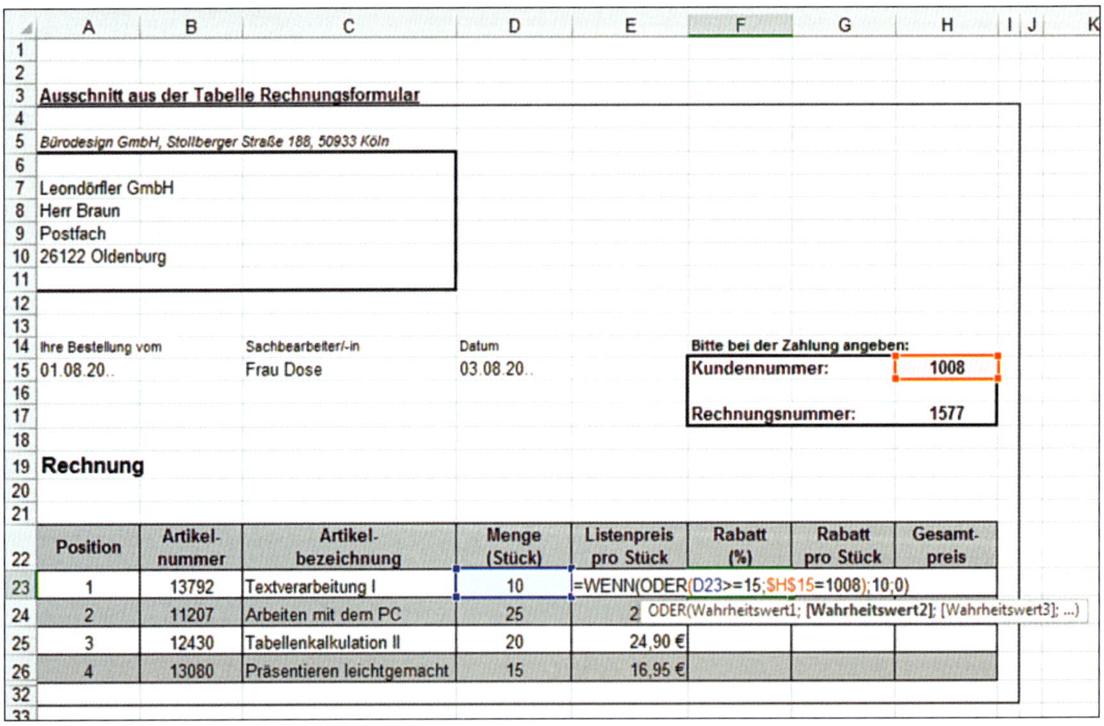

Ausschnitt aus der Tabelle Rechnungsformular

Bürodesign GmbH, Stollberger Straße 188, 50933 Köln

Leondörfler GmbH
Herr Braun
Postfach
26122 Oldenburg

| Ihre Bestellung vom | Sachbearbeiter/-in | Datum | Bitte bei der Zahlung angeben: | |
|---|---|---|---|---|
| 01.08.20.. | Frau Dose | 03.08.20.. | Kundennummer: | 1008 |
| | | | Rechnungsnummer: | 1577 |

Rechnung

| Position | Artikel-nummer | Artikel-bezeichnung | Menge (Stück) | Listenpreis pro Stück | Rabatt (%) | Rabatt pro Stück | Gesamt-preis |
|---|---|---|---|---|---|---|---|
| 1 | 13792 | Textverarbeitung I | 10 | =WENN(ODER(D23>=15;$H$15=1008);10;0) | | | |
| 2 | 11207 | Arbeiten mit dem PC | 25 | 2 ODER(Wahrheitswert1; [Wahrheitswert2]; [Wahrheitswert3]; ...) | | | |
| 3 | 12430 | Tabellenkalkulation II | 20 | 24,90 € | | | |
| 4 | 13080 | Präsentieren leichtgemacht | 15 | 16,95 € | | | |

***Abbildung 18:*** *Die WENN-ODER-Funktion*

**Arbeitsauftrag 5:**

1. Stellen Sie die abgebildete Tabelle in einem Tabellenkalkulationsprogramm dar und tragen Sie die erforderlichen Funktionen ein.
2. Testen Sie Ihre automatisierte Rechnung.

# 4.6 Übungsaufgaben zur WENN-UND- und WENN-ODER-Funktion

## 4.6.1 Angebotsvergleich 2

**Situation:**

Vorübergehend in der Abteilung Beschaffung eingesetzt, stoßen Sie nochmals auf die neu in das Sortiment der Bürodesign GmbH aufzunehmenden Flachbettscanner (siehe Aufgabe 4.2.1 Angebotsvergleich 1).

Der bereits durchgeführte Angebotsvergleich reicht Frau Evert nicht aus. Es sollen noch weitere Entscheidungshilfen zum bisherigen Angebotsvergleich hinzugefügt werden. Sie erhalten von Frau Evert den Auftrag, diesen Vorgang mithilfe eines Tabellenkalkulationsprogramms zu automatisieren.

**Arbeitsaufträge:**

1. Starten Sie das Tabellenkalkulationsprogramm und öffnen Sie die Datei **Angebotsvergleich_1** (siehe Aufgabe 4.2.1 Angebotsvergleich 1) und speichern Sie die Datei unter dem Namen **Angebotsvergleich_2** ab.
2. Erweitern Sie die Tabelle durch folgende Zeilen:

| | A | B | C | D | E | F | G | H | I | J |
|---|---|---|---|---|---|---|---|---|---|---|
| 15 | Entscheidungshilfe 1 | | | | | | | | | |
| 16 | Entscheidungshilfe 2 | | | | | | | | | |
| 17 | | | | | | | | | | |

***Abbildung 19:*** *Angebotsvergleich 2*

3. Ermitteln Sie die Entscheidungshilfen unter Verwendung geeigneter Funktionen nach folgenden Vorgaben:
   a) In den entsprechenden Zellen der Entscheidungshilfe 1 soll ein „X" ausgegeben werden, wenn eine der folgenden Bedingungen zutrifft: Bareinkaufspreis kleiner als 90,00 €, Lieferzeit nicht länger als zwei Wochen, Zuverlässigkeit mindestens 1.
   b) In den entsprechenden Zellen der Entscheidungshilfe 2 soll ein „X" ausgegeben werden, wenn der Bareinkaufspreis nicht dem höchsten Bareinkaufspreis entspricht. Darüber hinaus darf die Lieferzeit zwei Wochen nicht überschreiten und die Zuverlässigkeit muss mit 1 bewertet worden sein.
4. Fügen Sie unterhalb der Tabelle im Tabellenblatt Ergebnis ein Textfeld ein. Entscheiden Sie sich für einen Lieferanten und begründen Sie Ihre Entscheidung mithilfe der berechneten Werte. Formulieren Sie in ganzen Sätzen und achten Sie auf eine gute Ausdrucksweise.
5. Erstellen Sie in einem weiteren Tabellenblatt mit dem Namen **Formeln** die Formelansicht.
6. Für das Drucklayout gelten folgende Vorgaben:
   a) Beide Tabellenblätter sollen im Format DIN A4 quer auf je **einer Seite** ausgedruckt werden.
   b) In der Fußzeile unten links soll automatisch der **Dateiname**, in der Mitte **das aktuelle Datum** und in der Fußzeile unten rechts soll Ihr **Name** ausgewiesen werden.
   c) Beide Tabellenblätter sind mit **Zeilen- und Spaltenüberschriften** sowie mit **Gitternetzlinien** auszudrucken.

## 4.6.2 Produktanalyse

**Situation:**

Sie sind momentan bei Frau Seiler (Assistentin der Geschäftsführung) eingesetzt. Frau Seiler möchte zum Jahresende eine Analyse der Produkte vornehmen. In Abhängigkeit vom prozentualen Umsatzanteil, von der Umsatzentwicklung im Vergleich zum Vorjahr und vom Umsatz soll eine Empfehlung zum Auslisten eines Produktes ausgegeben werden.

Web

| | A | B | C | D | E | F | G |
|---|---|---|---|---|---|---|---|
| 1 | Produktanalyse | | | | | | |
| 2 | | | | | | | |
| 3 | | | | | | | |
| 4 | Art.-Nr. | Artikelbezeichnung | Umsätze im aktuellen Jahr | Umsatzanteil am Gesamtumsatz | Veränderung zum Vorjahr | Umsätze des Vorjahres | Produkt auslisten? |
| 5 | A22 | Notebook | 125.000,00 € | | 2,0% | | |
| 6 | A24 | Laserdrucker | 540.000,00 € | | 3,0% | | |
| 7 | A25 | Beamer | 200.000,00 € | | 2,5% | | |
| 8 | B10 | OHP | 654.000,00 € | | -8,0% | | |
| 9 | B15 | Kopiergerät | 300.000,00 € | | -6,0% | | |
| 10 | 11P65 | Besucherstuhl STAPLER | 510.000,00 € | | 5,0% | | |
| 11 | 54P98 | Konferenztisch LOGO | 547.000,00 € | | 4,5% | | |
| 12 | 30P94 | Druckertisch EURATIO | 568.000,00 € | | -4,0% | | |
| 13 | 10235 | Das Office Buch | 98.000,00 € | | 5,5% | | |
| 14 | 10683 | Tabellenkalkulation I | 26.000,00 € | | 2,0% | | |
| 15 | 11207 | Arbeiten mit dem PC | 26.000,00 € | | 5,0% | | |
| 16 | 11874 | Internet für Anfänger | 29.000,00 € | | 1,0% | | |
| 17 | 12430 | Tabellenkalkulation II | 34.000,00 € | | -5,0% | | |
| 18 | 13080 | Präsentieren leicht gemacht | 35.000,00 € | | 3,0% | | |
| 19 | 13792 | Textverarbeitung I | 98.000,00 € | | 2,0% | | |
| 20 | 14257 | Textverarbeitung II | 68.000,00 € | | 5,0% | | |
| 21 | Gesamt | | | | | | |

***Abbildung 20:*** *Produktanalyse*

**Arbeitsaufträge:**

1. Erfassen Sie das abgebildete Formular einschließlich aller Formate in einem neuen Tabellenblatt. Geben Sie dem Tabellenblatt den Namen **Ergebnis** und speichern Sie die Arbeitsmappe unter dem Namen **Produktanalyse** ab. Speichern Sie die Datei regelmäßig, um Datenverluste zu vermeiden.
2. Ermitteln Sie mithilfe geeigneter Funktionen
   a) in Spalte D den Umsatzanteil am Gesamtumsatz. Formatieren Sie die Werte als Prozentzahl mit zwei Nachkommastellen;
   b) in Spalte F den Umsatz des Vorjahres in Euro. Formatieren Sie die Währungsbeträge im Format „Währung" (€) mit zwei Nachkommastellen;
   c) in den Zellen D21, E21 und F21 die Gesamtbeträge bzw. die Gesamtveränderung zum Vorjahr,
   d) in Spalte G den Vorschlag für das Auslisten eines Produktes. Dies soll durch ein „X" ausgegeben werden, wenn der Umsatzanteil am Gesamtumsatz kleiner als 1,0 % ist, die Umsatzveränderung zum Vorjahr kleiner als 5,0 % ist und der Umsatz des aktuellen Jahres nicht größer oder gleich 100.000,00 € ist.
3. Erstellen Sie in einem weiteren Tabellenblatt mit dem Namen **Formeln** die Formelansicht.
4. Für das Drucklayout gelten folgende Vorgaben:
   a) Die Tabellenblätter sollen im Format DIN A4 quer auf je **einer Seite** ausgedruckt werden.
   b) In der Kopfzeile links soll automatisch der **Dateiname**, in der Mitte **das aktuelle Datum** und rechts Ihr **Name** ausgewiesen werden.
   c) Beide Tabellenblätter sind mit **Zeilen- und Spaltenüberschriften** und **Gitternetzlinien** auszudrucken.

## 4.6.3 Werbegeschenke

**Situation:**

Sie sind zurzeit in der Abteilung Absatz eingesetzt. Herr Zwock aus dem Bereich Marketing möchte zum Jahresende eine Auswertung der Jahresumsätze für die Zusendung der Werbegeschenke vornehmen.

Herr Zwock teilt Ihnen mit, dass die Art des Geschenks von verschiedenen Faktoren abhängt. Um sich die Arbeit zu vereinfachen, entschließen Sie sich, die Auswertung mithilfe eines Tabellenkalkulationsprogramms durchzuführen.

| | A | B | C | D | E | F | G | H |
|---|---|---|---|---|---|---|---|---|
| 1 | **Kundenwerbegeschenke** | | | | | | | |
| 2 | | | | | | | | |
| 3 | **Kunde** | **Kunde seit** | **Umsatz in Euro** | **Zahlungs-moral** | **Werbegeschenk** | | | |
| 4 | | | | | **JuiceMaxx** | **Tischuhr** | **Mini-Radio** | **Zettelbox** |
| 5 | **Stadtverwaltung Leipzig** | 1975 | 335.000,00 | sehr gut | | | | |
| 6 | **Klöckner-Müller Elektronik AG** | 2005 | 115.000,00 | gut | | | | |
| 7 | **Herstadt Warenhaus GmbH** | 1969 | 225.000,00 | gut | | | | |
| 8 | **Krankenhaus Leipzig GmbH** | 1999 | 45.000,00 | gut | | | | |
| 9 | **Modellux GmbH & Co. KG** | 1974 | 68.000,00 | ausreichend | | | | |
| 10 | **Martina van den Bosch** | 1957 | 35.000,00 | sehr gut | | | | |
| 11 | **Bürofachgeschäft** | 1983 | 107.000,00 | gut | | | | |
| 12 | **Klaus Oswald KG** | 2001 | 35.000,00 | befriedigend | | | | |

***Abbildung 21:*** *Werbegeschenke*

**Arbeitsaufträge:**

1. Erfassen Sie das abgebildete Formular einschließlich aller Formate in einem neuen Tabellenblatt. Geben Sie dem Tabellenblatt den Namen **Ergebnis** und speichern Sie die Arbeitsmappe unter dem Namen **Werbegeschenke** ab. Speichern Sie die Datei regelmäßig, um Datenverluste zu vermeiden.
2. Ermitteln Sie mithilfe geeigneter Funktionen das entsprechende Werbegeschenk für den jeweiligen Kunden nach folgenden Vorgaben. Dieser Kunde soll mit einem „X" gekennzeichnet werden.
   a) Den JuiceMaxx bekommen alle Kunden, die mindestens seit 1975 bei uns Kunde sind, einen Umsatz von mindestens 250.000,00 € erzielt haben und deren Zahlungsmoral mit „sehr gut" bewertet wurde.
   b) Die Tischuhr bekommen alle Kunden, die keinen JuiceMaxx bekommen, wenn sie mindestens seit 1960 Kunde sind oder einen Umsatz von mindestens 200.000,00 € erzielt haben oder deren Zahlungsmoral mit „sehr gut" bewertet wurde.
   c) Das Mini-Radio bekommen alle Kunden, die weder den JuiceMaxx noch die Tischuhr bekommen haben, wenn sie seit mindestens 1990 Kunde sind, einen Umsatz von mindestens 100.000,00 € erzielt haben und eine Zahlungsmoral haben, die mindestens mit „gut" bewertet wurde.
   d) Die Zettelbox bekommen alle übrigen Kunden, sofern deren Zahlungsmoral nicht mit „ausreichend" bewertet wurde.
3. Erstellen Sie in einem weiteren Tabellenblatt mit dem Namen **Formeln** die Formelansicht.
4. Für das Drucklayout gelten folgende Vorgaben:
   a) Die Tabellenblätter sollen im Format DIN A4 quer auf je **einer Seite** bzw. Formeln auf **zwei Seiten** ausgedruckt werden.
   b) In der Fußzeile unten links soll automatisch der **Dateiname**, in der Mitte **das aktuelle Datum** und in der Fußzeile unten rechts soll Ihr **Name** ausgewiesen werden.
   c) Beide Tabellenblätter sind mit **Zeilen- und Spaltenüberschriften** und **Gitternetzlinien** auszudrucken.

# 5 Erweiterte Formatierungen

**Situation:**

Herr Taube aus dem Bereich Rechnungswesen ist sehr zufrieden mit der Funktionalität des Rechnungsformulars. Er bittet Sie allerdings, neben den „einfachen" Formatierungen, wie Rahmen, Schattierungen, Währungsformatierungen usw., auch weitere sogenannte „benutzerdefinierte" und „bedingte" Formatierungen vorzunehmen. Er erhofft sich somit ein professionelleres Aussehen des Rechnungsformulars und eine noch höhere Akzeptanz bei den Kunden.

## 5.1 Benutzerdefinierte Formatierungen

Für die unterschiedlichen Anwendungsmöglichkeiten stellt ein Tabellenkalkulationsprogramm eine Vielzahl an „standardisierten" Formatierungsmöglichkeiten zur Verfügung. Aufgrund einer Vielzahl von individuell unterschiedlichen Vorstellungen hinsichtlich der Formatierung ist es zum Teil jedoch notwendig, dass der Benutzer seine gewünschten Formatierungen selbst erstellen (definieren) können muss. Damit das Tabellenkalkulationsprogramm die Wünsche genau umsetzen kann, existieren sogenannte Platzhalter. Bislang haben Sie bereits die folgenden Platzhalter kennengelernt:

| Platzhalter | Bedeutung |
|---|---|
| T (bis TTTT) | Tag (1 – 01 – So – Sonntag) |
| M (bis MMMM) | Monat (1 – 01 – Jan – Januar) |
| J (bis JJJJ) | Jahr (07 oder 2007) |
| hh | Stunden (**12**:35) |
| mm | Minuten (12:**35**) |

Ein bedeutender Platzhalter ist die **Null** (0). Die Null ist Platzhalter für alle Zahlen. Sollen in der Rechnung die Artikelnummern in Zelle B23 bis B26 immer 6-stellig ausgegeben werden, müssten die fehlenden Ziffern durch eine Null ersetzt werden. Die einfache Eingabe (z. B. der Artikel-Nummer 013792) würde dazu führen, dass das Tabellenkalkulationsprogramm die erste Null unterdrückt und nur die Zahl 13792 anzeigt.

| | A | B | C | D | E | F | G | H |
|---|---|---|---|---|---|---|---|---|
| 1 | | | | | | | | |
| 2 | | | | | | | | |
| 3 | **Ausschnitt aus der Tabelle Rechnungsformular** | | | | | | | |
| 19 | **Rechnung** | | | | | | | |
| 20 | | | | | | | | |
| 21 | | | | | | | | |
| 22 | Position | Artikel-nummer | Artikel-bezeichnung | Menge (Stück) | Listenpreis pro Stück | Rabatt (%) | Rabatt pro Stück | Gesamt-preis |
| 23 | 1 | 13792 | Textverarbeitung I | 10 | 14,95 € | 10 | 1,50 € | 134,55 € |
| 24 | 2 | 11207 | Arbeiten mit dem PC | 25 | 22,40 € | 10 | 2,24 € | 504,00 € |
| 25 | 3 | 12430 | Tabellenkalkulation II | 20 | 24,90 € | 10 | 2,49 € | 448,20 € |
| 26 | 4 | 13080 | Präsentieren leichtgemacht | 15 | 16,95 € | 10 | 1,70 € | 228,83 € |

***Abbildung 1:*** *Einstieg benutzerdefinierte Formatierung*

Um die gewünschte Formatierung herzustellen, muss nach der Markierung der Zellen im Kontextmenü (rechte Maustaste) ZELLEN FORMATIEREN... gewählt und anschließend die entsprechende Formatierung eingestellt werden. Alternativ kann auch über START – ZELLEN – FORMAT – ZELLEN FORMATIEREN das in Abbildung 2 dargestellte Fenster aufgerufen werden. In der weißen Zeile (TYP:) muss das Format 000000 eingegeben werden. Nach der anschließenden Bestätigung wird die Artikel-Nummer 6-stellig (013792) angezeigt.

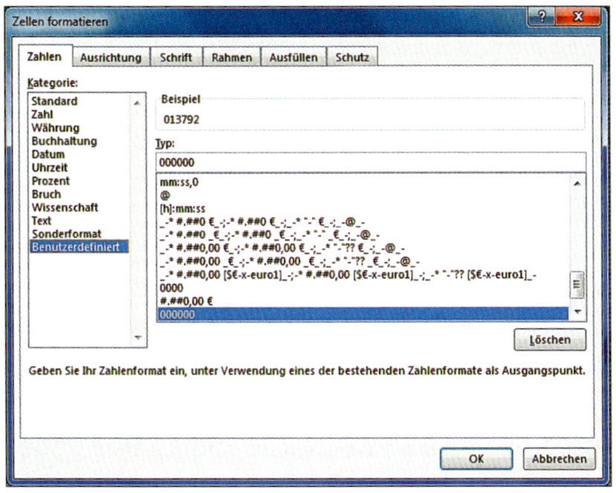


***Abbildung 2:***
*Benutzerdefinierte Formatierung (Null)*

| | A | B | C | D |
|---|---|---|---|---|
| 1 | | | | |
| 2 | | | | |
| 3 | **Ausschnitt aus der Tabelle Rechnungsformular** | | | |
| 19 | **Rechnung** | | | |
| 20 | | | | |
| 21 | | | | |
| 22 | **Position** | **Artikel-nummer** | **Artikel-bezeichnung** | **Menge (Stück)** |
| 23 | 1 | 013792 | Textverarbeitung I | 10 |
| 24 | 2 | 011207 | Arbeiten mit dem PC | 25 |
| 25 | 3 | 012430 | Tabellenkalkulation II | 20 |
| 26 | 4 | 013080 | Präsentieren leichtgemacht | 15 |

***Abbildung 3:***
*Benutzerdefinierte Formatierung (Lösung)*

**Anmerkung:**

Die Zahl 013792 wird lediglich mit führender Null angezeigt. Intern speichert das Tabellenkalkulationsprogramm die Zahl als 13792. Alternativ können die Zellen B23 bis B26 auch als Text formatiert werden. Die angezeigte Zahl wird dann standardmäßig linksbündig dargestellt. Eine Zentrierung ist hier ebenso möglich. Bei anschließender Umwandlung dieses Textes in eine Zahl würde die führende Null nicht mehr angezeigt.

**Arbeitsauftrag 1:**

Erfassen Sie im Tabellenkalkulationsprogramm den abgebildeten Ausschnitt der Rechnung und vollziehen Sie die Formatierung.

Darüber hinaus ist es möglich, dass durch eine benutzerdefinierte Formatierung in Zellen neben einer Zahl auch Text aufgeführt wird und trotzdem mit dieser Zelle Berechnungen durchgeführt werden können. Dies ist sonst nicht möglich, da das Tabellenkalkulationsprogramm Zellen mit einer Kombination aus Zahlen und Text stets als Text interpretiert und Berechnungen nicht zulässt.
Soll – wie in Abbildung 4 auf Seite 76 – in den Zellen D23 bis D26 neben der Menge auch die Angabe **Stück** in der Zelle erscheinen, so ist die folgende **benutzerdefinierte Formatierung** einzugeben: **0 „Stück"**

Die Eingabe der **Null** interpretiert das Tabellenkalkulationsprogramm als eine beliebige Zahl, die durch das in Anführungszeichen gesetzte Wort (hier „Stück") vervollständigt wird. Auch wenn in den Zellen das Wort „Stück" angezeigt wird, speichert das Tabellenkalkulationsprogramm lediglich die Zahl. Aus diesem Grund ist es möglich – und hier auch erforderlich – diese Zellen in Berechnungen (z. B. Berechnungen des Gesamtpreises) zu integrieren.

| | A | B | C | D | E | F | G | H | I |
|---|---|---|---|---|---|---|---|---|---|
| 1 | | | | | | | | | |
| 2 | | | | | | | | | |
| 3 | Ausschnitt aus der Tabelle Rechnungsformular | | | | | | | | |
| 19 | **Rechnung** | | | | | | | | |
| 20 | | | | | | | | | |
| 21 | | | | | | | | | |
| 22 | **Position** | **Artikel-nummer** | **Artikel-bezeichnung** | **Menge (Stück)** | **Listenpreis pro Stück** | **Rabatt (%)** | **Rabatt pro Stück** | **Gesamt-preis** | |
| 23 | 1 | 013792 | Textverarbeitung I | 10 Stück | 14,95 € | 10 | 1,50 € | 134,55 € | |
| 24 | 2 | 011207 | Arbeiten mit dem PC | 25 Stück | 22,40 € | 10 | 2,24 € | 504,00 € | |
| 25 | 3 | 012430 | Tabellenkalkulation II | 20 Stück | 24,90 € | 10 | 2,49 € | 448,20 € | |
| 26 | 4 | 013080 | Präsentieren leichtgemacht | 15 Stück | 16,95 € | 10 | 1,70 € | 228,83 € | |

***Abbildung 4:*** *Benutzerdefinierte Formatierung („Stück")*

In den Zellen E23 bis E26 und G23 bis H26 soll weiterhin statt der Formatierung mit Eurosymbol der Preis in der Schreibweise Euro angezeigt werden. Genau wie im Fall der Menge sind hier die gewünschten Zellen zu markieren und die folgende benutzerdefinierte Formatierung einzugeben: **0,00 „€"**

Die Erweiterung des Formats um **,00** bewirkt, dass die Beträge mit jeweils zwei Nachkommastellen angezeigt werden.

**Arbeitsauftrag 2:**

Ergänzen Sie den abgebildeten Ausschnitt der Rechnung um die angegebenen Formatierungen.

## 5.2 Bedingte Formatierungen

In vielen betriebswirtschaftlichen Problemstellungen ist es sinnvoll, Werte hervorzuheben bzw. zu kennzeichnen. Sie haben beispielsweise im Rahmen der „WENN-Funktion" (Kapitel 4) den Artikel mit dem **höchsten Umsatz** in Spalte I durch den Eintrag **„umsatzstärkster Artikel"** gekennzeichnet **[Funktion in Zelle I23: =WENN(H23=MAX($H$23:$H$26);"umsatzstärkster Artikel";"")].**

Wenn jedoch auf die zusätzliche Spalte I verzichtet werden soll, können die jeweiligen Artikel mithilfe der „bedingten Formatierung" anschaulich gemacht werden.

| | A | B | C | D | E | F | G | H | I | J |
|---|---|---|---|---|---|---|---|---|---|---|
| 1 | | | | | | | | | | |
| 2 | | | | | | | | | | |
| 3 | Ausschnitt aus der Tabelle Rechnungsformular | | | | | | | | | |
| 19 | **Rechnung** | | | | | | | | | |
| 20 | | | | | | | | | | |
| 21 | | | | | | | | | | |
| 22 | **Position** | **Artikel-nummer** | **Artikel-bezeichnung** | **Menge (Stück)** | **Listenpreis pro Stück** | **Rabatt (%)** | **Rabatt pro Stück** | **Gesamt-preis** | **Anmerkung** | |
| 23 | 1 | 013792 | Textverarbeitung I | 10 Stück | 14,95 € | 10 | 1,50 € | 134,55 € | | |
| 24 | 2 | 011207 | Arbeiten mit dem PC | 25 Stück | 22,40 € | 10 | 2,24 € | 504,00 € | umsatzstärkster Artikel | |
| 25 | 3 | 012430 | Tabellenkalkulation II | 20 Stück | 24,90 € | 10 | 2,49 € | 448,20 € | | |
| 26 | 4 | 013080 | Präsentieren leichtgemacht | 15 Stück | 16,95 € | 10 | 1,70 € | 228,83 € | | |
| 32 | | | | | | | | | | |

***Abbildung 5:*** *Einführung in die „bedingte Formatierung"*

Mithilfe der „bedingten Formatierung“ kann die jeweilige Artikelbezeichnung mit dem höchsten Umsatz beispielsweise **fett** dargestellt werden. Nach dem Markieren der Zellen C23 bis C26 muss anschließend das Menü START – BEDINGTE FORMATIERUNG – REGELN ZUM HERVORHEBEN VON ZELLEN – WEITERE REGELN... (Alternativ: BEDINGTE FORMATIERUNG – NEUE REGEL) gewählt werden.

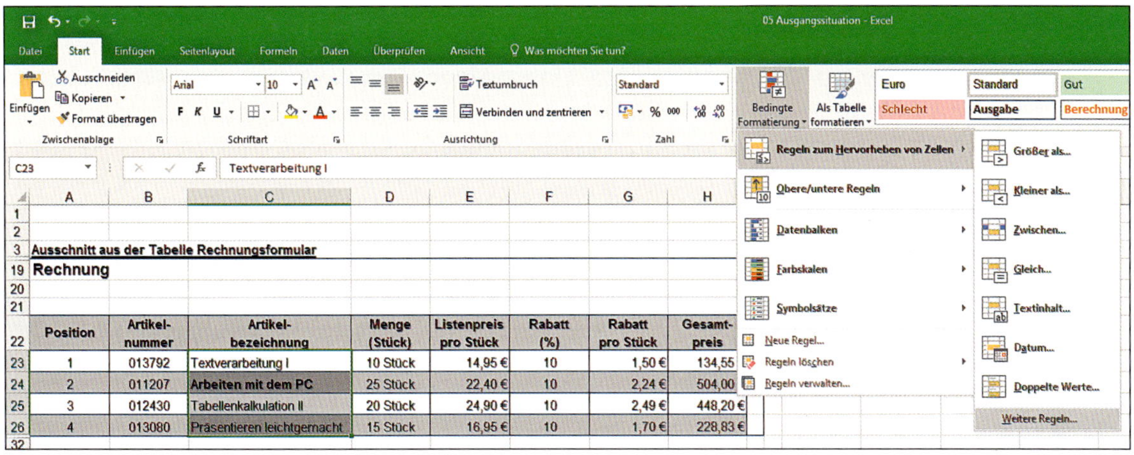


***Abbildung 6:*** *Die formelgesteuerte bedingte Formatierung*

Über REGELTYP AUSWÄHLEN: – FORMELN ZUR ERMITTLUNG DER ZU FORMATIERENDEN ZELLEN VERWENDEN (siehe Abbildung 7) kann nach Eingabe der entsprechenden Formel über die Schaltfläche FORMATIEREN... die jeweilige bedingte Formatierung festgelegt werden:

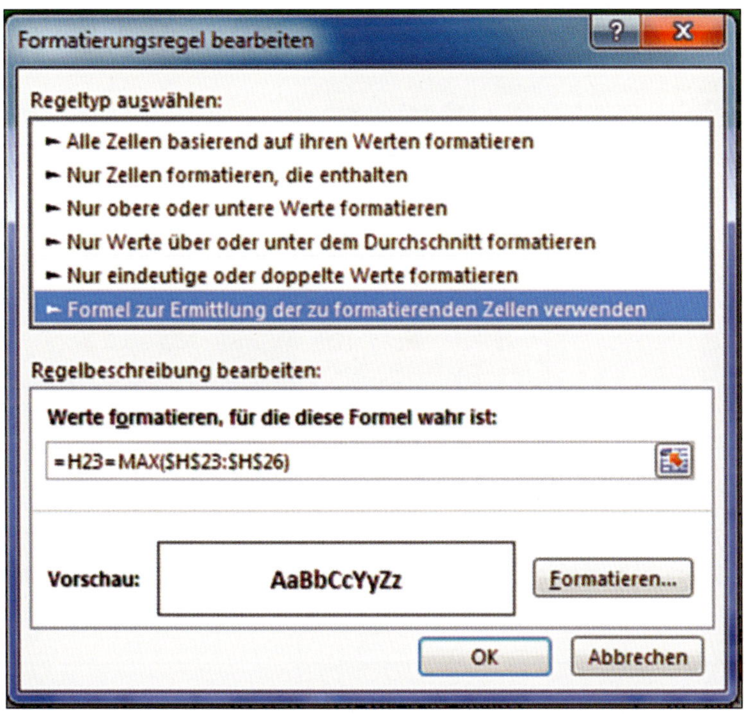


***Abbildung 7:*** *Zellen bedingt formatieren*

> **Anmerkung:**
>
> Durch die Eingabe der Formel **=H23=MAX($H$23:$H$26)**, die für die Zelle C23 gilt, wird die Bedingung für die Zellen C24 bis C26 automatisch, wie beim logischen Kopieren, angepasst. Die Formel für die bedingte Formatierung in der Zelle C26 lautet somit: **=H26=MAX($H$23:$H$26)**
>
> Die WENN-Funktion muss nicht ausgeschrieben werden. Sie ist genau wie die zwei möglichen Antworten (DANN-Wert = Formatierung; SONST-Wert = keine Formatierung) automatischer Bestandteil der bedingten Formatierung. Alternativ zur formelgestützten bedingten Formatierung lässt sich der größte bzw. kleinste Wert eines Zellbereiches auch über den Regeltyp NUR OBERE UND UNTERE WERTE FORMATIEREN (siehe Abbildung 7) entsprechend formatieren.
>
> Es können vielfältige Formatierungen wie **fett**, in **gelber Schriftfarbe** und **grünem Hintergrund** (Registerblatt AUSFÜLLEN) dargestellt werden. Pro Zelle können auch mehrere Regeln zur bedingten Formatierung festgelegt werden. Über das Menü START – BEDINGTE FORMATIERUNG – REGELN VERWALTEN... kann man eine NEUE REGEL... hinzufügen bzw. eine REGEL BEARBEITEN... Weiterhin kann man eine bestehende REGEL LÖSCHEN.

Neben dem zuvor beschriebenen Regeltyp der **formelgesteuerten bedingten Formatierung** (FORMEL ZUR ERMITTLUNG DER ZU FORMATIERENDEN ZELLEN VERWENDEN) lässt sich auch eine Formatierung aufgrund weiterer Regeltypen oder durch das in Abbildung 8 dargestellte Schnellanalysetool veranlassen. Soll in der Tabelle in Abbildung 8 beispielsweise ein Gesamtbetrag in den Zellen H23 bis H26 bei über 200,00 € **in blauer Schrift** dargestellt werden, so muss nach Markierung des Zellbereichs auf das Schnellanalysetool (alternativ Tastenkombination: Strg + Q) geklickt werden. Nun lässt sich unter anderem der markierte Zellbereich über das Tool bedingt formatieren. Nach Auswahl von GRÖSSER ALS kann die gewünschte (auch benutzerdefinierte) Formatierung in Abhängigkeit eines Wertes ausgewählt werden.

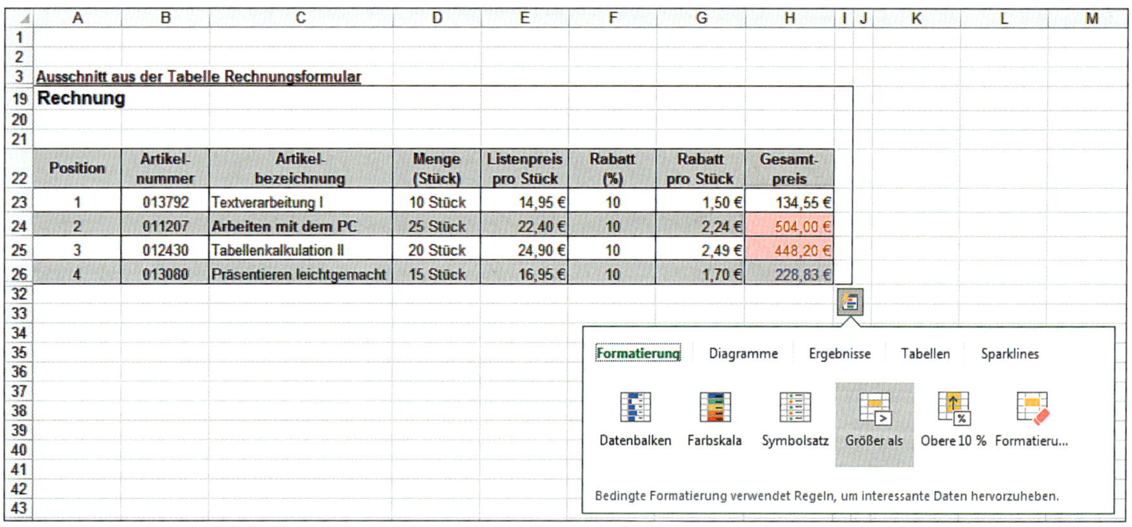

Ausschnitt aus der Tabelle Rechnungsformular

Rechnung

| Position | Artikel-nummer | Artikel-bezeichnung | Menge (Stück) | Listenpreis pro Stück | Rabatt (%) | Rabatt pro Stück | Gesamt-preis |
|---|---|---|---|---|---|---|---|
| 1 | 013792 | Textverarbeitung I | 10 Stück | 14,95 € | 10 | 1,50 € | 134,55 € |
| 2 | 011207 | Arbeiten mit dem PC | 25 Stück | 22,40 € | 10 | 2,24 € | 504,00 € |
| 3 | 012430 | Tabellenkalkulation II | 20 Stück | 24,90 € | 10 | 2,49 € | 448,20 € |
| 4 | 013080 | Präsentieren leichtgemacht | 15 Stück | 16,95 € | 10 | 1,70 € | 228,83 € |



***Abbildung 8:*** *Bedingte Formatierung mit "Größer als"*

Nach erfolgter Eingabe von „200" und dem benutzerdefinierten Format (Schriftfarbe: blau) werden in der Tabelle in den Zellen H23 bis H26 alle Werte, die größer als 200 sind, in blauer Schrift dargestellt.

> **Arbeitsauftrag 3:**
>
> Ergänzen Sie den abgebildeten Ausschnitt der Rechnung um die angegebenen bedingten Formatierungen. Weiterhin sollen die Zellen D23 bis D26 basierend auf ihrem Inhalt mit einer 2-Farben-Skala formatiert werden. Die Zelle mit dem höchsten Wert (größte Menge in Stück) soll dunkelrot und die Zelle mit dem niedrigsten Wert gelb hinterlegt werden.

# 5.3 Übungsaufgaben

## 5.3.1 Mietfahrzeuge

**Situation:**

Sie sind wegen Krankheit eines Kollegen als Unterstützung von Herrn Beck im Bereich Fuhrpark (Abteilung Lager/Versand) eingesetzt. Der Bereich hat in den vergangenen zwölf Monaten den Fuhrpark um vier Mietfahrzeuge ergänzt, um einen zusätzlich aufgetretenen Bedarf an Fahrzeugen decken zu können.
Herr Beck, der bisher die Abrechnung der Kosten für diese Mietfahrzeuge stets manuell erledigt hat, bittet Sie, ihn bei der Kostenermittlung zu unterstützen.
Ihre Aufgabe ist es, mithilfe der nachstehenden Tabellen die Kosten für die vier Fahrzeuge für diesen Monat zu ermitteln.

**Kosten der Mietfahrzeuge**

**Ausgangswerte**

| Benzinart | Preis pro Liter |
|---|---|
| Diesel | 1,18 € |
| Normal | 1,35 € |
| Super | 1,38 € |

| Fahrzeugtyp | Grundgebühr | zusätzliche Kosten pro km |
|---|---|---|
| A | 65,00 € | 0,30 € |
| B | 82,50 € | 0,25 € |
| C | 47,50 € | 0,27 € |
| D | 77,00 € | 0,32 € |

**Berechnung für den Monat Dezember**

| Fahrzeug | Stand Mietbeginn | Stand Mietende | gefahren | Verbrauch | benötigte Benzinart | verbrauchte Benzinmenge |
|---|---|---|---|---|---|---|
| C | 12.800 km | 13.650 km | | 5,9 l/100 km | Super | |
| B | 23.550 km | 25.400 km | | 8,8 l/100 km | Normal | |
| D | 7.600 km | 8.075 km | | 7,6 l/100 km | Super | |
| A | 18.250 km | 20.890 km | | 6,9 l/100 km | Diesel | |

| Fahrzeug | Grundgebühr | Benzinkosten | zus. Kosten für zurückgelegte km | gesamte Kosten des Fahrzeuges | Rabatt | Rechnungsbetrag (netto) | 19 % Umsatzsteuer | Rechnungsbetrag (brutto) |
|---|---|---|---|---|---|---|---|---|
| | | | | | | | | |
| | | | | | | | | |
| | | | | | | | | |
| | | | | | | | | |
| **Gesamt** | | | | | | | | |

***Abbildung 9:*** *Mietfahrzeuge*

**Arbeitsaufträge:**

1. Speichern Sie die Datei unter dem Namen **Mietfahrzeuge** ab. Speichern Sie Ihre Datei regelmäßig – spätestens jedoch alle fünf Minuten – ab.
2. Übernehmen Sie die Tabelle inklusive aller Werte und Formatierungen in Ihr Tabellenblatt 1 und benennen Sie dieses als **Ergebnis**. Beachten Sie, dass abweichend von einer jeweiligen Anzeige (z. B. 12.800 km) nur die Zahlen (z. B. 12800) in den Zellen gespeichert werden.
3. Ermitteln Sie mithilfe von geeigneten Formeln
   a) in den Zellen D16 bis D19 die im Monat Dezember je Fahrzeug gefahrenen Kilometer,
   b) in den Zellen G16 bis G19 die für die erbrachte Kilometerleistung verbrauchte Benzinmenge.
4. Übernehmen Sie in den Zellen A23 bis A26 mithilfe von Zellbezügen die zum Einsatz gekommenen Fahrzeugtypen.

5. Ermitteln Sie unter Anwendung von verschachtelten WENN-Funktionen
   a) in den Zellen B23 bis B26 die Grundgebühr je Fahrzeugtyp,
   b) in den Zellen C23 bis C26 die Benzinkosten für die insgesamt zurückgelegten Kilometer,
   c) in den Zellen D23 bis D26 die zusätzlichen Kosten für die insgesamt zurückgelegten Kilometer.
6. Berechnen Sie in den Zellen E23 bis E26 die gesamten Kosten der zum Einsatz gekommenen Fahrzeugtypen.
7. Ermitteln Sie mithilfe einer geeigneten Funktion in den Zellen F23 bis F26 den Rabatt in Euro je Fahrzeugtyp. Der Rabatt hängt von den gesamten Kosten (Spalte E) je Fahrzeug ab. Ab einem Betrag von 300,00 € gewährt der Fahrzeugvermieter einen Rabatt in Höhe von 5 %, ab einem Betrag von 700,00 € einen Rabatt in Höhe von 10 % auf die gesamten Kosten.
8. Berechnen Sie mithilfe von geeigneten Formeln
   a) in den Zellen G23 bis G26 den Netto-Rechnungsbetrag je Fahrzeugtyp,
   b) in den Zellen H23 bis H26 den anfallenden Umsatzsteuerbetrag in Euro. Beziehen Sie sich bei der Berechnung auf die Zelle H22, in der der Umsatzsteuersatz von 19 % (mittels einer benutzerdefinierten Formatierung) gespeichert ist;
   c) in den Zellen I23 bis I26 den Brutto-Rechnungsbetrag je Fahrzeugtyp.
9. Berechnen Sie in der Zeile 27 durch geeignete Funktionen die Gesamtwerte der Spalten B bis I.
10. In den Zellen I23 bis I26 sollen sowohl der kleinste als auch der größte Brutto-Rechnungsbetrag gekennzeichnet werden. Der kleinste Rechnungsbetrag soll in roter Schrift und kursiv, der größte Rechnungsbetrag in blauer Schrift und fett dargestellt werden.
11. Formatieren Sie alle Eurowerte im Format „Währung" (€) mit zwei Nachkommastellen.
12. Kopieren Sie den Inhalt Ihres Tabellenblattes **Ergebnis** in das Tabellenblatt 2 (umbenennen in **Formeln**) und wechseln Sie dort in die Formelansicht. Drucken Sie beide Tabellenblätter so aus, dass diese jeweils im Querformat (das Tabellenblatt **Formeln** auf mindestens zwei Seiten breit einrichten!) und mit den **Zeilen-/Spaltenüberschriften** ausgedruckt werden. Weiterhin sollen beide Ausdrucke in der Kopfzeile **Ihren vollständigen Namen**, den **Dateinamen** und das **heutige Datum** enthalten.

## 5.3.2 Urlaubspreise

**Situation:**

Sie sind kurzfristig im Bereich Sekretariat eingesetzt. Die Chefsekretärin, Frau Bär, bittet Sie um Unterstützung. Sie ist für das Angebot von besonderen Leistungen der Bürodesign GmbH an die Mitarbeiter zuständig.

Die Bürodesign GmbH kooperiert mit einem örtlichen Reisebüro, um ihren Mitarbeitern günstige Reisen anbieten zu können. Beim aktuellen Angebot handelt es sich um eine Reise in die Karibik in drei unterschiedlichen Varianten. Die Mitarbeiter der Bürodesign GmbH können innerhalb der drei Varianten auch individuell die Reisedauer (Anzahl der Wochen und mögliche Verlängerungstage) und die Anzahl der Miettage für einen Mietwagen festlegen. Weiterhin können sie auch eine Preisobergrenze für den Urlaub definieren.

Um Frau Bär die Arbeit in Zukunft zu erleichtern, ist es Ihre Aufgabe, die abgebildete „Ermittlung des günstigsten Urlaubspreises" zu automatisieren.

| | A | B | C | D | E | F | G |
|---|---|---|---|---|---|---|---|
| 1 | **Ermittlung des günstigsten Urlaubspreises** | | | | | | |
| 2 | | | | | | | |
| 3 | | | | | | | |
| 4 | Kategorie | Flug | Hotelkosten | Verlängerungs-kosten | Kosten für Essen | Kosten für Mietwagen | |
| 5 | all-inclusive | 659,00 € | 299,00 €/Woche | 39,00 €/Tag | 0,00 €/Woche | 0,00 €/Tag | |
| 6 | Halbpension | 639,00 € | 249,00 €/Woche | 35,00 €/Tag | 99,00 €/Woche | 39,00 €/Tag | |
| 7 | economic | 559,00 € | 239,00 €/Woche | 32,00 €/Tag | 150,00 €/Woche | 45,00 €/Tag | |
| 8 | | | | | | | |
| 9 | | | | | | | |
| 10 | **Übersicht über Rabattgewährung** | | | | | | |
| 11 | | | | | | | |
| 12 | **Kosten gesamt ab ...** | **Rabatt in %** | | | | | |
| 13 | 1.000,00 € | 3 | | | | | |
| 14 | 1.300,00 € | 4 | | | | | |
| 15 | 1.600,00 € | 5 | | | | | |
| 16 | | | | | | | |
| 17 | | | | | | | |
| 18 | Eingabebereich: | | | | | | |
| 19 | | | | | | | |
| 20 | Wie viele Wochen soll der Urlaub dauern? (mind. 1): | | | 1 | | | |
| 21 | Wie viele Verlängerungstage werden gewünscht? | | | 4 | | | |
| 22 | Wie viele Tage soll ein Mietwagen genommen werden? | | | 4 | | | |
| 23 | | | | | | | |
| 24 | Wie teuer darf der Urlaub maximal werden? | | | 1.200,00 € | | | |
| 25 | | | | | | | |
| 26 | | | | | | | |
| 27 | Ausgabebereich/Berechnungen: | | | | | | |
| 28 | | | | | | | |
| 29 | Kostenart | **all-inclusive** | **Halbpension** | **economic** | | | |
| 30 | Flugpreis | | | | | | |
| 31 | Hotelkosten (volle W.) | | | | | Die günstigste Reisevariante lautet: | |
| 32 | Verlängerungsk. ges. | | | | | | |
| 33 | Kosten für Essen ges. | | | | | Ihr Preis beträgt insgesamt: | |
| 34 | Kosten für Mietwagen | | | | | | |
| 35 | Kosten gesamt | | | | | Die teuerste Reisevariante kostet: | |
| 36 | Rabatt | | | | | | |
| 37 | Rechnungsbetrag | | | | | Die Ersparnis beträgt somit: | |
| 38 | | | | | | | |

***Abbildung 10:*** *Urlaubspreise*

**Arbeitsaufträge:**

1. Speichern Sie die Datei unter dem Namen **Urlaubspreise** ab. Speichern Sie Ihre Datei regelmäßig – spätestens jedoch alle fünf Minuten – ab.
2. Übernehmen Sie die obige Tabelle inklusive aller Werte und Formatierungen in Ihr Tabellenblatt 1. Benennen Sie dieses Tabellenblatt **Ergebnis**. Beachten Sie, dass abweichend von einer jeweiligen Anzeige (z. B. 299,00 €/Woche) nur die Zahlen (z. B. 299) in den Zellen gespeichert werden.
3. Vergeben Sie für die Zellen D20, D21, D22 und D24 sinnvolle Namen, die Sie später – wenn möglich – in den Formeln und Funktionen verwenden.
4. Beachten Sie, dass sich die Reihenfolge der Kategorien in den Zellen B29 bis D29 verändern kann! Ermitteln Sie mithilfe von geeigneten Formeln bzw. Funktionen und unter Beachtung der Werte des Eingabebereiches
   a) den Flugpreis,
   b) die Hotelkosten für die vollen Wochen,

c) die gesamten Verlängerungskosten (ausgehend von den gewünschten Verlängerungstagen),

d) die gesamten Kosten für das Essen. Im Fall von Verlängerungstagen sind die Essenskosten bereits in den Verlängerungskosten je Tag (Zellen D5 bis D7) enthalten;

e) die Kosten für den Mietwagen,

f) die „Kosten gesamt",

g) den Rabatt in Euro,

h) den vom Kunden zu zahlenden Rechnungsbetrag,

i) ob die jeweilige Reisevariante für den Kunden ein „interessantes Angebot" darstellt. Dies ist dann gegeben, wenn der Rechnungsbetrag maximal so groß ist, wie der vom Kunden akzeptierte Höchstpreis. Entsprechende Angebote sollen dadurch gekennzeichnet werden, dass der Hintergrund der jeweiligen Zelle gelb erscheint. Die Zellen, deren Beträge den gewünschten Maximalpreis überschreiten, sollen einen roten Hintergrund erhalten;

j) den Namen der günstigsten Reisevariante,

k) den Preis der günstigsten Reisevariante,

l) den Preis der teuersten Reisevariante,

m) die Ersparnis der günstigsten gegenüber der teuersten Reisevariante.

5. Formatieren Sie alle berechneten Eurowerte im Format „Währung" (€) mit zwei Nachkommastellen.
6. Kopieren Sie den Inhalt Ihres Tabellenblattes **Ergebnis** in das Tabellenblatt 2 (umbenennen in **Formeln**) und wechseln Sie dort in die Formelansicht. Drucken Sie beide Tabellenblätter so aus, dass diese jeweils im **Querformat** und mit den **Zeilen- und Spaltenüberschriften** ausgedruckt werden. Weiterhin sollen beide Ausdrucke in der Kopfzeile **Ihren vollständigen Namen**, den **Dateinamen** und **das heutige Datum** enthalten.

# 6 Suchfunktionen

## 6.1 SVERWEIS

**Situation:**

Wieder zurück im Bereich Rechnungswesen teilt Herr Taube Ihnen mit, dass aufgrund des Drucks der Mitbewerber die Rabattstaffel nochmals überarbeitet werden muss.

Nun soll der Rabattsatz aus einer Hilfstabelle (siehe Abbildung 1: Der SVERWEIS) entsprechend der jeweiligen Menge in das Rechnungsformular eingetragen werden.

Wenn das Tabellenkalkulationsprogramm in Abhängigkeit einer bestimmten Größe (z. B. der Abnahmemenge eines Kunden) zwischen **mehr als zwei verschiedenen Möglichkeiten** wählen soll, kann neben der verschachtelten WENN-Funktion auch die Suchfunktion SVERWEIS gewählt werden!
Syntax der Funktion: **=SVERWEIS(SUCHKRITERIUM;MATRIX;SPALTENINDEX;[BEREICH_VERWEIS])**

**Anmerkung:**

Der BEREICH_VERWEIS wird im Rahmen des „einfachen" SVERWEIS nicht benötigt und kann weggelassen werden. Aufgrund dessen wird der BEREICH_VERWEIS erst im Rahmen des „erweiterten SVERWEIS" (Kapitel 6.2) thematisiert.

Wie nachfolgend dargestellt, soll in der Spalte F der Rabattsatz des jeweiligen Artikels in Abhängigkeit der Menge ausgegeben werden. Für den Artikel „Textverarbeitung I" wird aufgrund der Menge von zehn Stück ein Rabatt von 10 % gewährt. Für die Zelle F23 gilt die folgende Funktion:

| | A | B | C | D | E | F | G | H | I |
|---|---|---|---|---|---|---|---|---|---|
| 1 | | | | | | | | | |
| 2 | | | | | | | | | |
| 3 | **Ausschnitt aus der Tabelle Rechnungsformular** | | | | | | | | |
| 4 | | | | | | | | | |
| 19 | **Rechnung** | | | | | | | | |
| 20 | | | | | | | | | |
| 21 | | | | | | | | | |
| 22 | **Position** | **Artikel-nummer** | **Artikel-bezeichnung** | **Menge (Stück)** | **Listenpreis pro Stück** | **Rabatt (%)** | **Rabatt pro Stück** | **Gesamt-preis** | |
| 23 | 1 | 13792 | Textverarbeitung I | 10 | =SVERWEIS(D23;$A$38:$B$42;2) | | | | |
| 24 | 2 | 11207 | Arbeiten mit dem PC | 25 | 22,40 € | SVERWEIS(**Suchkriterium**; Matrix; Spaltenindex; [Bereich_Verweis]) | | | |
| 25 | 3 | 12430 | Tabellenkalkulation II | 20 | 24,90 € | | | | |
| 26 | 4 | 13080 | Präsentieren leichtgemacht | 15 | 16,95 € | | | | |
| 32 | | | | | | | | | |
| 33 | | | | | | | | | |
| 34 | | | | | | | | | |
| 35 | **Ausschnitt aus der Tabelle Rabattsätze** | | | | | | | | |
| 36 | | | | | | | | | |
| 37 | **Menge ab ...** | **Rabattsatz (%)** | | | | | | | |
| 38 | 0 | 0 | | | | | | | |
| 39 | 10 | 10 | | | | | | | |
| 40 | 20 | 15 | | | | | | | |
| 41 | 50 | 20 | | | | | | | |
| 42 | 100 | 30 | | | | | | | |
| 43 | | | | | | | | | |

***Abbildung 1:*** *Der SVERWEIS*

Das S in der Funktion steht für senkrecht. Der SVERWEIS sucht das SUCHKRITERIUM (Inhalt der Zelle D23) in der angegebenen Matrix bzw. dem angegebenen Suchbereich ($A$38:$B$42) in der 1. Spalte von links, senkrecht von oben nach unten. Dabei geht das Programm wie folgt vor:

Zunächst wird geprüft, ob der Wert des SUCHKRITERIUMS (10) größer oder gleich dem ersten Wert der Matrix bzw. des Suchbereiches (A38) ist. Wenn die Prüfung erfolgreich verläuft, wird geprüft, ob das SUCHKRITERIUM auch größer oder gleich als der zweite Wert des Suchbereiches (A39) ist. Dieses Verfahren wird solange fortgesetzt, bis die Prüfung zu einem negativen Ergebnis führt. Im Beispiel ist das SUCHKRITERIUM D23 (10) größer als der Wert in der Zelle A38 (0) und gleich dem Wert in Zelle A39 (10) aber nicht größer oder gleich dem Wert in der Zelle A40 (20).

Der sogenannte SPALTENINDEX (;2) gibt an, welcher Inhalt der markierten Spalten als Ergebnis ausgegeben werden soll. In diesem Beispiel soll der Rabattsatz ausgegeben werden, sodass als SPALTENINDEX die Zahl 2 eingegeben werden muss. Das Tabellenkalkulationsprogramm wird nun den Wert der Spalte 2 ausgeben, bei dem die Prüfung („Ist die gesuchte Zahl größer oder gleich dem Grenzwert?") das letzte Mal erfolgreich verlaufen ist (hier also den Inhalt der Zelle B39).

**Anmerkung:**

Als Voraussetzungen für das Funktionieren des SVERWEIS gilt, dass das Suchkriterium nicht unterhalb des kleinsten Wertes der 1. Spalte des Suchbereiches liegen darf, da die Funktion nur prüft, ob das Suchkriterium **größer oder gleich** dem jeweiligen Wert der 1. Spalte des Sachbereiches ist. Weiterhin müssen die Werte der 1. Spalte des Suchbereiches in einer aufsteigenden Reihenfolge (also 0 – 10 – 20 **oder** A – B – C) geordnet sein.

**Arbeitsauftrag 1:**

Erfassen Sie im Tabellenkalkulationsprogramm den abgebildeten Ausschnitt der Rechnung und sorgen Sie dafür, dass in Abhängigkeit der Menge der jeweilige Rabattsatz ausgegeben wird. Berechnen Sie anschließend den Rabattsatz pro Stück und die jeweiligen Gesamtpreise.

## 6.2 Erweiterung des SVERWEIS

**Situation:**

Herr Taube teilt Ihnen mit, dass sich Kunden in der Vergangenheit häufig über falsch geschriebene Namen und Adressen beschwert haben. Teilweise seien Rechnungen gar nicht oder verspätet angekommen.

Herr Taube möchte, dass in einem weiteren Schritt zur Automatisierung der Rechnung – durch Eingabe der Kundennummer in Zelle H15 – der Kundenname und die Adresse im Anschriftenfeld (A7 bis A10) automatisch ausgegeben werden.

Bei dieser Problemstellung muss – abweichend vom Beispiel in Kapitel 6.1 – überprüft werden, ob der Wert, hier die Kundennummer 1019, tatsächlich in der Tabelle Kunden vorhanden ist. Die Kundennummern müssen eindeutig zugeordnet werden. Die Zuordnung zu einem Bereich – z. B. Kundennummer 1019 bis 1023 – wäre hier nicht ausreichend.

Dieses Problem lässt sich durch die Erweiterung des SVERWEIS um ein zusätzliches Argument lösen. Der vollständige Aufbau des SVERWEIS lautet:
=SVERWEIS(SUCHKRITERIUM;MATRIX;SPALTENINDEX;**[BEREICH_VERWEIS]**)

Der BEREICH_VERWEIS gibt an, ob die zur Matrix gehörenden Werte auf eine genaue Übereinstimmung geprüft werden sollen. Weiterhin können so Werte in einer Matrix überprüft werden, die nicht sortiert sind. Wird als BEREICH_VERWEIS **FALSCH** (oder auch 0) eingetragen, so geht das Programm von der Annahme aus, dass die Werte der ersten Spalte der Matrix auf genaue Übereinstimmung geprüft werden sollen. Der wesentliche Unterschied zum einfachen SVERWEIS besteht darin, dass von der Funktion nun lediglich die Prüfung erfolgt, **ob der gesuchte Wert identisch mit dem Wert in der Matrix ist**. Bei fehlender Übereinstimmung gibt das Tabellenkalkulationsprogramm in der jeweiligen Zelle die Fehlermeldung **#NV** (engl.: non value – übersetzt: der gesuchte Wert ist nicht vorhanden) aus. Die vollständige Funktion für die Zelle A7 lautet: **=SVERWEIS($H$15;$A$37:$E$41;2;FALSCH)**

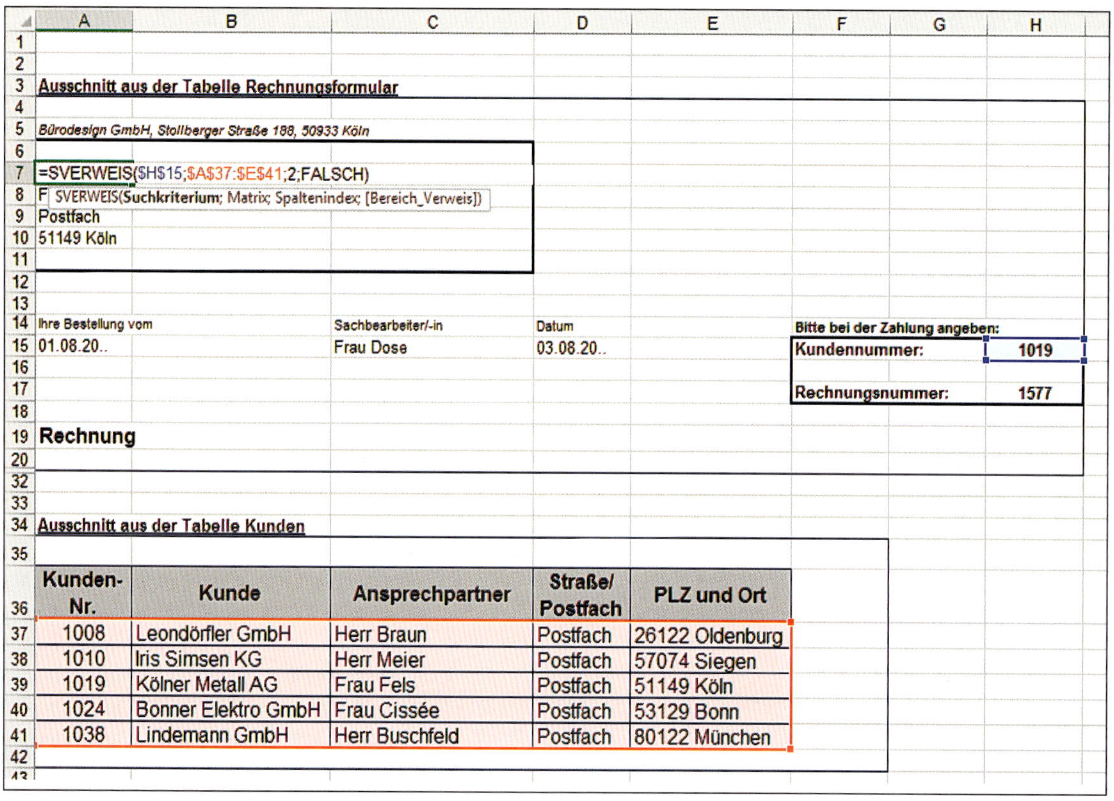

Ausschnitt aus der Tabelle Rechnungsformular

Bürodesign GmbH, Stollberger Straße 188, 50933 Köln

=SVERWEIS($H$15;$A$37:$E$41;2;FALSCH)
SVERWEIS(Suchkriterium; Matrix; Spaltenindex; [Bereich_Verweis])
Postfach
51149 Köln

| Ihre Bestellung vom | Sachbearbeiter/-in | Datum |
|---|---|---|
| 01.08.20.. | Frau Dose | 03.08.20.. |

Bitte bei der Zahlung angeben:
Kundennummer: 1019
Rechnungsnummer: 1577

Rechnung

Ausschnitt aus der Tabelle Kunden

| Kunden-Nr. | Kunde | Ansprechpartner | Straße/ Postfach | PLZ und Ort |
|---|---|---|---|---|
| 1008 | Leondörfler GmbH | Herr Braun | Postfach | 26122 Oldenburg |
| 1010 | Iris Simsen KG | Herr Meier | Postfach | 57074 Siegen |
| 1019 | Kölner Metall AG | Frau Fels | Postfach | 51149 Köln |
| 1024 | Bonner Elektro GmbH | Frau Cissée | Postfach | 53129 Bonn |
| 1038 | Lindemann GmbH | Herr Buschfeld | Postfach | 80122 München |

***Abbildung 2:*** *Die Erweiterung des SVERWEIS*

**Anmerkung:**

Sind die Werte in der Matrix sortiert und soll ein Bereich überprüft werden (siehe einfacher SVERWEIS), so kann dies durch die Angabe **WAHR** als BEREICH-VERWEIS angegeben werden. Wird keine entsprechende Angabe gemacht, so geht das Programm ebenfalls von dieser Annahme aus.

## Arbeitsauftrag 2:

Übernehmen Sie die Ausschnitte aus den Tabellen **Rechnung** und **Kunden** in ein Tabellenblatt und sorgen Sie dafür, dass die Adresse (Zelle A7 bis A10) durch Eintragen der Kundennummer in Zelle H15 automatisch ausgegeben wird. Beachten Sie, dass die Zellen des Suchbereiches (MATRIX) – hier $A$37:$E$41 – und in diesem Fall auch das Suchkriterium – hier $H$15 – festgesetzt werden müssen, da dieser Bereich für alle Zeilen des Anschriftenfeldes gilt. Ändern Sie lediglich den Spaltenindex.

## Exkurs: Anwendungen mit mehreren Tabellenblättern

In komplexen Aufgabenstellungen sind der Rechenbereich und die zugehörigen Hilfstabellen häufig in unterschiedlichen Tabellenblättern untergebracht. Hieraus ergibt sich das Problem, dass bei der Eingabe der Matrix (mithilfe der Maus) zwischen dem Tabellenblatt 1 und dem Tabellenblatt 2 gewechselt werden muss. Nachfolgend sind zwei Tabellenblätter abgebildet:

| | A | B | C | D | E | F | G | H | I |
|---|---|---|---|---|---|---|---|---|---|
| 1 | | | | | | | | | |
| 2 | | | | | | | | | |
| 3 | **Ausschnitt aus der Tabelle Rechnungsformular** | | | | | | | | |
| 4 | | | | | | | | | |
| 5 | *Bürodesign GmbH, Stollberger Straße 188, 50933 Köln* | | | | | | | | |
| 6 | | | | | | | | | |
| 7 | =SVERWEIS($H$15;Kunden!$A$2:$E$6;2;FALSCH) | | | | | | | | |
| 8 | F SVERWEIS(**Suchkriterium**; Matrix; Spaltenindex; [Bereich_Verweis]) | | | | | | | | |
| 9 | Postfach | | | | | | | | |
| 10 | 51149 Köln | | | | | | | | |
| 11 | | | | | | | | | |
| 12 | | | | | | | | | |
| 13 | | | | | | | | | |
| 14 | Ihre Bestellung vom | | Sachbearbeiter/-in | Datum | | **Bitte bei der Zahlung angeben:** | | | |
| 15 | 01.08.20.. | | Frau Dose | 03.08.20.. | | **Kundennummer:** | | **1019** | |
| 16 | | | | | | | | | |
| 17 | | | | | | **Rechnungsnummer:** | | **1577** | |
| 18 | | | | | | | | | |
| 19 | **Rechnung** | | | | | | | | |
| 20 | | | | | | | | | |

***Abbildung 3:*** *Tabellenblatt „Rechnung"*

| | A | B | C | D | E |
|---|---|---|---|---|---|
| 1 | **Kunden-Nr.** | **Kunde** | **Ansprechpartner** | **Straße/ Postfach** | **PLZ und Ort** |
| 2 | 1008 | Leondörfler GmbH | Herr Braun | Postfach | 26122 Oldenburg |
| 3 | 1010 | Iris Simsen KG | Herr Meier | Postfach | 57074 Siegen |
| 4 | 1019 | Kölner Metall AG | Frau Fels | Postfach | 51149 Köln |
| 5 | 1024 | Bonner Elektro GmbH | Frau Cissée | Postfach | 53129 Bonn |
| 6 | 1038 | Lindemann GmbH | Herr Buschfeld | Postfach | 80122 München |

***Abbildung 4:*** *Tabellenblatt „Kunden"*

Wenn in der Zelle A7 des Tabellenblattes **Rechnung** die Funktion SVERWEIS angewendet werden soll, so muss für den Bezug auf den Suchbereich (MATRIX) in das Tabellenblatt **Kunden** gewechselt werden. Dieser Wechsel wird vom Programm in der Funktion angezeigt. Im folgenden Beispiel geschieht dies, indem der Name des Tabellenblattes in Hochkomma gesetzt und anschließend ein Ausrufezeichen ausgegeben wird. Der SVERWEIS wird nach dem Wechsel auf das Tabellenblatt **Kunden** und dem Markieren des Zellbereichs von A2 bis E6 wie folgt angezeigt:
**=SVERWEIS($H$15;'Kunden'!$A$2:$E$6**

**Anmerkung:**

Die Angabe des Tabellenblattes erfolgt, damit der Anwender nachvollziehen kann, in welchem Tabellenblatt die Hilfstabelle durchsucht wurde. **Damit der SVERWEIS ordnungsgemäß funktioniert, muss – während sich auf dem Tabellenblatt Kunden befunden wird – an dieser Stelle das Semikolon gesetzt werden.** Wird ansonsten wieder in das Tabellenblatt **Rechnung** gewechselt, so verschwindet der Bezug auf die Tabelle. Stattdessen wird in der Funktion der Name des Tabellenblattes **Rechnung** erscheinen [=SVERWEIS($H$15;'Rechnung'!$A$2:$E$6]. Dementsprechend würde das Programm davon ausgehen, dass sich die Hilfstabelle im Tabellenblatt **Rechnung** befindet, und so später kein (sinnvolles) Ergebnis ausgeben.

Nach dem Setzen des Semikolons [=SVERWEIS($H$15;'Kunden'!$A$2:$E$6;] kann in das Tabellenblatt **Rechnung** zurückgekehrt werden, um die Funktion zu vervollständigen. Bei einem Blick in die Funktionszeile fällt allerdings auf, dass auch das aktuelle Tabellenblatt angezeigt wird:
**=SVERWEIS($H$15;'Kunden'!$A$2:$E$6;'Rechnung'!**

Durch dieses Beispiel wird deutlich, dass der ansonsten sehr übersichtliche SVERWEIS durch die Tabellenblattbezeichnungen unübersichtlich werden kann. Die Lösung für dieses Problem besteht in der Nutzung der **Adressierung von Zellen** durch sinnvolle Namen (vgl. Kapitel 3.4 Zelladressierung durch Namen). Weist man beispielsweise den Zellen A2 bis E6 des Tabellenblattes **Kunden** den Namen **Kunden** zu, so muss das Tabellenblatt **Rechnung** gar nicht verlassen werden. Möglich wird dies dadurch, dass pro Datei jeder Name nur **einmal** vergeben werden kann. Wie bereits kennengelernt, kann der Name während der Funktionserstellung einfach per Hand eingeben oder mit der Taste <F3> aufgerufen werden. Die Funktion in Zelle A7 des Tabellenblattes **Rechnung** würde somit wie folgt lauten:
**=SVERWEIS($H$15;Kunden;2;FALSCH)**

**Arbeitsauftrag 3:**

Übernehmen Sie die Ausschnitte aus den Tabellen **Rechnung** und **Kunden** in jeweils ein Tabellenblatt und benennen Sie diese Tabellenblätter entsprechend. Sorgen Sie dafür, dass die vollständige Adresse in den Zellen A7 bis A10 durch Eintragen der Kundennummer in Zelle H15 automatisch ausgegeben wird. Vergeben Sie für den Bereich der Kundendaten einen Zellnamen.

# 6.3 Übungsaufgaben zum SVERWEIS

## 6.3.1 Onlineversand

**Situation:**

Sie sind in der Abteilung Absatz eingesetzt. Der Abteilungsleiter, Herr Werner, möchte es den Kunden der Bürodesign GmbH ermöglichen, neben der klassischen schriftlichen Bestellung auch Bücher, Software und andere Medienprodukte online zu bestellen. Der Kunde erhält einige Minuten später eine Rückantwort per E-Mail, in der er nochmals seine bestellten Artikel, den Rechnungspreis sowie das voraussichtliche Zustellungsdatum entnehmen kann.

Ihre Aufgabe ist es, mittels der nachfolgend abgebildeten Tabellenblätter ein Formular für die Aufnahme der Onlinebestellungen zu automatisieren.

| | A | B | C | D | E | F | G | H | I | J | K |
|---|---|---|---|---|---|---|---|---|---|---|---|
| 1 | **Online-Versand** | | | | | | | | | | |
| 2 | | | | | | | | | | | |
| 3 | | | | | | | | | | | |
| 4 | | | | | | | | | | | |
| 5 | Kunden-Nr. | 3492 | | Bestellungseingang: | | | | | | | |
| 6 | | | | | | | | | | | |
| 7 | | | | | | | | | | | |
| 8 | | | | | | | | | | | |
| 9 | | | | | | | | | | | |
| 10 | | | | | | | | | | | |
| 11 | Lfd. Nr (max. 7) | Art.-Nr. | Menge | Artikel | Listenpreis/ Stück | Rabatt/ Stück | Nettopreis/ Stück | Umsatzsteuer-satz | Umsatzsteuer/ Stück | Bruttopreis/ Stück | Bruttopreis für Bestellmenge |
| 12 | 1 | 12430 | 4 | | | | | | | | |
| 13 | 2 | 23500 | 1 | | | | | | | | |
| 14 | 3 | 20093 | 7 | | | | | | | | |
| 15 | 4 | 10683 | 2 | | | | | | | | |
| 16 | 5 | 13080 | 1 | | | | | | | | |
| 17 | 6 | 14257 | 4 | | | | | | | | |
| 18 | 7 | 13792 | 3 | | | | | | | | |
| 19 | | | | | | | | | | Gesamt-Brutto | |
| 20 | | | | | | | | | | zzgl. Versand inkl. UST | |
| 21 | Die Ware wird bei Ihnen voraussichtlich am | | | | eintreffen. | | | | | Rechnungsbetrag | |
| 22 | | | | | | | | | | | |
| 23 | | | | | | | | | | Umsatzsteuer gesamt: | |

***Abbildung 5:*** *Onlineversand; Tabellenblatt „Formular"*

| | A | B | C | D |
|---|---|---|---|---|
| 1 | **Kundenübersicht** | | | |
| 2 | | | | |
| 3 | Kunden-Nr. | Kunde | Kundenklasse | Anschrift |
| 4 | 3486 | Beckertz, Armin | A | 53111 Bonn |
| 5 | 3489 | Dahlbruch, Kerstin | B | 26113 Oldenburg |
| 6 | 3490 | Hoffenstedt, Anita | B | 57074 Siegen |
| 7 | 3492 | Kaiser, Jürgen | A | 96442 Coburg |
| 8 | 3498 | Wilms, Ingo | B | 80332 München |
| 9 | 3451 | Zopfner, Sabine | B | 20446 Hamburg |

***Abbildung 6:*** *Onlineversand; Tabellenblatt „Kunden"*

| | A | B | C |
|---|---|---|---|
| 1 | **Übersicht über die Artikel und deren Preise** | | |
| 2 | | | |
| 3 | Art.-Nr. | Artikel | Listenpreis |
| 4 | 10235 | Das Office Buch | 24,95 € |
| 5 | 10683 | Tabellenkalkulation I | 17,98 € |
| 6 | 11207 | Arbeiten mit dem PC | 22,40 € |
| 7 | 11874 | Internet für Anfänger | 12,90 € |
| 8 | 12430 | Tabellenkalkulation II | 24,90 € |
| 9 | 13080 | Präsentieren leichtgemacht | 16,95 € |
| 10 | 13792 | Textverarbeitung I | 14,95 € |
| 11 | 14257 | Textverarbeitung II | 14,95 € |
| 12 | 20093 | Prüfungswissen Bürokaufleute CD | 42,78 € |
| 13 | 21147 | Deutschland sucht... Kalender | 12,50 € |
| 14 | 21348 | Entspannungsmusik - 2 CD's | 14,99 € |
| 15 | 22994 | Best of Cinema - 12 DVD's | 123,98 € |
| 16 | 23249 | Der virtuelle Jahreskalender - CD | 17,98 € |
| 17 | 23500 | Die große Spielesammlung | 17,00 € |

***Abbildung 7:*** *Onlineversand; Tabellenblatt „Artikel"*

**Arbeitsaufträge:**

1. Speichern Sie Ihre Datei unter dem Namen **Onlineversand**. Speichern Sie Ihre Datei regelmäßig – spätestens jedoch alle fünf Minuten – ab.
2. Übernehmen Sie die Tabellen inklusive aller Werte und Formatierungen in Ihre Arbeitsmappe und benennen Sie die Tabellenblätter wie angegeben.
3. Vergeben Sie auch den Hilfstabellen (Zellbereichen) die Namen „Kunden" und „Artikel". Arbeiten Sie – sofern möglich – mit diesen Namen in den späteren Formeln und Funktionen.
4. Geben Sie in der Zelle B5 des Tabellenblattes **Formular** die Kundennummer 3492 ein.
5. Ermitteln Sie mithilfe einer Suchfunktion in den Zellen B7 und B8 den Kundennamen sowie den Wohnort des Kunden.
6. Geben Sie in der Zelle E5 mithilfe einer geeigneten Funktion das aktuelle Datum im Format TT.MM.JJJJ aus.
7. Ermitteln Sie mithilfe von geeigneten Formeln bzw. Funktionen
   a) in den Zellen der Spalte D den jeweils bestellten Artikel,
   b) in der Spalte E den zugehörigen Listenpreis je Artikel in Euro,
   c) in der Spalte F den Rabatt pro Stück in Euro. Hierbei ist zu beachten, dass der Rabatt in Abhängigkeit von der bestellten Menge gewährt wird. Bei Mengen ab vier Stück wird ein Rabatt in Höhe von 10 % gewährt;
   d) den Nettopreis je Artikel in Euro,
   e) den auf den jeweiligen Artikel anzuwendenden Umsatzsteuersatz. Berücksichtigen Sie an dieser Stelle, dass für Artikel mit einer Art.-Nr. bis 19.999 nur 7 %, bei Artikeln mit einer Art.-Nr. ab 20.000 hingegen 19 % fällig werden. Formatieren Sie als „Prozent" ohne Nachkommastellen;
   f) die Umsatzsteuer pro Stück in Euro,
   g) den Bruttopreis pro Stück in Euro,
   h) den Bruttopreis in Euro für die gesamte Bestellmenge,
   i) in der Zelle K19 den gesamten Brutto-Betrag in Euro,
   j) die vom Kunden zu zahlenden Versandkosten in Euro. Bis zu einem Bestellwert von unter 200,00 € zahlen die Kunden 4,90 €. Ab 200,00 € Bestellwert zahlen die Kunden nur noch 2,50 € und ab einem Bestellwert von 500,00 € trägt der Verkäufer die gesamten Versandkosten;
   k) den endgültigen Rechnungsbetrag in Euro,
   l) den gesamten Umsatzsteuerbetrag in Euro. Beachten Sie dabei, dass in den jeweiligen Versandkosten die Umsatzsteuer von 19 % enthalten ist (vermehrter Grundwert).
8. Ermitteln Sie mithilfe einer Formel in der Zelle D21 das Datum, an dem der Kunde die Lieferung voraussichtlich erhalten wird. Hierfür gilt die Regel, dass die Ware zwei Tage nach dem Eingang der Bestellung beim Kunden ankommt. Formatieren Sie den Wert als Datum (TT.MM.JJ).
9. Formatieren Sie alle Eurowerte im Format „Währung" (€) mit zwei Nachkommastellen.
10. Kopieren Sie das Tabellenblatt **Formular** in das von Ihnen neu zu erstellende Tabellenblatt **Formeln** und schalten Sie dann auf die Formelansicht um. Passen Sie alle Spalten so an, dass sämtliche Formeln und Funktionen vollständig lesbar sind.
11. Drucken Sie abschließend die Tabellenblätter **Formular** und **Formeln** aus. Beide Tabellen sind **im Querformat** und unter Angabe **des Dateinamens, des aktuellen Datums** und **Ihres Namens** in der jeweiligen Kopfzeile auszudrucken. Weiterhin sollen beide Tabellen die **Zeilen- und Spaltenüberschriften** enthalten. Beim Tabellenblatt **Formeln** ist weiterhin zu beachten, dass dieses auf zwei Seiten breit ausgedruckt wird.

## 6.3.2 Getränkebestellung

**Situation:**

Die Bürodesign GmbH organisiert im Rahmen der Personalentwicklung regelmäßig Seminare für ihre Mitarbeiter, die im eigenen Hause durchgeführt werden. Der u. a. für die Bewirtung der Seminarteilnehmer zuständige Bereich „Seminarvorbereitung" überprüft täglich die Lagerbestände an Getränken.
Mithilfe einer Tabelle sollen Sie Frau Ferl unterstützen, indem Sie eine Aufstellung der benötigten Getränke erstellen, die an den Einkauf (Abteilung Beschaffung) weitergeleitet wird. Neben der Bestellmenge sollen hier auch bereits die Preise der Getränke ermittelt werden, um der Abteilung Einkauf die Arbeit zu erleichtern. Ihre Aufgabe ist es, mit den nachfolgend abgebildeten Tabellenblättern das Formular für die Getränkebestellung zu automatisieren.

**Bürodesign GmbH**

**Bedarfsmeldung**

an: Abteilung Einkauf

von: Abteilung Seminarvorbereitung

Sehr geehrte Frau Liebig,

für das Seminar "Angewandtes Marketing unter besonderer Berücksichtigung des Produktportfolios"
in der kommenden Woche benötigen wir noch die unten aufgeführten Getränke!

Auch dieses Mal haben wir die hierfür anfallenden Kosten im Voraus berechnet und hoffen, Ihnen hiermit behilflich gewesen zu sein!

Mit freundlichen Grüßen

| Artikel-Nr. | Bezeichnung | Bestellung notwendig? | Bestellmenge | Einzelpreis netto | Gesamtpreis netto |
|---|---|---|---|---|---|
| | | | | | |
| | | | | | |
| | | | | | |
| | | | | | |
| | | | | | |
| | | | | | |
| | | | | | |
| | | | | | |
| | | | | | |
| | | | | | |
| | | | | | |
| | | | | | |
| | | | | | |
| | | | | | |
| | | | | | |
| | | | | | |
| | | | | | |

| | |
|---|---|
| Listeneinkaufspreis | |
| Rabatt | |
| Zieleinkaufspreis | |

Bei Inanspruchnahme von 2 % Skonto vermindert sich der Zieleinkaufspreis nochmals um [ ]

Der Bareinkaufspreis würde somit auf insgesamt [ ] reduziert.

***Abbildung 8:*** *Getränkebestellung; Tabellenblatt „Bestellformular"*

| | | | | | |
|---|---|---|---|---|---|
| **Ergebnis der monatlichen Inventur im Küchenbereich** | | | | | |
| **Artikel-Nr.** | **Artikelbezeichnung** | **aktueller Lagerbestand** | **Meldebestand** | **Mindestbestand** | **Höchstbestand** |
| 10101 | stilles Wasser | 8 | 9 | 6 | 15 |
| 10102 | Mineralwasser | 9 | 9 | 8 | 15 |
| 10201 | grüner Tee | 9 | 7 | 5 | 10 |
| 10202 | Assam-Tee | 8 | 9 | 7 | 12 |
| 10203 | Jasmin-Tee | 8 | 7 | 5 | 10 |
| 10301 | Kaffee, koffeinfrei | 11 | 12 | 10 | 25 |
| 10302 | Kaffee | 13 | 12 | 10 | 25 |
| 10303 | Cappucino | 6 | 7 | 5 | 10 |
| 10304 | Espresso | 7 | 5 | 3 | 10 |
| 10401 | Coca-Cola | 12 | 13 | 10 | 25 |
| 10402 | Pepsi-Cola | 11 | 13 | 10 | 25 |
| 10403 | Fanta | 14 | 10 | 8 | 20 |
| 10404 | Sprite | 15 | 10 | 8 | 20 |
| 10501 | Kölsch | 6 | 7 | 5 | 15 |
| 10502 | Pilsener | 6 | 7 | 5 | 15 |
| 10601 | Rotwein | 8 | 8 | 6 | 12 |
| 10602 | Weißwein | 10 | 8 | 6 | 12 |

***Abbildung 9:*** *Getränkebestellung; Tabellenblatt „Bestandsdaten"*

| | | | | | | |
|---|---|---|---|---|---|---|
| **Preisliste des Getränke-Lieferanten** | | | | | **Rabattstaffel** | |
| Artikel-Nr. | Artikelbezeichnung | Preis pro Einheit | | | ab … Bestellwert | Gewährung von ... % Rabatt |
| 10101 | stilles Wasser | 6,20 € | | | 50,00 € | 5,0 |
| 10102 | Mineralwasser | 6,10 € | | | 250,00 € | 7,5 |
| 10201 | grüner Tee, 250 g. | 4,50 € | | | 600,00 € | 10,0 |
| 10202 | Assam-Tee, 500 g. | 5,60 € | | | | |
| 10203 | Jasmin-Tee, 250 g. | 5,10 € | | | | |
| 10301 | Kaffee, koffeinfrei | 3,50 € | | | | |
| 10302 | Kaffee, 500 g. | 3,60 € | | | | |
| 10303 | Cappucino | 4,20 € | | | | |
| 10304 | Espresso | 4,60 € | | | | |
| 10401 | Coca-Cola | 6,50 € | | | | |
| 10402 | Pepsi-Cola | 6,40 € | | | | |
| 10403 | Fanta | 6,30 € | | | | |
| 10404 | Sprite | 6,30 € | | | | |
| 10501 | Kölsch | 10,10 € | | | | |
| 10502 | Pilsener | 9,80 € | | | | |
| 10601 | Rotwein | 24,20 € | | | | |
| 10602 | Weißwein | 22,50 € | | | | |

***Abbildung 10:*** *Getränkebestellung; Tabellenblatt „Preisliste"*

**Arbeitsaufträge:**

1. Speichern Sie Ihre Datei unter dem Namen **Getränkebestellung**. Speichern Sie Ihre Datei regelmäßig – spätestens jedoch alle fünf Minuten – ab.
2. Übernehmen Sie die Tabellen inklusive aller Werte und Formatierungen in Ihre Arbeitsmappe und benennen Sie die Tabellenblätter wie angegeben.
3. Vergeben Sie für die Tabellen (Zellbereiche) der Tabellenblätter **Bestandsdaten** und **Preisliste** die Namen „Inventur", „Artikel" und „Rabatt". Verwenden Sie diese Namen – sofern möglich – in den jeweiligen Funktionen.
4. In der Zelle F4 Ihres Tabellenblattes **Bestellformular** soll mithilfe einer geeigneten Funktion das heutige Datum ausgegeben werden.
5. Übernehmen Sie in den Spalten A und B des Bestellformulars (per Zellbezug) die Artikel-Nr. und die Artikelbezeichnung aus der Tabelle Inventur.

**Hinweis:**

Für die nachfolgenden Arbeitsanweisungen gilt jeweils: Nur wenn für das jeweilige Getränk eine Bestellung erforderlich ist, sollen die Zellen der Spalten C–F ausgefüllt werden. Ansonsten sollen diese Zellen leer bleiben.

6. Ermitteln Sie mittels einer geeigneten Funktion in der Spalte C, ob für das jeweilige Getränk eine Bestellung notwendig ist. Dies ist dann der Fall, wenn der aktuelle Lagerbestand kleiner bzw. gleich dem Meldebestand ist. Eine Bestellung soll durch die Ausgabe eines „X" gekennzeichnet werden.
7. In der Spalte D soll die Bestellanzahl ausgewiesen werden. Für die Bestellmenge wird davon ausgegangen, dass durch die Bestellung der jeweilige Höchstbestand erreicht wird.
8. Durch die Verwendung geeigneter Funktionen soll in den Spalten E und F der jeweilige Einzelpreis des bestellten Getränkes bzw. der Gesamtpreis ermittelt werden.
9. Ermitteln Sie mithilfe geeigneter Funktionen
   a) den Listeneinkaufspreis in Euro,
   b) den Rabatt in Euro. Beachten Sie, dass die Tabelle Rabattstaffel nicht bei 0,00 €, sondern bei 50,00 € beginnt;
   c) den Zieleinkaufspreis in Euro.
10. Ermitteln Sie formel- bzw. funktionsgesteuert in der Zelle F48 die Höhe des möglichen Skontoabzuges und in der Zelle D50 den sich aus dem Skontoabzug ergebenden Bareinkaufspreis.
11. Formatieren Sie alle Eurowerte im Format „Währung" (€) mit zwei Nachkommastellen.
12. Fügen Sie in Ihre Datei ein neues Tabellenblatt ein. Versehen Sie dieses mit dem Namen **Formeln**. Kopieren Sie den Inhalt des Tabellenblattes **Bestellformular** in dieses neue Tabellenblatt und wechseln Sie in die Formelansicht. Stellen Sie beim Ausdrucken dieser Tabelle sicher, dass alle Funktionen vollständig lesbar sind und die Tabelle auf **zwei DIN-A4-Seiten im Querformat** mit **Ihrem Namen, dem Dateinamen, dem aktuellen Datum** und **Zeilen- und Spaltenüberschriften** ausgedruckt wird.

## 6.3.3 Vertreterprovision

**Situation:**

Sie sind zurzeit bei der Abteilungsleiterin der Verwaltung, Frau Berg, eingesetzt. Sie ist für die Berechnung der Jahresprovisionen der im Ausland tätigen Vertreter verantwortlich.

Frau Berg teilt Ihnen mit, dass die Bürodesign GmbH in den USA sieben Vertreter beschäftigt. Für die steuerliche Berücksichtigung in Deutschland müssen allerdings die entsprechenden Jahresgehälter in Euro umgerechnet werden. Mit den nachfolgenden Tabellen sollen Sie die Höhe der Gehälter in Euro ermitteln.

## Vertreterprovision für den Zeitraum von 01 bis 05

**Rechenbereich**

| Vertreter | Jahresumsatz im Jahr 05 in US-$ | Provision im Jahr 05 in US-$ | Anteil an der Gesamtprovision | Anzahl der im Jahr 05 gewonnenen Neukunden | Zulage für Neukunden in US-$ | Sonderzulage in US-$ | Einkommen im Jahr 05 in US-$ | Einkommen im Jahr 05 in EUR | Liegt überdurchschnittliches Jahreseinkommen vor? |
|---|---|---|---|---|---|---|---|---|---|
| Albers | 185.600,00 | | | 8 | | | | | |
| Düker | 192.400,00 | | | 12 | | | | | |
| Heinemann | 154.800,00 | | | 24 | | | | | |
| Markowski | 136.800,00 | | | 32 | | | | | |
| Nietzke | 122.800,00 | | | 16 | | | | | |
| Oswald | 147.900,00 | | | 4 | | | | | |
| Zanker | 162.300,00 | | | 41 | | | | | |
| Gesamt | | | | | | | | | ... |

**Übersicht über die Gehaltsentwicklung von 01 bis 05 in EUR**

| Vertreter | Gehalt 01 | Gehalt 02 | Gehalt 03 | Gehalt 04 | Gehalt 05 | Durchschnitt |
|---|---|---|---|---|---|---|
| Albers | 26.300,00 € | 34.000,00 € | 29.300,00 € | 31.200,00 € | | |
| Düker | 23.400,00 € | 27.400,00 € | 26.400,00 € | 30.900,00 € | | |
| Heinemann | 36.100,00 € | 33.200,00 € | 31.200,00 € | 29.400,00 € | | |
| Markowski | 42.300,00 € | 37.400,00 € | 33.900,00 € | 31.600,00 € | | |
| Nietzke | 27.600,00 € | 32.300,00 € | 34.700,00 € | 29.700,00 € | | |
| Oswald | 27.400,00 € | 33.600,00 € | 35.500,00 € | 35.600,00 € | | |
| Zanker | 34.900,00 € | 29.800,00 € | 32.400,00 € | 29.400,00 € | | |
| Gesamt | | | | | | |
| Durchschnitt | | | | | | |

***Abbildung 11:*** *Vertreterprovision; Tabellenblatt „Rechenbereich"*

**Hilfstabelle Provision**

| Jahresumsatz ab US-$ | Provision |
|---|---|
| 0,00 | 8% |
| 30.000,00 | 10% |
| 60.000,00 | 12% |
| 80.000,00 | 14% |
| 100.000,00 | 16% |

**Hilfstabelle Neukundenzulage**

| Anzahl von Neukunden (ab...) | Neukundenzulage in US-$ |
|---|---|
| 5 | 1.250,00 |
| 10 | 1.750,00 |
| 20 | 2.500,00 |
| 30 | 3.500,00 |

**Hilfstabelle Wechselkurs/Sonderzulage**

| Wechselkurs EUR/US-Dollar | |
|---|---|
| 1 EUR = | 1,13 US-$ |

| Sonderzulage: | 1.000,00 US-$ |
|---|---|

***Abbildung 12:*** *Vertreterprovision; Tabellenblatt „Hilfstabellen"*

### Arbeitsaufträge:

1. Speichern Sie Ihre Datei unter dem Namen **Vertreterprovision**. Speichern Sie Ihre Datei regelmäßig – spätestens jedoch alle fünf Minuten – ab.
2. Übernehmen Sie die vorgegebenen Tabellen inklusive aller Werte und Formatierungen und benennen Sie die Tabellenblätter wie angegeben.
3. Vergeben Sie den Hilfstabellen sinnvolle Namen und verwenden Sie diese – sofern möglich – in den späteren Formeln und Funktionen.

**Hinweis:**
Ermitteln Sie für die Aufgabenstellungen 4 a) bis 4 f) jeweils sofort nach Bearbeitung der Teilaufgabe den Gesamtwert in Zeile 15.

4. Ermitteln Sie mithilfe von geeigneten Funktionen
   a) die Provision je Vertreter für das Jahr 05 in US-Dollar;
   b) den prozentualen Anteil je Vertreter an der – vom Unternehmen an alle Vertreter gezahlten – Gesamtprovision, Formatierung in „Prozent" mit zwei Nachkommastellen;
   c) die Höhe der Neukundenzulage je Vertreter in US-Dollar. Die Höhe dieser Zulage ist der entsprechenden Hilfstabelle zu entnehmen. Beachten Sie, dass die Hilfstabelle mit dem Wert 5 beginnt;
   d) die Höhe der Sonderzulage in US-Dollar. Diese wird für den Fall gewährt, dass der jeweilige Vertreter im letzten Jahr mindestens 20 % mehr Neukunden gewonnen hat als der Durchschnitt aller Vertreter;
   e) die Höhe des gesamten Einkommens je Vertreter in US-Dollar;
   f) die Höhe des gesamten Einkommens je Vertreter für das vergangene Jahr in Euro;
   g) ob der jeweilige Vertreter im vergangenen Jahr somit ein überdurchschnittliches Einkommen erzielt hat. Sofern dies der Fall ist, soll die Ausgabe **Ja** erfolgen. Ansonsten soll die jeweilige Zelle leer bleiben;
   h) Formatieren Sie die berechneten Werte im Format „Zahl" mit zwei Nachkommastellen und 1.000er-Trennpunkt.
5. Übernehmen Sie in den Zellen F22 bis F28 durch Zellbezüge das jeweilige Jahreseinkommen der Vertreter in Euro.
6. Ermitteln Sie mithilfe geeigneter Funktionen
   a) das durchschnittliche Jahreseinkommen der Vertreter von 01 bis 05,
   b) die vom Unternehmen geleisteten gesamten Einkommenszahlungen für die Jahre 01 bis 05,
   c) das durchschnittlich vom Unternehmen gezahlte Einkommen pro Vertreter für die Jahre 01 bis 05.
7. Formatieren Sie alle Eurowerte als „Währung" (€) mit zwei Nachkommastellen.
8. Fügen Sie unterhalb der Tabelle im Tabellenblatt **Rechenbereich** ein Textfeld ein. Analysieren Sie die Auswirkungen eines schwankenden Wechselkurses auf die Einkommen der Vertreter. Begründen Sie Ihre Entscheidung mithilfe der berechneten Werte. Formulieren Sie in ganzen Sätzen und achten Sie auf eine gute Ausdrucksweise.
9. Erstellen Sie ein weiteres Tabellenblatt, welches Sie mit dem Namen **Formeln** versehen. Kopieren Sie in dieses Tabellenblatt den Inhalt des Tabellenblattes **Rechenbereich** hinein und wechseln Sie in die Formelansicht.
10. Drucken Sie abschließend die Tabellenblätter **Rechenbereich** und **Formeln** aus. Beachten Sie hierbei unbedingt, dass neben den **Zeilen-/Spaltenüberschriften** alle Tabellen mit Ihrem **Namen, dem Dateinamen** und dem **heutigen Datum** in der Kopfzeile versehen sind. Sorgen Sie dafür, dass das Tabellenblatt **Rechenbereich** auf einer Seite und das Tabellenblatt **Formeln** auf zwei Seiten im **Querformat** ausgedruckt wird.

## 6.4 WVERWEIS

**Situation:**
Im Rahmen der Automatisierung der Rechnung in der Abteilung Rechnungswesen soll (wie beim SVERWEIS) der Rabattsatz aus einer Hilfstabelle entsprechend der jeweiligen Menge in das Rechnungsformular eingetragen werden. Herr Taube teilt Ihnen mit, dass die Hilfstabelle allerdings nicht wie beim SVERWEIS senkrecht, sondern in Zukunft **waagerecht** angeordnet werden soll.

Mit der Funktion SVERWEIS wurde durch die Eingabe von drei Argumenten ein gewünschter Wert innerhalb einer Hilfstabelle gesucht und der zugehörige Wert/Name etc. ausgegeben. Voraussetzungen für den SVERWEIS sind zum einen die **aufsteigende Reihenfolge** der Werte innerhalb der Hilfstabelle und zum anderen, dass die Hilfstabelle **senkrecht** aufgebaut ist. Das **S** im Funktionsnamen SVERWEIS besagt demnach, dass in einer senkrechten Hilfstabelle gesucht wird.

Ist die Hilfstabelle nicht senkrecht, sondern waagerecht dargestellt (siehe Abbildung 13), so ist die Verwendung der Funktion SVERWEIS nicht möglich. Alternativ dazu muss die Funktion **WVERWEIS** verwendet werden, die analog aufgebaut ist. Das **W** steht hier für **waagerecht**. Die Syntax der Funktion lautet:
**=WVERWEIS(SUCHKRITERIUM;MATRIX;ZEILENINDEX;[BEREICH_VERWEIS])**

**Ausschnitt aus der Tabelle Rechnungsformular**

**Rechnung**

| Position | Artikelnummer | Artikelbezeichnung | Menge (Stück) | Listenpreis pro Stück | Rabatt (%) | Rabatt pro Stück | Gesamtpreis |
|---|---|---|---|---|---|---|---|
| 1 | 13792 | Textverarbeitung I | 10 | =WVERWEIS(D23;$B$37:$F$38;2) | | | |
| 2 | 11207 | Arbeiten mit dem PC | 25 | 22,40 € | | | |
| 3 | 12430 | Tabellenkalkulation II | 20 | 24,90 € | | | |
| 4 | 13080 | Präsentieren leichtgemacht | 15 | 16,95 € | | | |

WVERWEIS(Suchkriterium; Matrix; Zeilenindex; [Bereich_Verweis])

**Ausschnitt aus der Tabelle Rabattsätze**

| | | | | | |
|---|---|---|---|---|---|
| **Menge ab ...** | 0 | 10 | 20 | 50 | 100 |
| **Rabattsatz (%)** | 0 | 10 | 15 | 20 | 30 |

***Abbildung 13:*** *Der WVERWEIS*

Für die Zelle F23 gilt die folgende Funktion: =WVERWEIS(D23;$B$37:$F$38;2)

**Anmerkung:**

Der BEREICH_VERWEIS wird im Rahmen des „einfachen" WVERWEIS nicht benötigt und kann weggelassen werden. Aufgrund dessen wird der BEREICH_VERWEIS erst im Rahmen des „erweiterten WVERWEIS" (Kapitel 6.5) thematisiert.

Wie beim SVERWEIS sucht auch der **WVERWEIS** den gewünschten Wert (d. h. die Zahl 10 aus der Zelle D23) in der Matrix (Suchbereich) ($B$37:$F$38). Da das Suchkriterium 10 zwar größer ist als die kleinste Zahl des Suchbereiches (hier die Zahl 0) und genau so groß ist wie die nächste Zahl 10, jedoch kleiner als die Zahl 20 ist, wird als Ausgabewert der Inhalt der Zelle C38 ermittelt.

**Anmerkung:**

Der WVERWEIS unterliegt denselben Einschränkungen wie der SVERWEIS. Damit eine fehlerfreie Funktionsweise gewährleistet ist, muss neben einer **aufsteigenden Reihenfolge innerhalb der MATRIX** auch sichergestellt sein, dass sich das **SUCHKRITERIUM nicht unterhalb der untersten Grenze des Suchbereiches** befindet. D. h., der Wert –1 würde vom WVERWEIS nicht verarbeitet werden, da die Funktion die Suche erst ab der Zahl 0 durchführen kann. Auch die Fragestellung „Ist der gesuchte Wert größer oder gleich dem Grenzwert?" entspricht der des SVERWEIS.

**Arbeitsauftrag 4:**

Erfassen Sie im Tabellenkalkulationsprogramm den abgebildeten Ausschnitt der Rechnung und sorgen Sie dafür, dass in Abhängigkeit der Menge der jeweilige Rabattsatz ausgegeben wird. Berechnen Sie anschließend die jeweiligen Rabatte pro Stück und Gesamtpreise.

# 6.5 Erweiterung des WVERWEIS

Wie beim SVERWEIS kann durch das Hinzufügen des vierten Kriteriums – des **BEREICH_VERWEIS** – der WVERWEIS dazu veranlasst werden, eine ungeordnete Reihenfolge innerhalb der Matrix zu ignorieren. Voraussetzung ist hier allerdings auch, dass der gesuchte Wert in der Matrix vorhanden ist (siehe Beispiel).

In diesem erweiterten WVERWEIS (mit BEREICH_VERWEIS) wird in der Matrix die genaue Übereinstimmung geprüft. Dies wird durch die Ergänzung der Angabe FALSCH (alternativ: 0) durchgeführt. Diese Angabe verändert – genau wie beim SVERWEIS – die Fragestellung von „ist der gesuchte Wert größer bzw. gleich" in „ist der gesuchte Wert identisch" mit dem jeweiligen Wert in der Matrix. Allerdings können somit nur die genauen Werte überprüft werden. Die Eingabe der Kundennummer 1020 in der Zelle H15 führt zu der Fehlermeldung **#NV** (engl.: **n**on **v**alue), was lediglich bedeutet, dass der gesuchte Wert nicht in der Matrix (Suchbereich) vorhanden ist. Die Fehlermeldung ist in diesem Fall gewünscht, da so die Eingabe einer falschen Kundennummer zu keiner Adressanzeige führt!

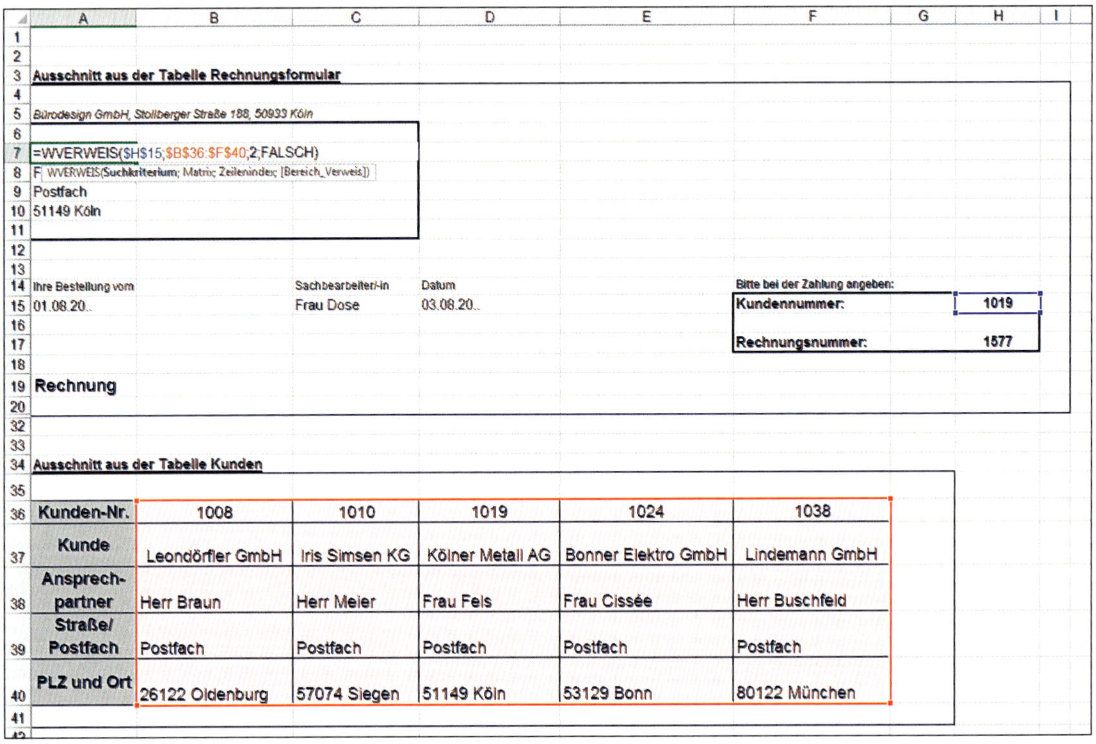

Ausschnitt aus der Tabelle Rechnungsformular

Bürodesign GmbH, Stollberger Straße 188, 50933 Köln

=WVERWEIS($H$15;$B$36:$F$40;2;FALSCH)

F WVERWEIS(Suchkriterium; Matrix; Zeilenindex; [Bereich_Verweis])

Postfach

51149 Köln

| Ihre Bestellung vom | Sachbearbeiter/-in | Datum | Bitte bei der Zahlung angeben: | |
|---|---|---|---|---|
| 01.08.20.. | Frau Dose | 03.08.20.. | Kundennummer: | 1019 |
| | | | Rechnungsnummer: | 1577 |

Rechnung

Ausschnitt aus der Tabelle Kunden

| Kunden-Nr. | 1008 | 1010 | 1019 | 1024 | 1038 |
|---|---|---|---|---|---|
| Kunde | Leondörfler GmbH | Iris Simsen KG | Kölner Metall AG | Bonner Elektro GmbH | Lindemann GmbH |
| Ansprech-partner | Herr Braun | Herr Meier | Frau Fels | Frau Cissée | Herr Buschfeld |
| Straße/ Postfach | Postfach | Postfach | Postfach | Postfach | Postfach |
| PLZ und Ort | 26122 Oldenburg | 57074 Siegen | 51149 Köln | 53129 Bonn | 80122 München |

***Abbildung 14:*** *Die Erweiterung des WVERWEIS*

## Arbeitsauftrag 5:

Übernehmen Sie die Ausschnitte aus den Tabellen **Rechnung** und **Kunden** in ein Tabellenblatt und sorgen Sie dafür, dass die Adresse (Zelle A7 bis A10) durch Eintragen der Kundennummer in Zelle H15 automatisch ausgegeben wird. Beachten Sie, dass die Zellen festgesetzt (absolut adressiert) werden müssen, da dieser Bereich für alle Zeilen des Anschriftfeldes gilt. Ändern Sie lediglich den ZEILENINDEX.

# 6.6 Übungsaufgaben zum WVERWEIS

## 6.6.1 Prämiensystem

**Situation:**

Da Sie in der Abteilung Personal einen guten Eindruck hinterlassen haben, hat Frau Ferl Sie für die Auswertung des Prämiensystems für die neuen Reisenden angefordert.

Sie teilt Ihnen mit, dass die Bürodesign GmbH für den deutschen Markt fünf Reisende eingestellt hat. Das Entgelt der Reisenden besteht aus einem Fixum, d. h. einem festen Gehalt, welches jeden Monat unabhängig vom erwirtschafteten Umsatz bezahlt wird. Zusätzlich erhalten die Reisenden eine vom Umsatz abhängige Prämie und eine umsatzabhängige Provision. Mit den nachfolgenden Tabellen sollen Sie eine Auswertung des Prämiensystems für den vergangenen Abrechnungszeitraum durchführen.

Web

| | A | B | C | D | E | F | G |
|---|---|---|---|---|---|---|---|
| 1 | Auswertung eines Prämiensystems für die neuen Reisenden | | | | | | |
| 2 | | | | | | | |
| 3 | | | | | | | |
| 4 | Reisender | Fixum (€) | Umsatz (€) | Provision (€) | Prämie (€) | gesamte Vergütung (€) | Prämienanteil an Gesamtvergütung |
| 5 | Ebeler | 1.800,00 | 18.000,00 | | | | |
| 6 | Helmig | 1.500,00 | 22.000,00 | | | | |
| 7 | Köster | 2.000,00 | 20.500,00 | | | | |
| 8 | Naomi | 1.500,00 | 24.500,00 | | | | |
| 9 | Walther | 1.700,00 | 23.000,00 | | | | |
| 10 | | | | | | | |
| 11 | Gesamt | | | | | | |

***Abbildung 15:*** *Prämiensystem; Tabellenblatt „Auswertung"*

| | A | B | C | D |
|---|---|---|---|---|
| 1 | Provision | | | |
| 2 | | | | |
| 3 | Umsatz ab EUR | 0 | 10.000 | 20.000 |
| 4 | Provisionssatz | 5,00% | 7,00% | 10,00% |
| 5 | | | | |

***Abbildung 16:*** *Prämiensystem; Tabellenblatt „Provision"*

| | A | B | C | D |
|---|---|---|---|---|
| 1 | Prämie | | | |
| 2 | | | | |
| 3 | Umsatz ab EUR | 0 | 12.000 | 23.000 |
| 4 | Prämie auf die Provision | 17,00% | 25,00% | 35,00% |
| 5 | | | | |

***Abbildung 17:*** *Prämiensystem; Tabellenblatt „Prämie"*

**Arbeitsaufträge:**

1. Speichern Sie Ihre Datei unter dem Namen **Prämiensystem**. Speichern Sie Ihre Datei regelmäßig – spätestens jedoch alle fünf Minuten – ab.
2. Übernehmen Sie die vorgegebenen Tabellen inklusive aller Werte und Formatierungen und benennen Sie die Tabellenblätter wie angegeben.
3. Vergeben Sie den Hilfstabellen (Zellbereiche) sinnvolle Namen und verwenden Sie diese – sofern möglich – in den späteren Formeln und Funktionen.
4. Ermitteln Sie mithilfe von geeigneten Funktionen
   a) in Spalte D die Provision je Reisenden,
   b) in Spalte E die Prämie je Reisenden,

c) in Spalte F die Höhe der gesamten Vergütung je Reisenden,
d) in Spalte G den Prämienanteil an der Gesamtvergütung pro Reisenden. Geben Sie den Anteil als Prozentzahl mit zwei Nachkommastellen an;
e) in Zeile 11 die jeweiligen Summen.

5. Formatieren Sie alle Eurowerte im Format „Zahl" mit zwei Nachkommastellen und 1.000er-Trennpunkt.
6. Erstellen Sie ein weiteres Tabellenblatt, welches Sie mit dem Namen **Formeln** versehen. Kopieren Sie in dieses Tabellenblatt die Werte des Tabellenblattes **Auswertung** hinein und wechseln Sie in die Formelansicht. Sorgen Sie dafür, dass die Formeln und Funktionen vollständig lesbar sind.
7. Drucken Sie abschließend das Tabellenblatt **Formeln** aus. Beachten Sie hierbei unbedingt, dass neben den **Zeilen-/Spaltenüberschriften** die Tabelle mit Ihrem **Namen, dem Dateinamen** und dem **heutigen Datum** in der Kopfzeile versehen ist. Sorgen Sie ebenfalls dafür, dass das Tabellenblatt auf einer Seite im **Querformat** ausgedruckt wird.

## 6.6.2 Angebotsvergleich 3

**Situation:**

Bei Ihrer momentanen Tätigkeit in der Abteilung Beschaffung ergibt sich folgende Situation: Herr Hussel aus der Abteilung Lager meldet, dass aufgrund des Abverkaufs des Faxgerätes „Multifax 0912" der Meldebestand von 30 Stück unterschritten ist. Der aktuelle Bestand dieser Handelsware beträgt 25 Stück, der Höchstbestand 100 Stück. Die Bürodesign GmbH muss 75 Stück des Faxgerätes bestellen und sendet Anfragen an drei Lieferer.
Nach Ankunft der Angebote muss ein Angebotsvergleich durchgeführt werden, um den günstigsten Anbieter zu ermitteln. Frau Pfeiffer bittet Sie, die notwendigen Arbeiten zu erledigen. Ihre Aufgabe ist es, anhand der nachfolgend abgebildeten Tabellenblätter einen automatisierten Angebotsvergleich durchzuführen.

| | A | B | C | D | E |
|---|---|---|---|---|---|
| 1 | Ermittlung des günstigsten Lieferanten | | | | |
| 2 | | | | | |
| 3 | | | | | |
| 4 | Bestellmenge | 75 | | | |
| 5 | | | | | |
| 6 | | | | | |
| 7 | Durchführung des Angebotsvergleichs: | | | | |
| 8 | | | | | |
| 9 | | | | | |
| 10 | | Jansen OHG | Brüggemann GmbH | Deppendorf KG | |
| 11 | **Lieferbedingung** | | | | |
| 12 | Listeneinkaufspreis/ Stück | | | | |
| 13 | Listeneinkaufspreis/ gesamt | | | | |
| 14 | Rabatt | | | | |
| 15 | Zieleinkaufspreis | | | | |
| 16 | Skonto | | | | |
| 17 | Bareinkaufspreis | | | | |
| 18 | Bezugskosten | | | | |
| 19 | Bezugspreis gesamt | | | | |
| 20 | Bezugspreis/Stück | | | | |
| 21 | | | | | |
| 22 | | | | | |
| 23 | Der günstigste Lieferant heißt: | | | | |
| 24 | | | | | |
| 25 | Die Ersparnis zwischen dem teuersten und dem günstigsten Lieferanten beträgt: | | | | |

***Abbildung 18:** Angebotsvergleich 3; Tabellenblatt „Berechnung"*

| | A | B | C | D |
|---|---|---|---|---|
| 1 | **Übersicht über anfallende Bezugskosten** | | | |
| 2 | | | | |
| 3 | | | | |
| 4 | | Jansen OHG | Brüggemann GmbH | Deppendorf KG |
| 5 | Rollgeld I | 4,80 € | 5,00 € | 6,10 € |
| 6 | Ladegebühr | 2,10 € | 3,60 € | 2,00 € |
| 7 | Fracht | 30,00 € | 40,00 € | 35,00 € |
| 8 | Entladegebühr | 3,50 € | 5,00 € | 0,00 € |
| 9 | Rollgeld II | 7,00 € | 6,20 € | 4,80 € |
| 10 | | | | |
| 11 | | | | |
| 12 | **Nebenrechnung zur Ermittlung der Bezugskosten** | | | |
| 13 | | | | |
| 14 | Beförderungs-bedingung | Jansen OHG | Brüggemann GmbH | Deppendorf KG |
| 15 | ab Werk | | | |
| 16 | unfrei | | | |
| 17 | frei Waggon | | | |
| 18 | frachtfrei | | | |
| 19 | frei Haus | | | |

***Abbildung 19:*** *Angebotsvergleich 3; Tabellenblatt „Bezugskosten"*

| | A | B | C | D |
|---|---|---|---|---|
| 1 | **Übersicht über die Grunddaten unserer Lieferanten** | | | |
| 2 | | | | |
| 3 | | | | |
| 4 | | Jansen OHG | Brüggemann GmbH | Deppendorf KG |
| 5 | Listenpreis/Stück | 35,80 € | 37,20 € | 34,95 € |
| 6 | Skonto | 3% | 2% | 0% |
| 7 | Rabatt | 15% | 20% | 10% |
| 8 | Rabattgewährung ab ... Stück | 80 | 50 | 30 |
| 9 | Beförderungs-bedingung | unfrei | frachtfrei | frei Haus |

***Abbildung 20:*** *Angebotsvergleich 3; Tabellenblatt „Grunddaten"*

## Arbeitsaufträge:

1. Speichern Sie Ihre Datei unter dem Namen **Angebotsvergleich_3**. Speichern Sie Ihre Datei regelmäßig – spätestens alle fünf Minuten – ab.
2. Übernehmen Sie die Tabellen inklusive aller Werte und Formatierungen und benennen Sie die Tabellenblätter wie angegeben. Vergeben Sie für die Hilfstabellen (Zellbereiche) sinnvolle Namen.
3. Ermitteln Sie mithilfe von Formeln im Tabellenblatt **Bezugskosten** die jeweiligen Bezugskosten für alle aufgeführten Lieferbedingungen und Lieferanten.
4. Ermitteln Sie im Tabellenblatt **Berechnung** mithilfe von Formeln und Funktionen für alle drei Lieferer
   a) die jeweilige Lieferbedingung (Suchfunktion verwenden),
   b) den Listeneinkaufspreis je Stück und Listeneinkaufspreis insgesamt,
   c) den vom jeweiligen Lieferanten gewährten Rabatt in Euro (Suchfunktion verwenden),
   d) den Zieleinkaufspreis,
   e) den gewährten Skontoabzug in Euro (Suchfunktion verwenden),
   f) den Bareinkaufspreis,
   g) die Bezugskosten (verwenden Sie hierfür u. a. eine Suchfunktion),
   h) den Bezugspreis für die gesamte Bestellmenge,
   i) den Bezugspreis für ein Stück,
   j) den Namen des günstigsten Lieferanten,
   k) die Ersparnis zwischen dem günstigsten und dem teuersten Angebot für die gesamte Bezugsmenge in Prozent (unter Angabe von zwei Nachkommastellen). Beachten Sie hierbei, dass die Funktion auch den Umstand berücksichtigen muss, dass der derzeit günstigste Lieferant auch der teuerste sein könnte.
5. Formatieren Sie alle Eurowerte im Format „Währung" (€) mit zwei Nachkommastellen.
6. Fügen Sie unterhalb der Tabelle im Tabellenblatt **Berechnung** ein Textfeld ein. Entscheiden Sie sich für einen Lieferanten und begründen Sie Ihre Entscheidung mithilfe der berechneten Werte. Formulieren Sie in ganzen Sätzen und achten Sie auf eine gute Ausdrucksweise.
7. Erstellen Sie ein weiteres Tabellenblatt, welches Sie mit dem Namen **Formeln** versehen. Kopieren Sie in dieses Tabellenblatt die Werte des Tabellenblattes **Berechnung** hinein und wechseln Sie in die Formelansicht.

8. Drucken Sie anschließend das Tabellenblatt **Formeln** aus. Beachten Sie hierbei unbedingt, dass neben den **Zeilen- und Spaltenüberschriften** der Ausdruck mit Ihrem **Namen, dem Dateinamen** und dem **heutigen Datum** in der Kopfzeile versehen ist. Sorgen Sie ebenfalls dafür, dass das Tabellenblatt auf **drei Seiten** im **Querformat** ausgedruckt wird.

## 6.6.3 Flugtickets

**Situation:**

Während Ihres Einsatzes in der Geschäftsführung bekommen Sie mit, dass Herr Marlies sechs seiner Mitarbeiter zu einer Fachmesse nach Tokio schicken möchte.

Da die Mitarbeiter – entsprechend ihrer Stellung im Unternehmen – unterschiedliche Wünsche hinsichtlich des Komforts (von **economy** bis **first-class**) haben, wurden Angebote der Fluggesellschaften A und B eingeholt.

Da alle Mitarbeiter Mitglieder in sogenannten Prämiensystemen sind, muss unter Umständen kein Preis für die Ausstellung eines Tickets bezahlt werden. Die Angaben über die vom jeweiligen Mitarbeiter angesammelten „Meilen" und die für die Ausstellung eines Freitickets notwendigen Bonusmeilen finden Sie innerhalb der unten abgebildeten Tabellen. Herr Marlies beauftragt Sie, eine automatisierte Ermittlung der notwendigen Ausgaben für Flugtickets zu erstellen.

| | A | B | C | D | E | F | G | H |
|---|---|---|---|---|---|---|---|---|
| 1 | Ermittlung der notwendigen Ausgaben für Flugtickets | | | | | | | |
| 2 | | | | | | | | |
| 3 | | | | | | | | |
| 4 | | | | | | | | |
| 5 | Fluggesellschaft A | | | | | | | |
| 6 | | | | | | | | |
| 7 | Buchungsklasse | 1 | 2 | 3 | 4 | | | |
| 8 | Preis pro Ticket | 3.299,00 € | 2.469,00 € | 1.799,00 € | 1.239,00 € | | | |
| 9 | notwendige Bonusmeilen | 100.000 | 80.000 | 60.000 | 40.000 | | | |
| 10 | | | | | | | | |
| 11 | | | | | | | | |
| 12 | Fluggesellschaft B | | | | | | | |
| 13 | | | | | | | | |
| 14 | Buchungsklasse | 1 | 2 | 3 | 4 | | | |
| 15 | Preis pro Ticket | 3.149,00 € | 2.369,00 € | 1.399,00 € | 1.239,00 € | | | |
| 16 | notwendige Bonusmeilen | 110.000 | 85.000 | 55.000 | 40.000 | | | |
| 17 | | | | | | | | |
| 18 | | | | | | | | |
| 19 | | | | | | | | |
| 20 | | | | | | | | |
| 21 | Konferenzteilnehmer | gewünschte Fluggesellschaft | gewünschte Buchungsklasse | Preis/Ticket | derzeitige Bonusmeilen | notwendige Bonusmeilen | Ticketkauf notwendig? | notwendige Ausgabe |
| 22 | Brandt, Jürgen | B | 2 | | 45.000 | | | |
| 23 | Hekendorf, Tanje | B | 1 | | 130.000 | | | |
| 24 | Klaas, Andrea | A | 2 | | 32.000 | | | |
| 25 | Nadler, Joachim | B | 3 | | 46.000 | | | |
| 26 | Poschmann, Patrick | A | 4 | | 52.000 | | | |
| 27 | Rheinhardt, Jochen | B | 2 | | 18.000 | | | |
| 28 | | | | | | | | |
| 29 | | | | | | | | |
| 30 | gesamte Ticketkosten: | | | | | | | |
| 31 | durchschnittlicher Ticketpreis: | | | | | | | |

***Abbildung 21:*** *Flugtickets; Tabellenblatt „Berechnung"*

**Arbeitsaufträge:**

1. Speichern Sie Ihre Datei unter dem Namen **Flugtickets**. Speichern Sie Ihre Datei regelmäßig – spätestens jedoch alle fünf Minuten – ab.
2. Übernehmen Sie die Tabelle inklusive aller Werte und Formatierungen und benennen Sie das Tabellenblatt wie angegeben.

> **Hinweis:**
> Beachten Sie, dass ungültige Eingaben bei der gewünschten Fluggesellschaft bzw. der gewünschten Buchungsklasse zur Ausgabe des Hinweises „Fehleingabe" bzw. „#NV" führen sollen.

3. Vergeben Sie den Hilfstabellen sinnvolle Namen und verwenden Sie diese – sofern möglich – in den späteren Formeln und Funktionen.
4. Ermitteln Sie mithilfe von geeigneten Formeln und Funktionen
   a) in den Zellen D22 bis D27 in Abhängigkeit von der gewünschten Fluggesellschaft und der Buchungsklasse den Preis für ein Ticket,
   b) in den Zellen F22 bis F27 die für die Ausstellung eines kostenlosen Tickets notwendigen Bonusmeilen,
   c) in den Zellen G22 bis G27, ob ein Ticketkauf notwendig ist.
   Hier gehen Sie bitte davon aus, dass ein Ticketkauf nur notwendig ist, wenn die bisher gesammelten Bonusmeilen nicht zur Ausstellung eines Freitickets ausreichen. Je nach Antwort soll entweder ein JA oder ein NEIN ausgegeben werden;
   d) in den Zellen H22 bis H27 den Preis für das auszustellende Ticket. Im Fall der Ausstellung eines Freitickets ist als Preis der Wert 0,00 € anzugeben;
   e) in der Zelle B30 die tatsächlichen gesamten Kosten für alle sechs Tickets;
   f) in der Zelle B31 die tatsächlichen durchschnittlichen Kosten pro Ticket. Grundlage für diesen Wert sind ebenfalls alle sechs Tickets.
5. Kopieren Sie den Inhalt des Tabellenblattes **Berechnung** in ein neues Tabellenblatt und wechseln Sie dort in die Formelansicht. Benennen Sie das neue Tabellenblatt **Formeln**.
6. Richten Sie die Tabellenblätter **Berechnung** und **Formeln** so ein, dass diese **Zeilen- und Spaltenüberschriften** enthalten und die Ausdrucke auf **einer Seite** (Tabellenblatt Berechnung) bzw. **zwei Seiten** (Tabellenblatt Formeln) im Querformat ausgedruckt werden. Sämtliche Formeln und Funktionen sollen vollständig lesbar sein. Weiterhin sollen beide Tabellenblätter in der Kopfzeile Ihren **Namen,** den **Dateinamen** und das **aktuelle Datum** enthalten.

# 7 Diagramme

## 7.1 Erstellen von Diagrammen am Beispiel eines Säulendiagramms

**Situation:**

Herr Thorsten Klein aus der Abteilung Rechnungswesen/Statistik möchte für die nächste Ausgabe der Betriebszeitung eine Übersicht über die Absatz- und Umsatzzahlen des vergangenen Geschäftsjahres erstellen. Um die reinen Zahlen etwas anschaulicher zu gestalten, soll mithilfe des Tabellenkalkulationsprogramms zunächst eine Gegenüberstellung der Brutto- und Nettoerlöse der gängigsten Artikel erstellt werden.

**Arbeitsauftrag 1:**

Übernehmen Sie die in der Abbildung 1 stehende Tabelle in Ihr Tabellenblatt 1. Lesen Sie sich die nachfolgenden Seiten sorgfältig durch und vollziehen Sie die aufgezeigten Schritte nach.

Als Ausgangsbasis für das zu erstellende Diagramm dient die folgende Tabelle:

Web

| | A | B | C | D | E | F | G |
|---|---|---|---|---|---|---|---|
| 1 | **Übersicht über den Absatz und den Umsatz des vergangenen Jahres** | | | | | | |
| 2 | | | | | | | |
| 3 | | | | | | | |
| 4 | | verkaufte Stückzahlen | | | | | |
| 5 | Artikel | 1. Halbjahr | 2. Halbjahr | Verkaufspreis | Bruttoerlöse gesamt | Rabatt gesamt | Nettoerlöse gesamt |
| 6 | Das Office Buch | 380 | 420 | 24,95 € | 19.960,00 € | 998,00 € | 18.962,00 € |
| 7 | Tabellenkalkulation II | 680 | 650 | 17,98 € | 23.913,40 € | 1.195,67 € | 22.717,73 € |
| 8 | Arbeiten mit dem PC | 420 | 370 | 22,40 € | 17.696,00 € | 884,80 € | 16.811,20 € |
| 9 | Internet für Anfänger | 830 | 850 | 12,90 € | 21.672,00 € | 2.167,20 € | 19.504,80 € |
| 10 | Präsentieren leicht gemacht | 490 | 590 | 16,95 € | 18.306,00 € | 1.372,95 € | 16.933,05 € |
| 11 | Textverarbeitung I | 940 | 1020 | 14,95 € | 29.302,00 € | 2.197,65 € | 27.104,35 € |
| 12 | Textverarbeitung II | 860 | 870 | 14,95 € | 25.863,50 € | 2.586,35 € | 23.277,15 € |

***Abbildung 1:*** *Ausgangsdaten für die nachfolgend zu erstellenden Diagramme*

In dem zu erstellenden Diagramm sollen die Werte Bruttoerlöse gesamt (Spalte E) sowie Nettoerlöse gesamt (Spalte G) für alle Artikel in Form eines Säulendiagramms dargestellt werden, da diese Darstellungsform den direkten Vergleich unterschiedlicher Werte ermöglicht.

Im ersten Schritt müssen die Werte markiert werden, aus denen das Programm später die Säulen erstellen soll. Im vorliegenden Fall sind dies die Zellen E6 bis E12 sowie G6 bis G12. Da hier ein nicht zusammenhängender Zellbereich vorliegt, empfiehlt es sich, zunächst die Zellen der Spalten E zu markieren. Bei anschließend **festgehaltener** STRG-Taste können die Zellen der Spalte G markiert werden. Die Werte, die später auf der x-Achse stehen werden (hier die Artikelbezeichnungen), werden an dieser Stelle bewusst **nicht** mit markiert. Der markierte Bereich hat folgendes Aussehen:

| | A | B | C | D | E | F | G |
|---|---|---|---|---|---|---|---|
| 1 | **Übersicht über den Absatz und den Umsatz des vergangenen Jahres** | | | | | | |
| 2 | | | | | | | |
| 3 | | | | | | | |
| 4 | | verkaufte Stückzahlen | | | | | |
| 5 | Artikel | 1. Halbjahr | 2. Halbjahr | Verkaufspreis | Bruttoerlöse gesamt | Rabatt gesamt | Nettoerlöse gesamt |
| 6 | Das Office Buch | 380 | 420 | 24,95 € | 19.960,00 € | 998,00 € | 18.962,00 € |
| 7 | Tabellenkalkulation II | 680 | 650 | 17,98 € | 23.913,40 € | 1.195,67 € | 22.717,73 € |
| 8 | Arbeiten mit dem PC | 420 | 370 | 22,40 € | 17.696,00 € | 884,80 € | 16.811,20 € |
| 9 | Internet für Anfänger | 830 | 850 | 12,90 € | 21.672,00 € | 2.167,20 € | 19.504,80 € |
| 10 | Präsentieren leicht gemacht | 490 | 590 | 16,95 € | 18.306,00 € | 1.372,95 € | 16.933,05 € |
| 11 | Textverarbeitung I | 940 | 1020 | 14,95 € | 29.302,00 € | 2.197,65 € | 27.104,35 € |
| 12 | Textverarbeitung II | 860 | 870 | 14,95 € | 25.863,50 € | 2.586,35 € | 23.277,15 € |

***Abbildung 2:*** *Für das Säulendiagramm notwendiges Zahlenmaterial*

Um aus diesen Werten ein Säulendiagramm zu erstellen, wird mit der Maus der Befehlsweg EINFÜGEN – DIAGRAMME (kleine Schaltfläche am rechten Rand – vgl. rote Markierung) gewählt. In dem Fenster, das sich nun öffnet, wird in der Registerkarte ALLE DIAGRAMME der in der Abbildung markierte Säulentyp (GRUPPIERTE SÄULEN) ausgewählt. Diese Vorgehensweise eignet sich besonders gut für Anwender, die sich hinsichtlich des Diagrammtyps noch nicht sicher sind. Die senkrecht dargestellten Diagrammtypen (vgl. grüner Pfeil) und die jeweils horizontal abgebildeten Diagrammuntertypen (vgl. roter Pfeil) bieten einen raschen Überblick über die zur Verfügung stehenden Möglichkeiten.

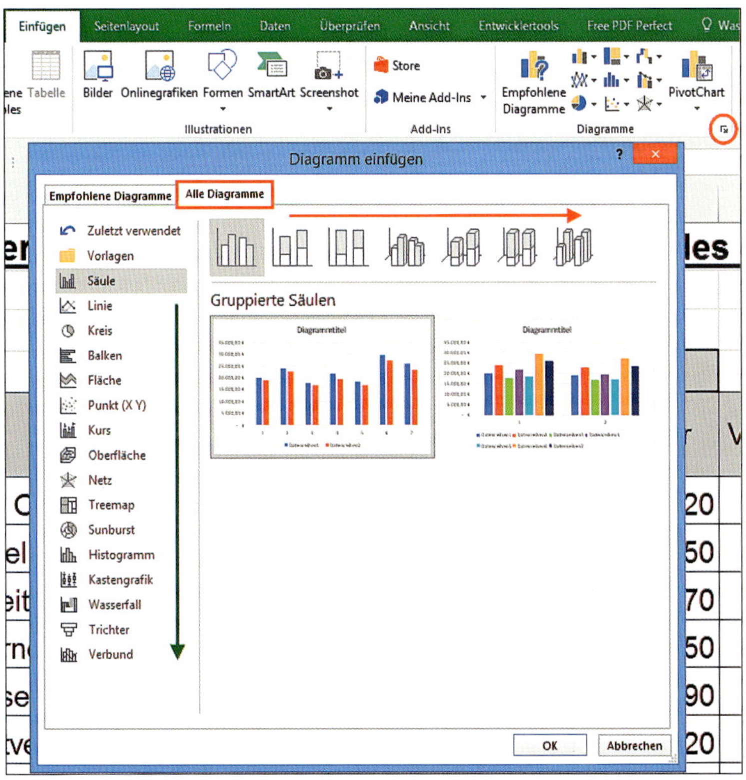


***Abbildung 3:*** *Auswahl des Diagrammtyps GRUPPIERTE SÄULEN*

Sofern der Anwender sich von vornherein schlüssig über die Auswahl des Diagrammtyps Säule ist, kann er statt der zuvor vorgestellten Vorgehensweise alternativ den Befehlsweg EINFÜGEN – DIAGRAMME – SÄULE wählen, sodass im sich nun öffnenden Fenster lediglich die unterschiedlichen Säulentypen angezeigt werden (die Abbildung 4 stellt lediglich einen Auszug der vorhandenen Säulendiagrammtypen dar) und der richtige Diagrammtyp ausgewählt werden kann.

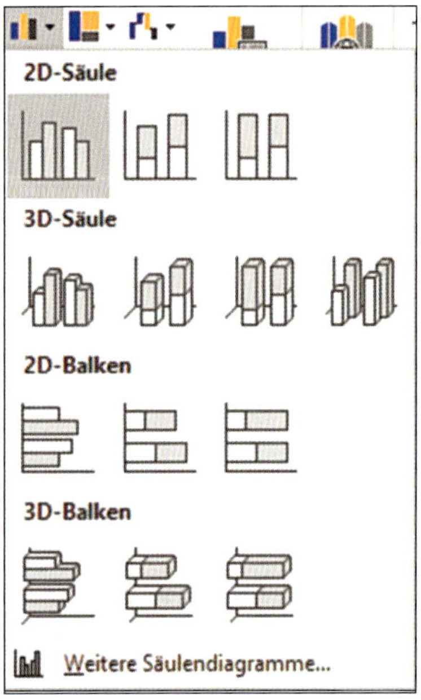


***Abbildung 4:*** *Auswahl des Diagrammtyps GRUPPIERTE SÄULEN über den Befehlsweg EINFÜGEN – DIAGRAMME – SÄULE*

Die unterschiedlichen Diagramm(unter-)typen werden vom Programm erklärt, wenn die Maus einige Sekunden auf der Schaltfläche des gewünschten Diagramms zum Ruhen kommt. Im Fall des ausgewählten Diagramms öffnet sich beispielsweise folgender Kommentar:

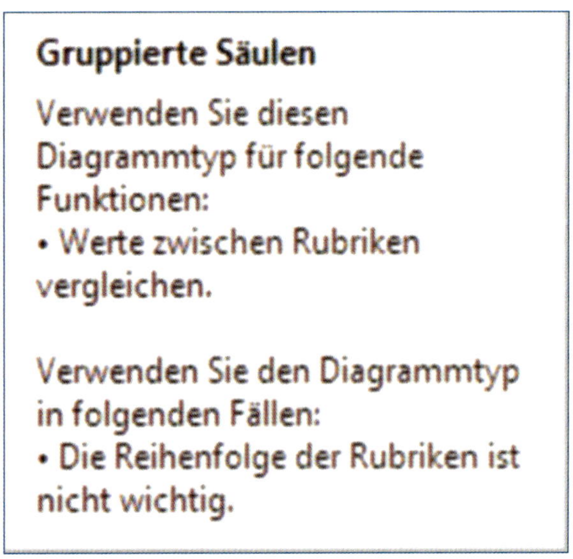


***Abbildung 5:*** *Erklärender Hinweistext zum ausgewählten Diagrammtyp GRUPPIERTE SÄULEN*

Nach erfolgter Auswahl des Diagrammtyps wird auf dem Monitor das Diagramm in seiner Grundstruktur dargestellt. Es kann durch die nachstehend beschriebenen Schritte den Wünschen des Anwenders angepasst werden.

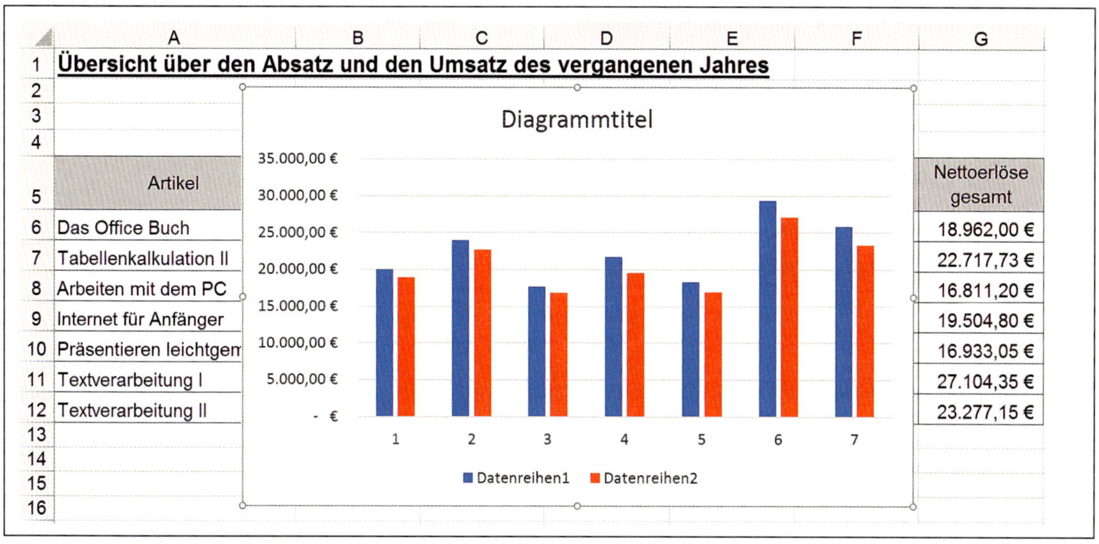


***Abbildung 6:*** *Grundstruktur des Diagrammtyps GRUPPIERTE SÄULEN*

**Anmerkung:**

Entspricht der ausgewählte Diagrammtyp doch nicht den Erwartungen, kann der Diagrammtyp nach Markierung des Diagramms problemlos über den Befehlsweg ENTWURF – TYP – DIAGRAMMTYP ÄNDERN abgeändert werden.

Zu beachten ist, dass das Programm automatisch in die DIAGRAMMTOOLS gewechselt ist, die aus den Registerkarten ENTWURF und FORMAT bestehen.

Im Bereich der Registerkarte ENTWURF wird zunächst über die Schaltfläche DATEN AUSWÄHLEN dafür Sorge getragen, dass die Legende statt der Bezeichnungen Datenreihen1 bzw. Datenreihen2 die korrekten Bezeichnungen zugewiesen bekommt. Nach dem Anklicken der Schaltfläche DATEN AUSWÄHLEN öffnet sich folgendes Fenster:

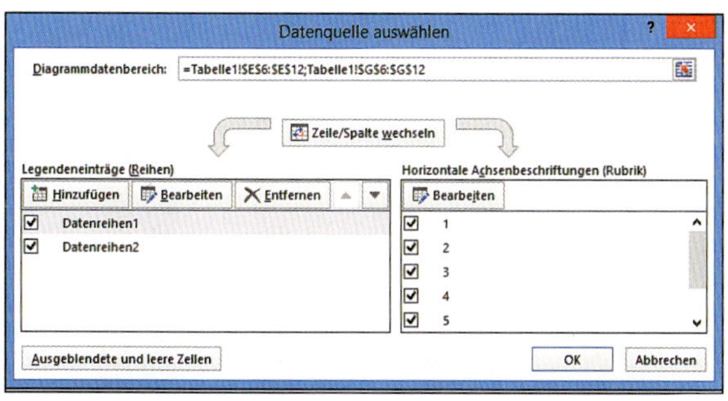


***Abbildung 7:*** *Menü zur Umbenennung der Legende*

Zur Änderung der Bezeichnung Datenreihen1 wird diese mit der Maus angeklickt (sie wird nun blau hinterlegt dargestellt). Durch einen anschließenden Klick auf die Schaltfläche BEARBEITEN öffnet sich das folgende Fenster.

***Abbildung 8:*** *Eingabeaufforderung zur Umbenennung der Datenreihe1*

In diesem Fenster zeigt das Programm im Bereich REIHENWERTE an, dass sich die Datenreihe1 aus den Werten der Zellen E6 bis E12 (aus dem Tabellenblatt Tabelle1) zusammensetzt. An dieser Stelle kann der gewünschte Legendentext (Bruttoerlöse gesamt) per Hand in das freie Feld des Bereichs REIHENNAME eingegeben werden. Eine andere Möglichkeit besteht darin, dass mit der Maus auf das Symbol am rechten Rand des Bereichs REIHENNAME (vgl. rote Markierung) geklickt wird. Im sich nun öffnenden Fenster (vgl. Abbildung 9) besteht die Möglichkeit mit der Maus einen Zellbezug zu der Zelle E5 des Tabellenblattes Tabelle1 herzustellen, um hierdurch den gewünschten Legendentext im Diagramm zu erstellen. Die Auswahl wird erneut mit dem Symbol am rechten Rand des nachstehend dargestellten Fensters abgeschlossen.

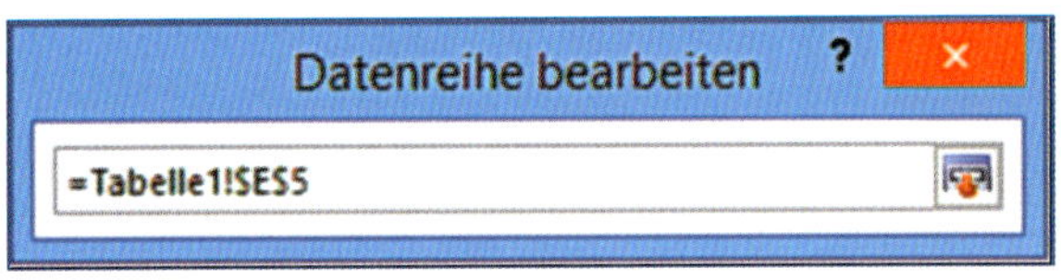


***Abbildung 9:*** *Durch Zellbezug vorgenommene Auswahl zur Umbenennung der Datenreihe1*

Nachdem auch die Datenreihe2 entsprechend umbenannt worden ist, hat das Diagramm im Bereich der Legende folgendes Aussehen:

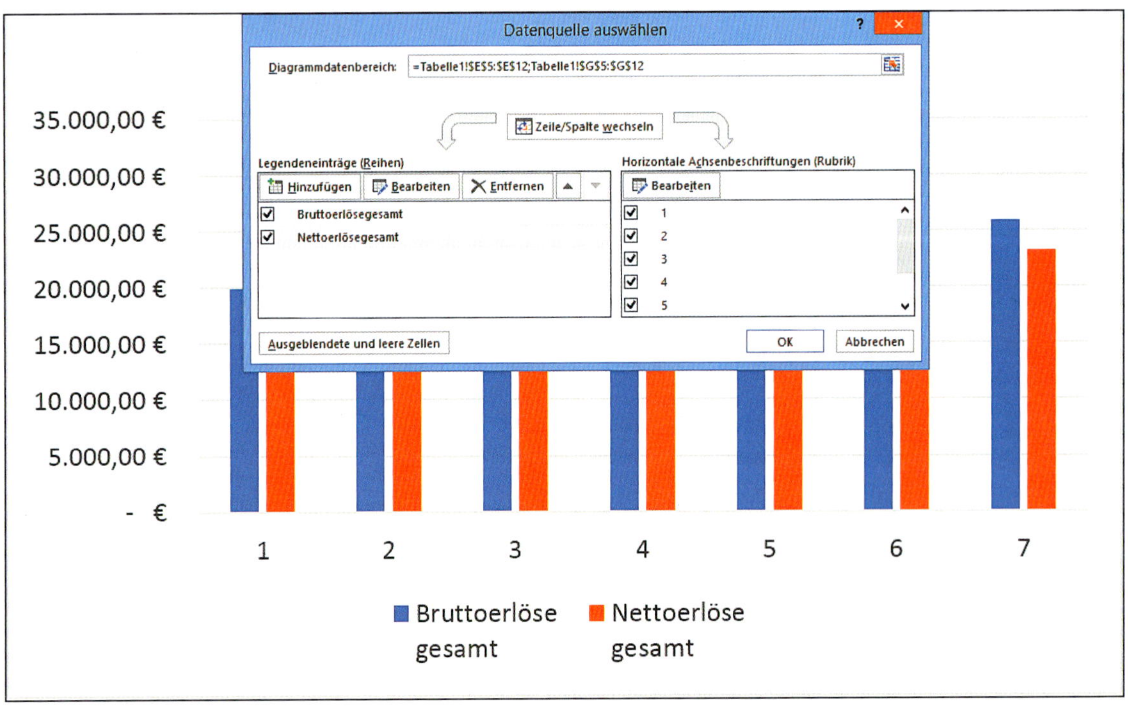


***Abbildung 10:*** *Diagramm nach erfolgter Umbenennung der Datenreihen1 und 2*

Im selben Arbeitsschritt kann auch die fehlerhafte horizontale Achsenbeschriftung (x-Achse) umbenannt werden. Hierfür wird mit der Maus in den rechten Bereich (HORIZONTALE ACHSENBESCHRIFTUNGEN) gewechselt. Durch einen weiteren Klick auf die Schaltfläche BEARBEITEN gelangt man in das nachstehend abgebildete Eingabefenster (vgl. Abbildung 11). In diesem Fenster können mit der Maus die Zellen A6 bis A12 markiert werden, bevor nach Bestätigung der Eingabe das Diagramm das in der Abbildung 12 dargestellte Aussehen annimmt.

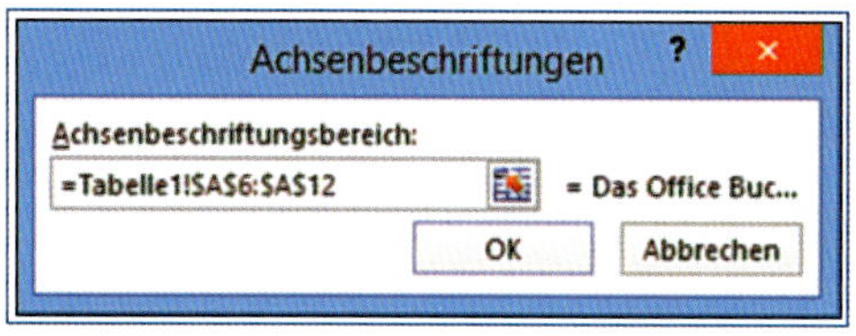


***Abbildung 11:*** *Ausgewählte Zellen zur Umbenennung der x-Achse*

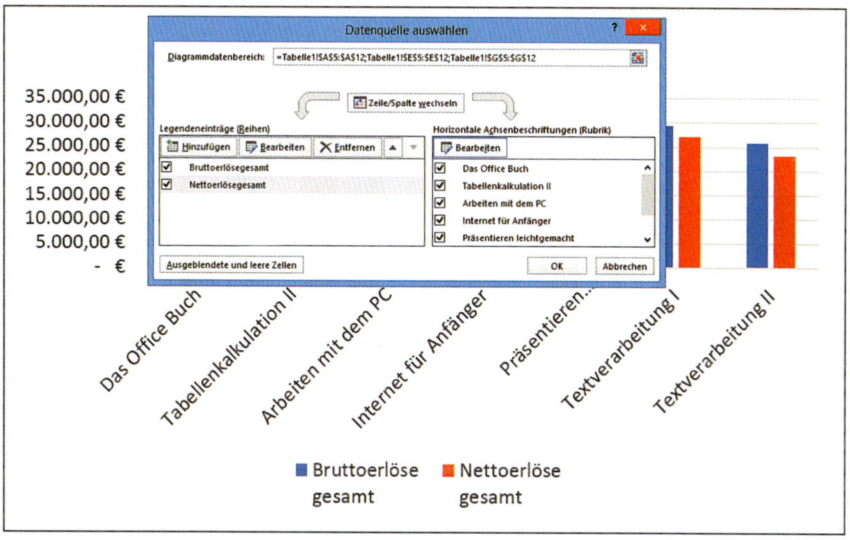


***Abbildung 12:*** *Diagramm nach Umbenennung der x-Achse*

Die Gruppe DIAGRAMMFORMATVORLAGEN empfiehlt sich, um einem Diagramm rasch ein fertiges Format zuzuweisen. Für die weiteren Schritte wird aus den Vorlagen die in der nachstehenden Abbildung dargestellte Formatvorlage (Formatvorlage 14, vgl. roter Pfeil) ausgewählt:

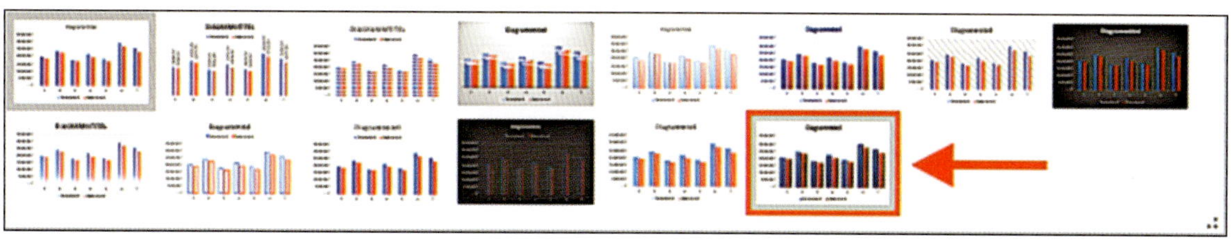

***Abbildung 13:*** *Auswahl der Formatvorlage 14*

In der Gruppe ORT ist zu entscheiden, ob das Diagramm unter der Tabelle angeordnet (Auswahl der Option OBJEKT IN:) oder auf einem gesonderten Tabellenblatt dargestellt werden soll (Auswahl der Option NEUES BLATT:). Für die weiteren Schritte wird die Option NEUES BLATT ausgewählt. In die Fläche hinter der Auswahl kann zudem der Name des neu zu erstellenden Tabellenblattes eingegeben werden (hier: Brutto- und Nettoerlöse).

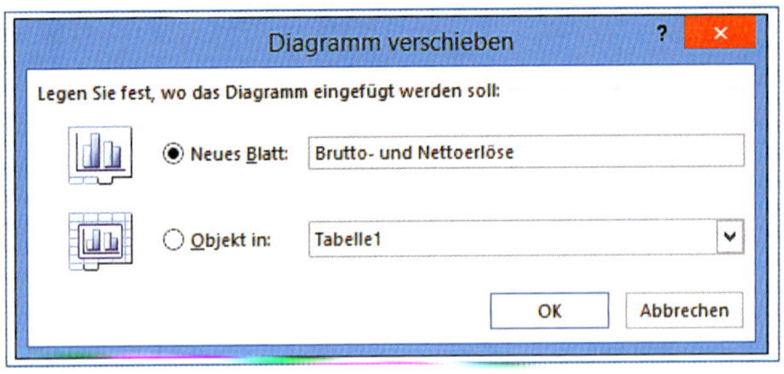


***Abbildung 14:*** *Verschieben des Diagramms auf das neue Tabellenblatt „Brutto- und Nettoerlöse"*

Durch die Darstellung auf einem gesonderten Tabellenblatt hat das Diagramm folgendes Aussehen:

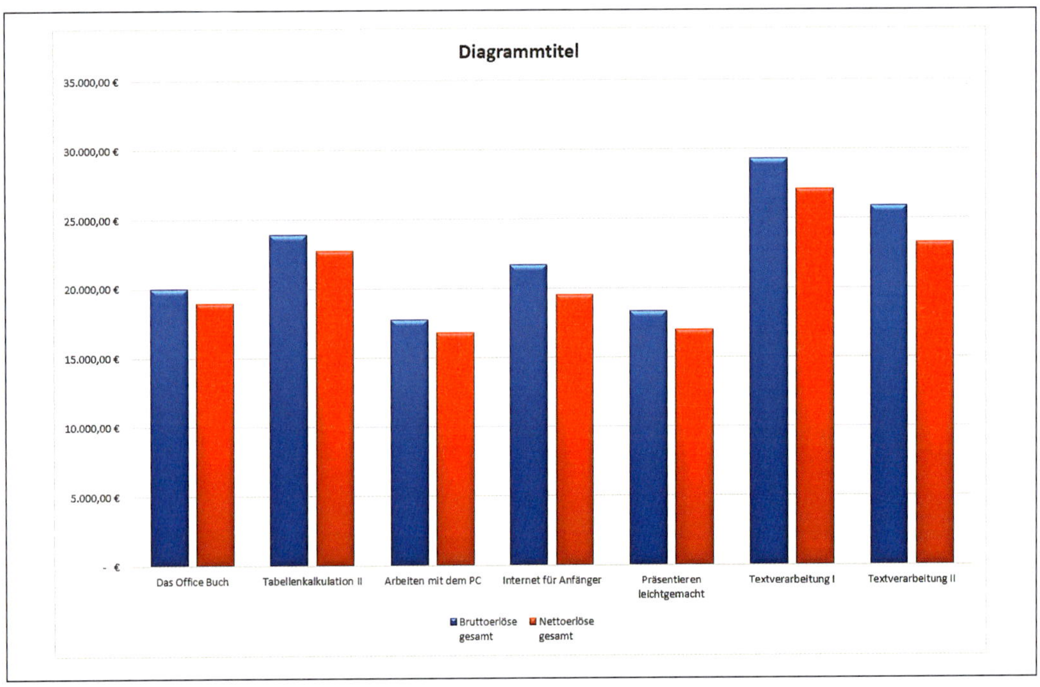


***Abbildung 15:*** *Diagrammdarstellung auf dem neu erstellten Tabellenblatt*

In der Gruppe DIAGRAMMLAYOUTS kann dem Diagramm unter anderem ein Schnelllayout zugewiesen werden. Für das hier zu erstellende Diagramm werden allerdings an dieser Stelle keine Änderungen vorgenommen.

Weiterhin befindet sich in der Gruppe DIAGRAMMLAYOUTS die Schaltfläche DIAGRAMMELEMENT HINZUFÜGEN, mit deren Hilfe die fehlenden Angaben (z. B. Diagrammtitel, Achsenbeschriftungen) bzw. Feineinstellungen (z. B. Position der Legende, Gitternetzlinien) vorgenommen werden.

Der Aufbau der einzelnen Menüpunkte wird stellvertretend durch die Schaltfläche DIAGRAMMTITEL dargestellt. Nach Auswahl des Befehlsweges DIAGRAMMELEMENT HINZUFÜGEN – DIAGRAMMTITEL öffnet sich das in der nachstehenden Abbildung 16 dargestellte Fenster, aus dem die Option ÜBER DIAGRAMM gewählt wird.

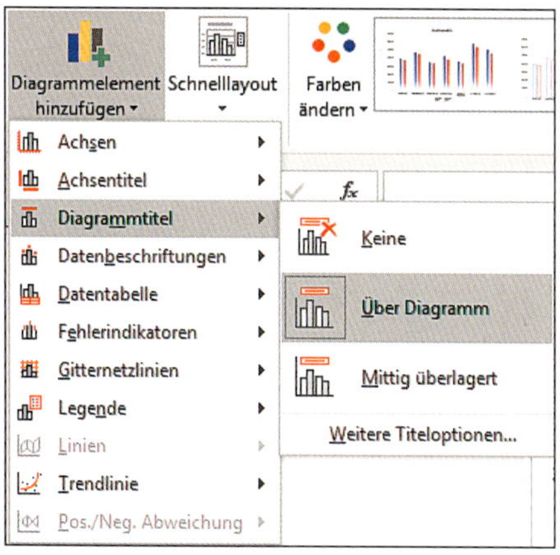


***Abbildung 16:*** *Auswahl der Diagrammtiteloption ÜBER DIAGRAMM*

Der gewünschte Diagrammtitel kann nun entweder in die Bearbeitungsleiste (vgl. nachstehende Abbildung 17) bzw. direkt in den Bereich DIAGRAMMTITEL innerhalb des Diagramms eingegeben werden. Zu beachten ist, dass die Eingabe über die Bearbeitungsleiste erst nach Betätigung der ENTER-Taste oder der Eingeben-Schaltfläche (vgl. rote Markierung) in das Diagramm übertragen wird. Bei der Auswahl des Diagrammtitels ist zu beachten, dass ein externer Betrachter durch das Lesen des Titels grundsätzlich erkennen soll, was mit dem Diagramm dargestellt werden soll. Im Regelfall sollen mehrere W-Fragen in der Überschrift eingearbeitet werden. In diesem Fall bieten sich die Fragen **Was?** (Brutto- und Nettoerlöse), **Wer?** (unsere Erzeugnisse), **Wann?** (für das vergangene Jahr) für die Erstellung eines sinnvollen Diagrammtitels an. Als ein möglicher Diagrammtitel kommt z. B. folgende Formulierung infrage, die in das entsprechende Feld eingetragen wird: „Darstellung der Brutto- und Nettoerlöse unserer Erzeugnisse im vergangenen Jahr“.

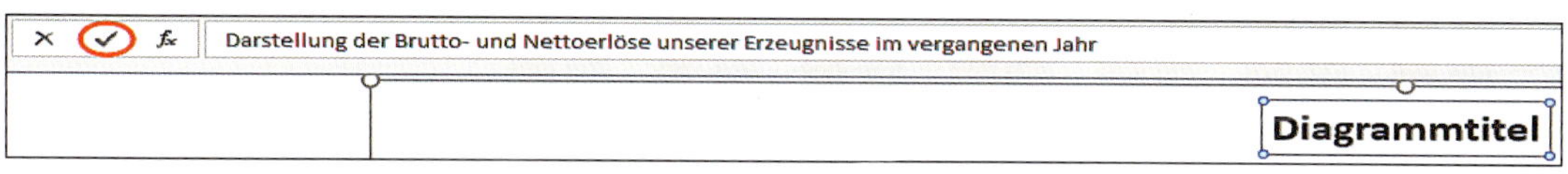


***Abbildung 17:*** *Eingabe des Diagrammtitels in die Bearbeitungsleiste*

Das Diagramm hat jetzt folgendes Aussehen:

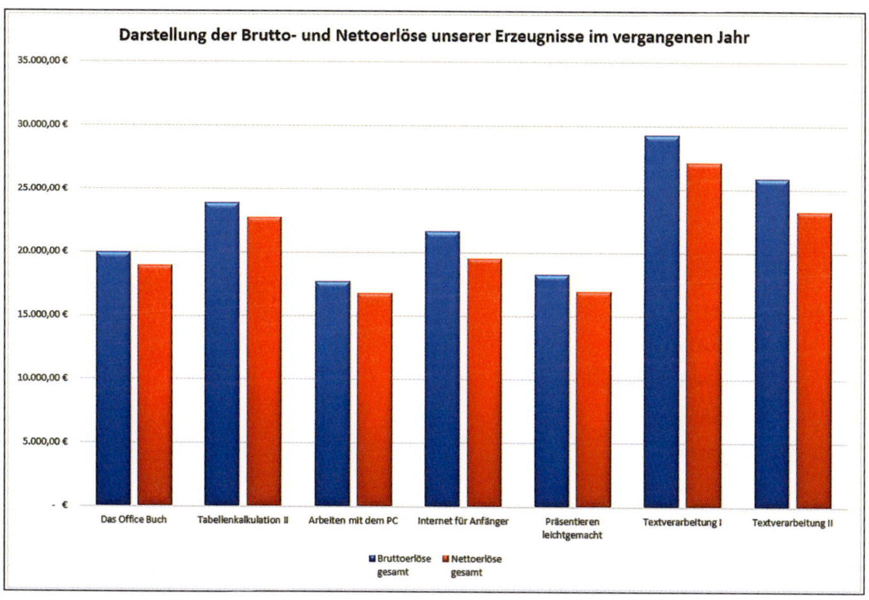


***Abbildung 18:*** *Diagramm nach Eingabe des Diagrammtitels*

**Anmerkung:**

Der Bereich des Diagrammtitels kann formatiert werden, indem im Menü der Schaltfläche DIAGRAMMTITEL die Auswahl WEITERE TITELOPTIONEN... (vgl. Abbildung 16) gewählt wird.

Für die weiteren DIAGRAMMELEMENTE innerhalb der Schaltfläche DIAGRAMMELEMENT HINZUFÜGEN sind folgende Einstellungen vorzunehmen:

- Schaltfläche ACHSENTITEL – PRIMÄR HORIZONTAL (Eingabe der Bezeichnung „Artikel")
- Schaltfläche ACHSENTITEL – PRIMÄR VERTIKAL (Eingabe der Bezeichnung „Erlöse")
- Schaltfläche LEGENDE – OBEN
- Schaltfläche DATENBESCHRIFTUNGEN – AM ENDE AUßERHALB
- Schaltfläche GITTERNETZLINIEN – PRIMÄR VERTIKAL HAUPT

Nach Umsetzung der zuvor beschriebenen Einstellungen hat das Diagramm folgendes Aussehen:

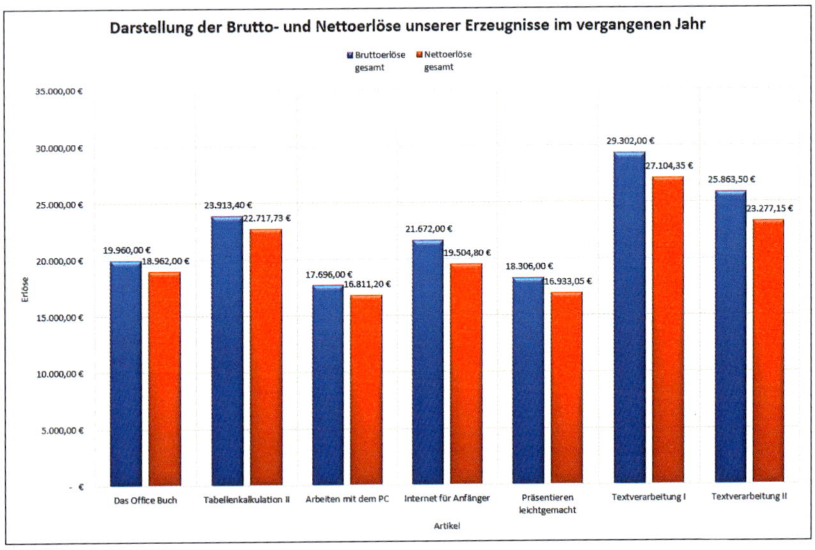


***Abbildung 19:*** *Diagramm nach Ausführung diverser Diagramm-Layout-Optionen*

**Anmerkung:**

Alternativ können die Diagrammoptionen auch über die **+-Schaltfläche** gewählt werden, die bei der Bearbeitung des Diagramms im oberen rechten Bereich erscheint. Vergleiche hierzu auch die nachstehende Abbildung 20.

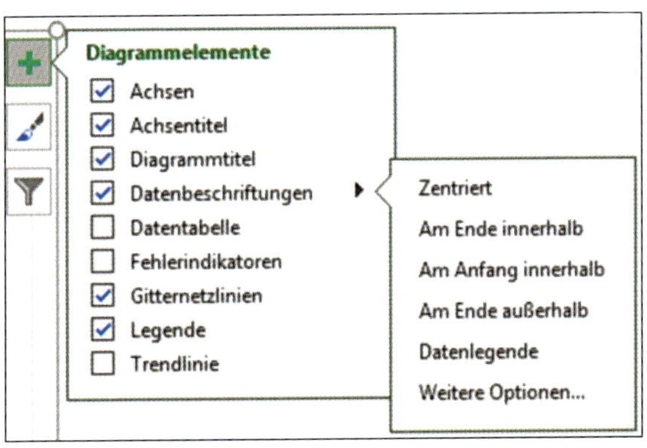


***Abbildung 20:*** *Möglichkeiten zur Gestaltung der Diagrammelemente nach Betätigen der +-Schaltfläche*

# 7.2 Diagramme formatieren und bearbeiten

**Situation:**

Um das zuvor dargestellte Diagramm in der Betriebszeitung angemessen veröffentlichen zu können, will Herr Klein abschließende „Feineinstellungen" am Diagramm vornehmen. Hierzu gehören:

1. Versehen des Diagrammbereichs und der Zeichnungsfläche mit einer pergamentfarbenen Texturfüllung.
2. Anpassung der y-Achse dahingehend, dass diese bei 10.000,00 € beginnt und bei 30.000,00 € endet, sowie Darstellung des Hauptintervalls in 2.500,00-Euro-Schritten.
3. Veränderung der Schriftgröße der Überschrift auf 17 Punkt.
4. Kennzeichnung der langfristigen Mindest-Nettoumsatzerlöse bei einem Wert von 15.000,00 € mithilfe einer Linie im Diagramm.
5. Angabe der Bedeutung der eingefügten Linie im unteren, rechten Bereich des Diagramms durch ein Textfeld.

**Arbeitsauftrag 2:**

Lesen Sie sich die nachfolgenden Seiten sorgfältig durch und vollziehen Sie die aufgezeigten Schritte nach.

Ausgangspunkt für die Formatierungen ist das im Kapitel 7.1 erstellte Diagramm, welches bislang folgendes Aussehen hat:

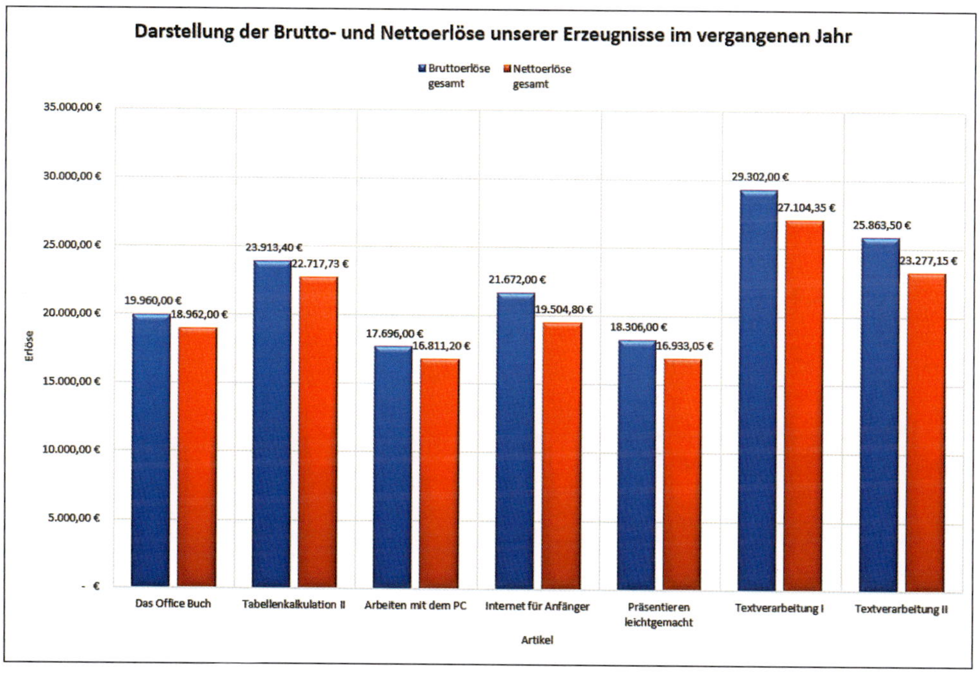


***Abbildung 21:*** *Ausgangspunkt für die weiterführenden Formatierungen*

Für alle vorzunehmenden Änderungen gilt das Prinzip, dass mit der Maus auf den zu verändernden Teil des Diagramms geklickt wird. Für die erste Änderung wird somit in einen beliebigen Teil des derzeit weißen Diagrammbereichs (vgl. Hinweis in Abbildung 22) geklickt (z. B. links oben neben die Überschrift). Anschließend wird über den Befehlsweg FORMAT – AKTUELLE AUSWAHL – AUSWAHL FORMATIEREN rechts neben dem Diagramm das Menü DIAGRAMMBEREICH FORMATIEREN geöffnet. Durch die Auswahl der Option BILD- ODER TEXTURFÜLLUNG (im Bereich Füllung) und die Bestimmung der gewünschten Textur (hier: Pergament) kann der gewünschte Diagrammbereich erstellt werden (vgl. rote Markierungen). Für die Änderung der Zeichnungsfläche wird entsprechend verfahren.

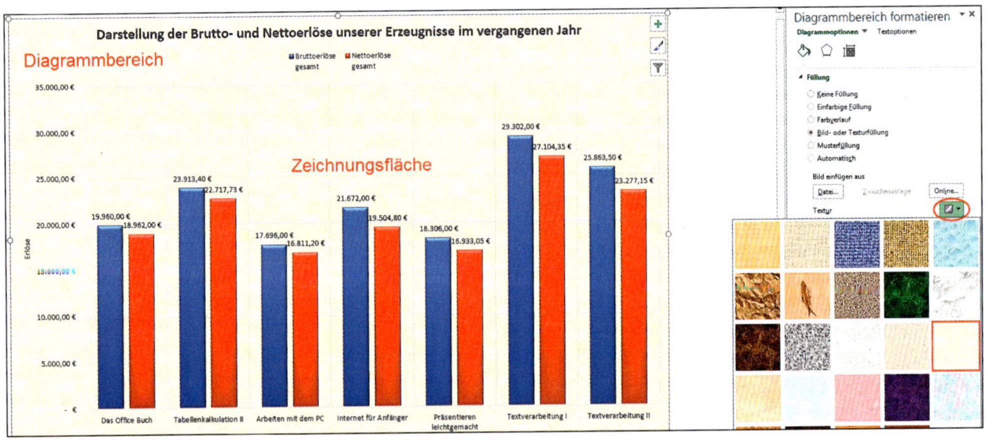


***Abbildung 22:*** *Zuweisung einer pergamentfarbenen Textur für das bestehende Diagramm*

Entsprechend wird auch für die Anpassung der y-Achse (Skalierung) verfahren. Nach dem Anklicken des entsprechenden Diagrammbereichs (z. B. auf die Zahl 20.000,00 €) und der Auswahl des Befehlswegs FORMAT – AKTUELLE AUSWAHL – AUSWAHL FORMATIEREN – ACHSENOPTIONEN öffnet sich das folgende Fenster. Durch die Eingabe der gewünschten Werte (vgl. Abbildung 23) kann nun die y-Achse entsprechend skaliert werden.

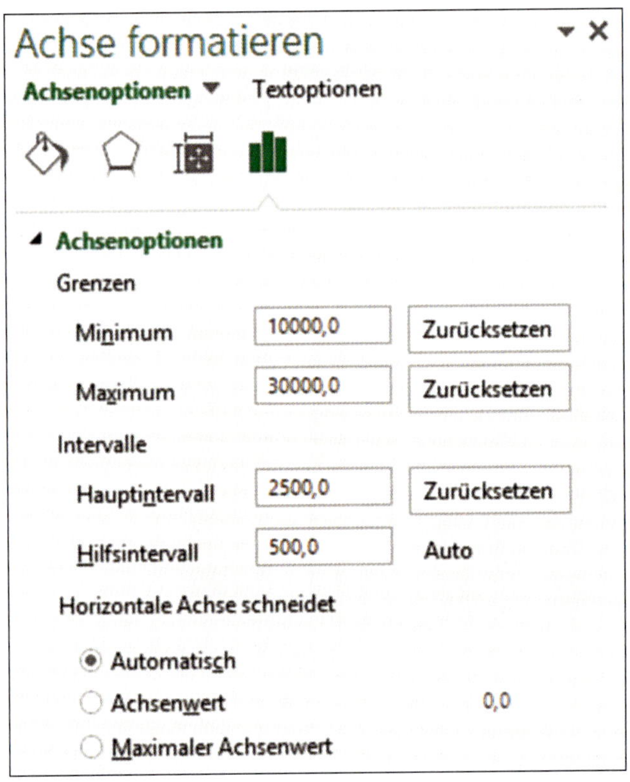


***Abbildung 23:*** *Änderung der Skalierung der y-Achse (Auszug aus dem Menü Achsenoptionen)*

Für die Änderung der Schriftgröße der Überschrift (auf 17 Punkt) wird der Überschriftenbereich mit der Maus angeklickt. Im Gegensatz zu den zuvor beschriebenen Formatierungsarbeiten ist die Änderung der Schriftgröße über den Befehlsweg START – SCHRIFTART vorzunehmen. Nach Abschluss dieses Schritts hat das Diagramm das nachstehende Aussehen.

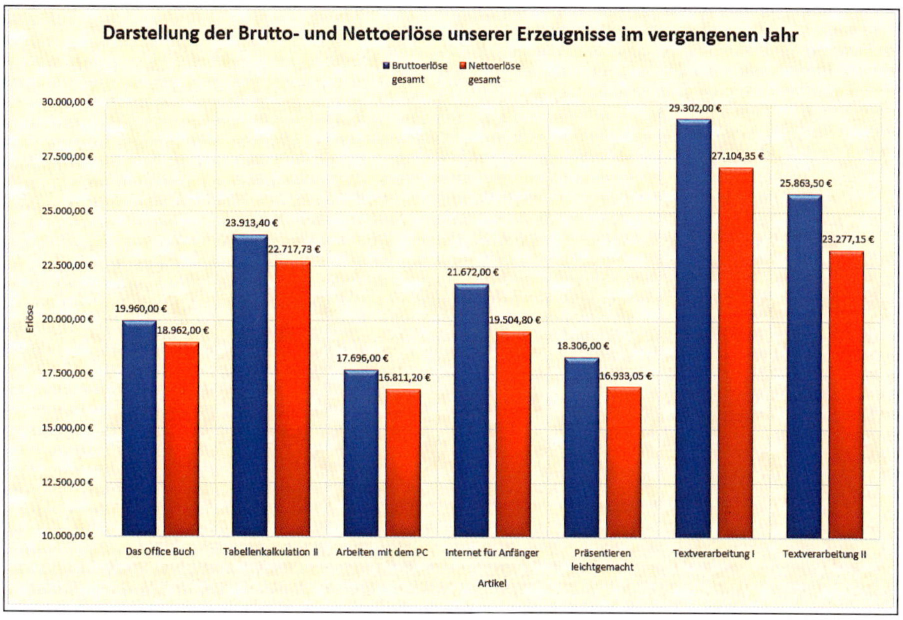


***Abbildung 24:*** *Diagramm nach den vorgenommenen Formatierungen*

**Anmerkung:**

Wenn nach Fertigstellung des Diagramms Änderungen am Diagramm vorgenommen werden sollen, ist der betreffende Teil des Diagramms mit der Maus zu markieren und die Änderung über die Registerkarten ENTWURF, FORMAT bzw. START vorzunehmen.

Für den vierten Änderungswunsch (Kennzeichnung der langfristigen Mindest-Nettoumsatzerlöse mithilfe einer Linie im Diagramm) steht in der Registerkarte FORMAT in der Gruppe FORMEN EINFÜGEN eine Vielzahl von Formen zur Verfügung. Aufgrund der Vorgabe wird – wie nachstehend dargestellt – eine einfache Linie ausgewählt.

***Abbildung 25:*** *Auszug aus den zur Verfügung stehenden FORMEN mit ausgewählter LINIE*

Nach der Auswahl der gewünschten Form (hier: einfache Linie) wird die Linie bei **festgehaltener linker Maustaste** beim Wert von 15.000,00 € von der y-Achse bis zum rechten Diagrammrand gezogen. Sobald die Maustaste losgelassen wird, kennzeichnet das Programm die gezogene Linie durch zwei kleine Kreise an den jeweiligen Enden.

Um die – zunächst nur schwach zu erkennende – Linie optisch anspruchsvoll darstellen zu können, öffnet sich bei markierter Linie in den ZEICHENTOOLS die Registerkarte FORMAT, die im Menüpunkt FORMKONTUR (in der Gruppe FORMENARTEN) unter anderem die Auswahl der STÄRKE ermöglicht. Bei der Auswahl der Linienstärke 1½ Punkt und der zusätzlichen Auswahl der Linienfarbe Schwarz (Menüpunkt FORMKONTUR – DESIGNFARBEN oder STANDARDFARBEN) ergibt sich das aktualisierte – in Abbildung 28 dargestellte – Diagramm.

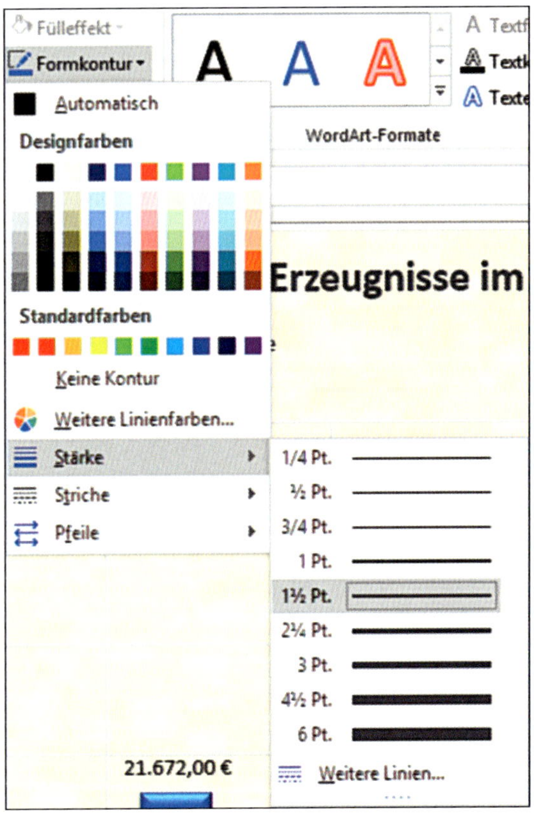


***Abbildung 26:*** *Auswahl der Linienstärke*

***Abbildung 27:*** *Auswahl der Linienfarbe*

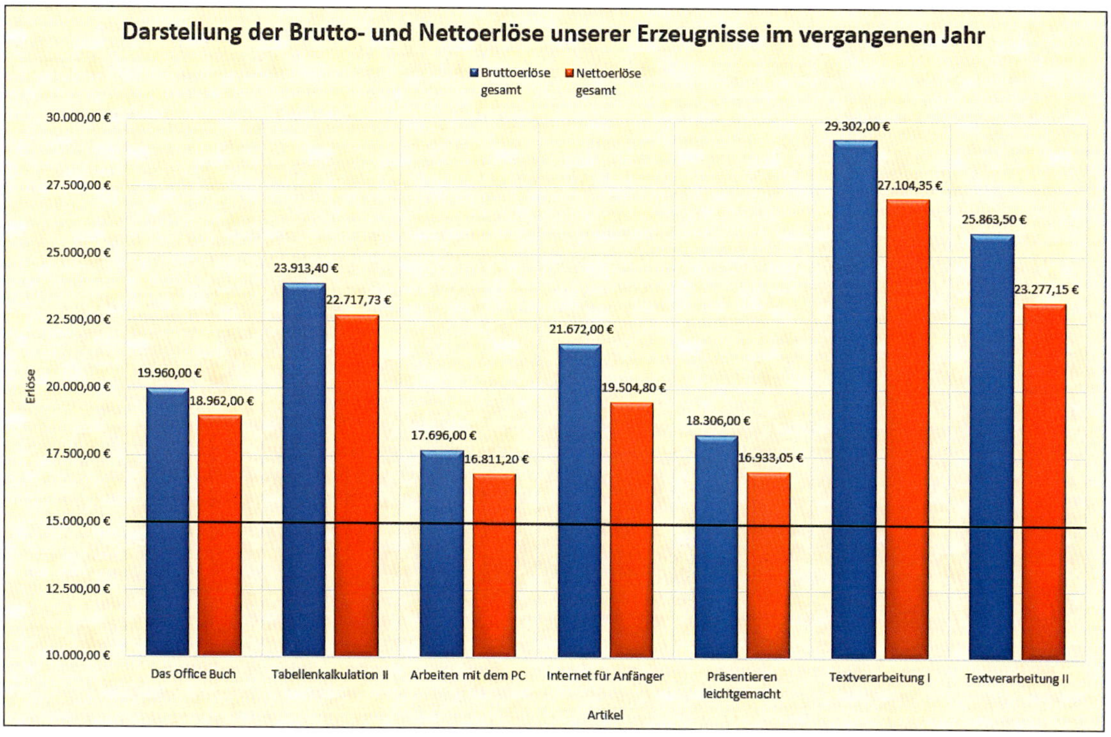


***Abbildung 28:*** *Diagramm nach Einfügen der langfristigen Mindest-Nettoumsatzerlöse bei 15.000,00 €*

Abschließend ist im fünften Schritt nur noch im unteren, rechten Bereich des Diagramms ein Hinweis zu geben, welche Bedeutung die zuvor eingefügte Linie hat. Hierfür bietet sich ein Textfeld an (Befehlsweg EINFÜGEN – TEXT – TEXTFELD). Nach dem Anklicken des Menüpunkts Textfeld ist – ähnlich wie beim vorherigen Erstellen der Durchschnittslinie – mit der Maus bei festgehaltener linker Maustaste das Textfeld am gewünschten Ort zu erstellen.

Sobald die linke Maustaste losgelassen wird, öffnet sich das Textfeld, in das nun der gewünschte Text (hier: langfristige Mindest-Nettoumsatzerlöse: 15.000,00 €, Schriftart Calibri, 11 Punkt, fett) eingefügt werden kann.

Ist diese Eingabe beendet, hat das Diagramm schließlich folgendes endgültiges Aussehen.

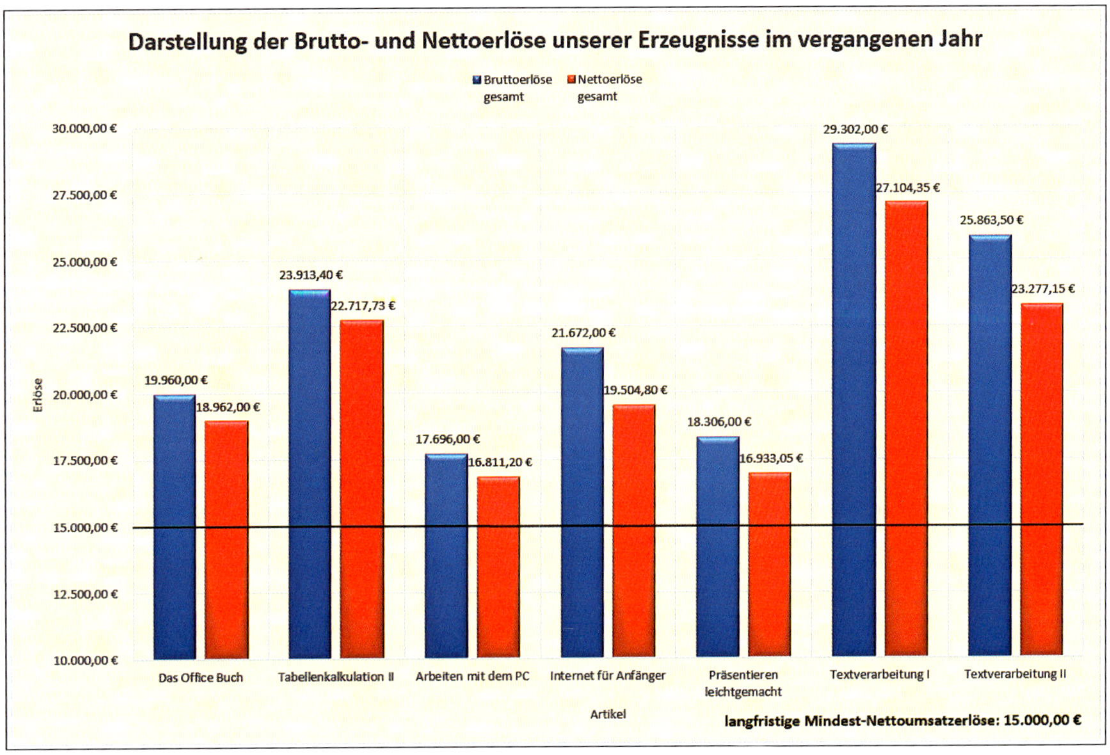


***Abbildung 29:*** *Endgültiges Aussehen des Diagramms*

# 7.3 Übungsaufgaben

**Arbeitsauftrag 3:**

Herr Thorsten Klein benötigt für den zu erstellenden Artikel weitere Diagramme. Er beauftragt Sie, anhand der nachstehend beschriebenen Aufgaben jeweils ein Diagramm zu erstellen. Grundlage für die Erstellung der Diagramme sind die Werte und Angaben des bereits von Ihnen erfassten Tabellenblattes 1 (vgl. Abbildung 1). Beachten Sie nicht nur den zu wählenden Diagrammtyp, sondern auch die detaillierten Hinweise im Aufgabentext.

## 7.3.1 Verkaufszahlen gesamt

Erstellen Sie ein Säulendiagramm **(2D-Gestapelte Säulen)**, aus dem die Höhe der gesamten Verkaufszahlen (d. h. 1. und 2. Halbjahr) der Artikel hervorgeht. Weisen Sie dem Diagramm eine sinnvolle Überschrift zu und sorgen Sie dafür, dass die Legende oberhalb des Diagramms steht. Zusätzlich sollen die jeweiligen Werte in den Säulen aufgeführt werden.

Die y-Achse soll sinnvoll beschriftet werden. Die Werte auf der y-Achse sollen bei 300 anfangen und der Abstand des Hauptintervalls soll bei jeweils 100 Stück liegen. Alle Beschriftungen sollen in der Schriftart Arial erfolgen. Während die Größe der Überschrift 14 Punkt betragen soll, reicht für alle anderen Angaben die Schriftgröße 11 Punkt bzw. 10 Punkt (horizontale Achsenbeschriftung) aus. Weiterhin soll der Diagrammbereich durch einen selbst gewählten Farbverlauf gefüllt werden. Schließlich soll das Diagramm auf einem extra hierfür angelegten Tabellenblatt erscheinen, welches den Namen **Verkaufszahlen gesamt** trägt.

## 7.3.2 Anteil der Nettoerlöse je Artikel in Prozent

Erstellen Sie ein Kreisdiagramm (**2D-Kreis, einfach**), aus dem der prozentuale Anteil der unterschiedlichen Artikel an den gesamten Nettoerlösen ersichtlich wird. Weisen Sie allen Beschriftungen des Diagramms die Schriftart Arial zu. Die Überschrift des Diagramms soll in der Schriftgröße 14 Punkt betragen. Tragen Sie Sorge dafür, dass die Legende unterhalb des Diagramms erscheint. An den Kreissegmenten („Am Ende außerhalb") sollen die Prozentzahlen unter Angabe von zwei Nachkommastellen ausgewiesen werden. Weiterhin soll in einem Textfeld unterhalb der Überschrift die Höhe der gesamten Nettoerlöse ausgewiesen werden.

Versehen Sie den Diagrammbereich mit einer zeitungspapierfarbenen Texturfüllung. Speichern Sie das Diagramm auf einem eigenen Tabellenblatt, welches den Namen **Anteil an den Nettoerlösen** trägt.

## 7.3.3 Entwicklung Verkaufszahlen

Erstellen Sie ein Liniendiagramm (**einfaches Liniendiagramm**), aus dem die Höhe der gesamten Verkaufszahlen (d. h. 1. und 2. Halbjahr) der Artikel hervorgeht. Weisen Sie allen Beschriftungen des Diagramms die Schriftart Arial zu. Versehen Sie das Diagramm mit einer sinnvollen Überschrift und sorgen Sie dafür, dass die Legende oberhalb des Diagramms steht. Die x- und die y-Achse sollen sinnvoll beschriftet werden. Während die Größe der Überschrift 15 Punkt betragen soll, reicht für alle anderen Angaben die Schriftgröße 11 Punkt aus.

Die Werte auf der y-Achse sollen bei 300 anfangen sowie bei 1.100 enden und der Abstand des Hauptintervalls soll bei jeweils 100 Stück liegen. Versehen Sie den Diagrammbereich und die Zeichnungsfläche mit einem selbst gewählten Farbverlauf. Tragen Sie Sorge dafür, dass die Linie des 1. Halbjahres die Farbe Blau zugewiesen bekommt und die des 2. Habjahres die Farbe Grün. Die Linien sollen zudem in der Stärke von 3 Punkt dargestellt werden. Innerhalb der ACHSENOPTIONEN ist dafür Sorge zu tragen, dass die Werte AUF TEILSTRICHEN die y-Achse schneiden.

Die Artikelbezeichnungen auf der x-Achse sollen im Winkel von 270 Grad (Befehlsweg nach Markieren der Artikelbezeichnungen: FORMAT – AKTUELLE AUSWAHL – AUSWAHL FORMATIEREN – ACHSEN OPTIONEN – AUSRICHTUNG – TEXTRICHTUNG – GESAMTEN TEXT UM 270 GRAD DREHEN) zur x-Achse stehen. Schließlich soll das Diagramm auf einem extra hierfür angelegten Tabellenblatt erscheinen, welches den Namen **Entwicklung Verkaufszahlen** trägt.

## 7.3.4 Rabatte und Nettoerlöse

a) Erstellen Sie ein Diagramm (**2D-Gruppierte Säulen**), aus dem neben dem gewährten Rabatt je Artikel auch die jeweiligen Nettoerlöse hervorgehen.
   Weisen Sie allen Beschriftungen des Diagramms die Schriftart Arial zu. Versehen Sie das Diagramm mit einem aussagekräftigen Diagrammtitel (Schriftgröße 12 Punkt, fett). Die Achsen sollen jeweils sinnvoll beschriftet werden. Die Legende soll unterhalb des Diagramms stehen. Tragen Sie Sorge dafür, dass die Größe der Überschrift 15 Punkt (fett) beträgt, während die Beschriftungen der Achsen 12 Punkt groß sein sollen. Außerdem soll das Diagramm auf einem extra hierfür angelegten Tabellenblatt erscheinen, welches den Namen **Rabatte und Nettoerlöse** trägt.

**Anmerkung:**

Da aufgrund der großen Zahlenunterschiede (gewährter Rabatt zum Teil < 900,00 €; Nettoerlöse gesamt > 16.900,00 €) eine vernünftige Darstellung in einem „einfachen" Diagramm unmöglich ist, sind in den folgenden Teilaufgaben b) und c) noch einige Änderungen am Diagramm vorzunehmen.

b) Markieren Sie im Diagramm eine Säule für die Rabatte gesamt, sodass alle Rabatt-Säulen durch vier runde Punkte markiert werden. Wählen Sie anschließend aus der Registerkarte ENTWURF die Schaltfläche DIAGRAMMTYP ÄNDERN (im Bereich TYP). Anschließend öffnet sich folgendes Fenster:

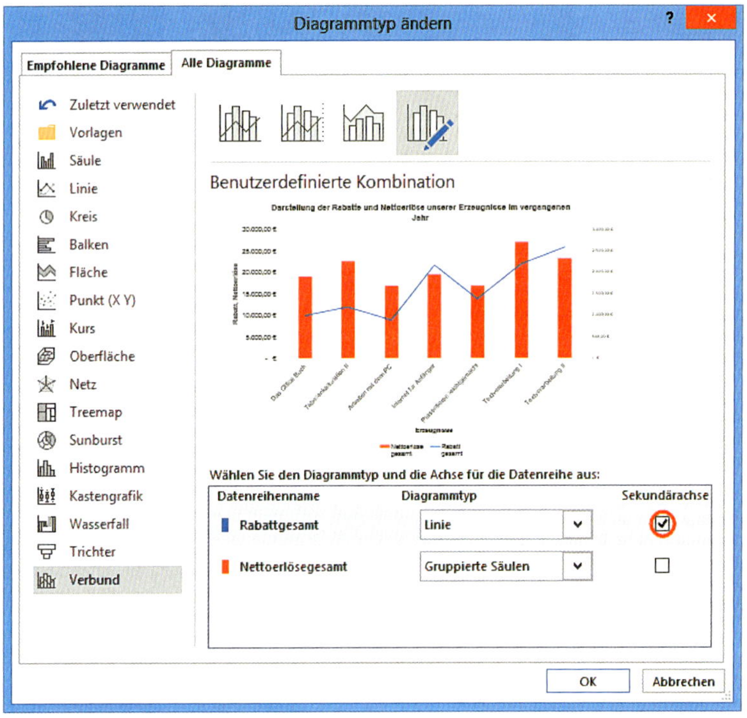


***Abbildung 30:*** *Änderung des Diagrammtyps für die Datenreihe „Rabatt gesamt"*

Das Programm hat erkannt, dass die Änderung des Diagrammtyps einer Datenreihe zu einem sogenannten Verbunddiagramm (Kombination zweier unterschiedlicher Diagrammtypen) führt und hat die Kategorie VERBUND geöffnet. In dem unteren Teil des Fensters ist der Diagrammtyp der Datenreihe in Liniendiagramm geändert worden. Zudem wird durch das Einfügen eines Häckchens im Kontrollkästchen Sekundärachse eine 2. y-Achse erstellt, an der die Werte für die gewährten Rabatte wesentlich genauer abgelesen werden können.

Die vorgenommenen Änderungen führen zum nachstehend abgebildeten Verbunddiagramm mit einer 2. y-Achse (die Beschriftungen an der neu erstellten 2. y-Achse wurden in die Schriftart Arial, 12 Punkt geändert).

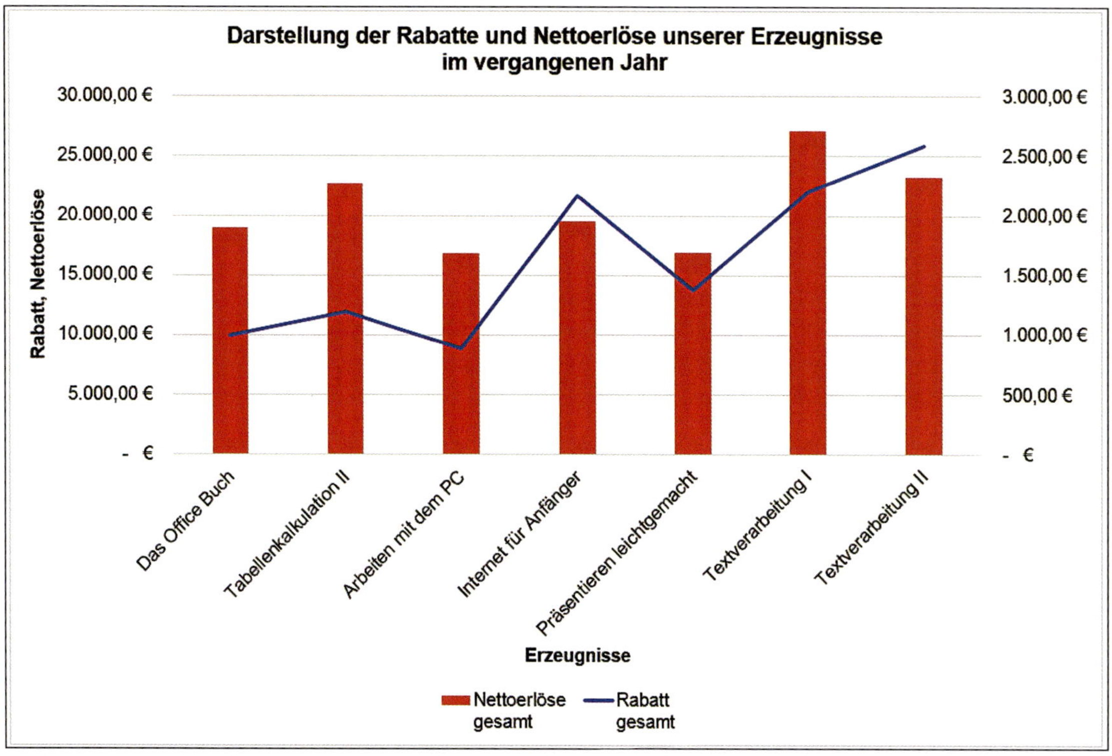


***Abbildung 31:*** *Diagramm nach Änderung des Rabatts in Linie und dem Hinzufügen einer 2. y-Achse (sekundäre y-Achse)*

**Anmerkung:**

Durch das Einfügen einer zweiten y-Achse (sekundäre y-Achse) tritt eine deutliche Verbesserung hinsichtlich der Lesbarkeit der Rabatte ein. Es stellt sich allerdings noch das Problem dar, dass im Achsentitel der ersten y-Achse (primäre y-Achse) die Begriffe Rabatte sowie Nettoerlöse stehen. Dieses Problem soll gemeinsam mit abschließenden Formatierungsarbeiten in der Teilaufgabe c) gelöst werden.

c) Führen Sie zur Optimierung des Diagramms folgende Schritte durch:
- Änderung der bestehenden primären y-Achsentitel auf „Nettoerlöse",
- Beschriftung der sekundären y-Achsentitel auf „Rabatt",
- Änderung der Textausrichtung der x-Achse um 270 Grad,
- Versehen des Diagrammbereichs mit einer pergamentfarbenen Texturfüllung. Die Zeichnungsfläche soll mit einer weißen Hintergrundfarbe versehen werden,
- Skalierung der primären y-Achse dahingehend, dass diese bei 10.000,00 € anfängt, bei 30.000,00 € endet und das Hauptintervall 2.500,00 € groß ist.

# 8 Zeit- und Datumsfunktionen

## 8.1 Zeitfunktionen (STUNDE und MINUTE)

**Situation:**

Frau Inga Yilmaz aus der Abteilung Absatz unterbreitet einem Kunden ein Angebot für das Aufstellen von drei zu liefernden Kopiergeräten und die ausführliche Einweisung in den Umgang mit den Geräten. Die Höhe des Angebotes hängt vom Zeitaufwand für die Arbeiten ab. Die Berechnung der Kosten soll minutengenau erfolgen.

Bislang wurden bei der Arbeit mit dem Tabellenkalkulationsprogramm keine Berechnungen mit Uhrzeiten durchgeführt. Im Umgang mit Uhrzeiten gibt es einige Besonderheiten. Im nachstehend dargestellten Angebot soll in der Spalte F zunächst der geschätzte Zeitaufwand für die unterschiedlichen Arbeiten berechnet werden:

| | A | B | C | D | E | F | G |
|---|---|---|---|---|---|---|---|
| 5 | *Bürodesign GmbH, Stollberger Str. 188, 50933 Köln* | | | | | | |
| 6 | | | | | | | |
| 7 | **Falo Bonn GmbH** | | | | | | |
| 8 | **Erzbergerufer 10** | | | | | | |
| 9 | **53111 Bonn** | | | | | | |
| 10 | | | | | | | |
| 11 | | | | | | | |
| 12 | | | | | | | |
| 13 | **Angebot Nr. 1050/2018** | | | | | Datum: | 04.12.2018 |
| 14 | | | | | | | |
| 15 | **Position** | **Beschreibung** | **Preis/ Stunde** | **Beginn der Leistung** | **Ende der Leistung** | **Zeitaufwand** | **Gesamt-preis** |
| 16 | 01 | Installation Kopiergeräte | 60,00 € | 08:30 | 10:00 | | |
| 17 | 02 | ausführliche Einweisung | 50,00 € | 10:00 | 11:30 | | |
| 18 | | | | | | | |
| 19 | | | | | | **Gesamt (netto)** | |
| 20 | | | | | | **+ 19 % USt.** | |
| 21 | | | | | | **Gesamt (brutto)** | |

***Abbildung 1:*** *Ausschnitt aus dem Angebotsformular*

Die im Tabellenkalkulationsprogramm durch einen Doppelpunkt gekennzeichneten Uhrzeiten können – wie bei allen anderen gängigen Formaten – problemlos subtrahiert oder addiert werden. In der Zelle F16 wird beispielsweise die Formel =E16-D16 zum richtigen Ergebnis führen (vgl. Abbildung 2).

F16 fx =E16-D16

| | A | B | C | D | E | F | G |
|---|---|---|---|---|---|---|---|
| 5 | *Bürodesign GmbH, Stollberger Str. 188, 50933 Köln* | | | | | | |
| 6 | | | | | | | |
| 7 | **Falo Bonn GmbH** | | | | | | |
| 8 | **Erzbergerufer 10** | | | | | | |
| 9 | **53111 Bonn** | | | | | | |
| 10 | | | | | | | |
| 11 | | | | | | | |
| 12 | | | | | | | |
| 13 | **Angebot Nr. 1050/2018** | | | | | Datum: | 04.12.2018 |
| 14 | | | | | | | |
| 15 | **Position** | **Beschreibung** | **Preis/ Stunde** | **Beginn der Leistung** | **Ende der Leistung** | **Zeitaufwand** | **Gesamt-preis** |
| 16 | 01 | Installation Kopiergeräte | 60,00 € | 08:30 | 10:00 | 01:30 | |
| 17 | 02 | ausführliche Einweisung | 50,00 € | 10:00 | 11:30 | | |
| 18 | | | | | | | |
| 19 | | | | | | **Gesamt (netto)** | |
| 20 | | | | | | **+ 19 % USt.** | |
| 21 | | | | | | **Gesamt (brutto)** | |

***Abbildung 2:*** *Angebotsformular – Berechnung des Zeitaufwandes*

Zu beachten ist lediglich die Schreibweise des Ergebnisses. Entweder wird das Ergebnis als 01:30 oder als 1:30 ausgegeben. Die gewünschte Schreibweise kann durch eine **Benutzerdefinierte Formatierung** den jeweiligen Vorstellungen angepasst werden.

> **Anmerkung:**
> In der Benutzerdefinierten Formatierung werden **Stunden** durch ein kleines **h** abgekürzt. Die **Minuten** werden hingegen durch ein kleines **m** gekennzeichnet. Nachstehend werden die 2 gängigen Formatierungen dargestellt:
> **hh:mm** ⟶ das Ergebnis lautet 01:30
> **h:mm** ⟶ das Ergebnis lautet 1:30

Problematisch wird es bei der Berechnung des Gesamtpreises in der Spalte G. Die Formel in der Zelle G16 (=C16*F16) müsste eigentlich zum Ergebnis 90,00 € (1,5 Stunden x 60,00 €/Stunde) führen. Das Programm weist hingegen 3,75 aus (vgl. Abbildung 3).

Um dieses Ergebnis nachvollziehen zu können, muss die besondere Darstellung von Uhrzeiten im Programm verstanden werden. Die hier zugrunde liegende Uhrzeit (01:30 = 1,50 Stunden) wird nicht als Zahl „1,50" gespeichert. Vielmehr verbirgt sich hinter der genannten Uhrzeit für das Programm die Zahl 0,0625. Diese kann „sichtbar" gemacht werden, indem die Zelle F16 angeklickt wird, um dann durch den Befehlsweg START – ZAHL – ZELLEN FORMATIEREN – KATEGORIE (STANDARD) die für das Programm relevante Zahl ablesen zu können (vgl. Abbildung 3).

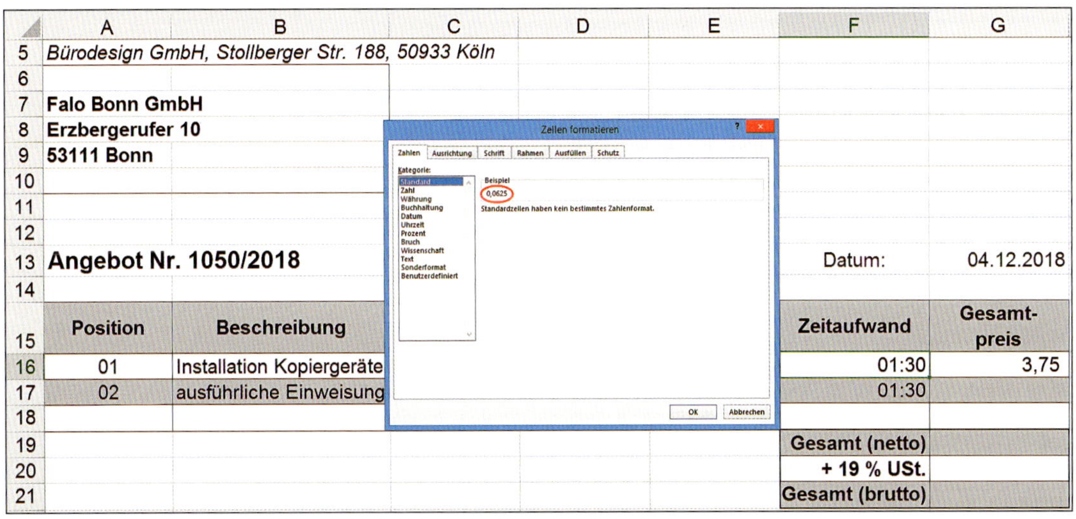


***Abbildung 3:*** *Angebotsformular – Umwandlung der Uhrzeit in eine Standardzahl*

Der Grund für diese Darstellung ist der, dass das Programm die **Uhrzeiten als Zahlen zwischen 0 und 1 darstellt.** Einige Beispiele für – in Zahlen umgewandelte – Uhrzeiten lauten wie folgt:

| Uhrzeit | umgewandelte Zahl für das Programm | Uhrzeit | umgewandelte Zahl für das Programm |
|---|---|---|---|
| 06:00 | 0,25 (25 % eines Tages) | 16:00 | 0,666666667 (2/3 eines Tages) |
| 12:00 | 0,50 (50 % eines Tages) | 23:59 | 0,999305556 (nahezu ein ganzer Tag) |

Um aus Uhrzeiten für das Programm richtig interpretierbare Zahlen zu erstellen, mit denen gearbeitet werden kann, existieren zwei Funktionen. Dieses sind die Funktionen **=STUNDE(ZAHL)** und **=MINUTE(ZAHL)**.

Bei beiden Funktionen ist darauf zu achten, dass anstatt „ZAHL" ein Zellbezug zu der entsprechenden Uhrzeit bzw. zu den entsprechenden Zellen hergestellt wird.

Die Funktion =STUNDE erstellt aus der Zahl **vor dem Doppelpunkt** die entsprechende Zahl. Im nachfolgenden Beispiel wird erkenntlich, dass die eingegebene Funktion =STUNDE(F16) zunächst die Zahl 1 als Ergebnis liefert (vgl. Abbildung 4).

G16 | fx =STUNDE(F16)

| | A | B | C | D | E | F | G |
|---|---|---|---|---|---|---|---|
| 5 | *Bürodesign GmbH, Stollberger Str. 188, 50933 Köln* | | | | | | |
| 6 | | | | | | | |
| 7 | **Falo Bonn GmbH** | | | | | | |
| 8 | **Erzbergerufer 10** | | | | | | |
| 9 | **53111 Bonn** | | | | | | |
| 10 | | | | | | | |
| 11 | | | | | | | |
| 12 | | | | | | | |
| 13 | **Angebot Nr. 1050/2018** | | | | | Datum: | 04.12.2018 |
| 14 | | | | | | | |
| 15 | **Position** | **Beschreibung** | **Preis/ Stunde** | **Beginn der Leistung** | **Ende der Leistung** | **Zeitaufwand** | **Gesamt-preis** |
| 16 | 01 | Installation Kopiergeräte | 60,00 € | 08:30 | 10:00 | 01:30 | 1,00 |
| 17 | 02 | ausführliche Einweisung | 50,00 € | 10:00 | 11:30 | 01:30 | |
| 18 | | | | | | | |
| 19 | | | | | | **Gesamt (netto)** | |
| 20 | | | | | | **+ 19 % USt.** | |
| 21 | | | | | | **Gesamt (brutto)** | |

***Abbildung 4:*** *Angebotsformular – Umwandlung der Uhrzeit 01:30 in die Zahl 1*

Wird die Funktion um die Multiplikation „*C16" ergänzt, wird das mathematisch genaue Ergebnis von zunächst 60,00 € für die volle Stunde ausgegeben (vgl. Abbildung 5).

G16 | fx =STUNDE(F16)*C16

| | A | B | C | D | E | F | G |
|---|---|---|---|---|---|---|---|
| 5 | *Bürodesign GmbH, Stollberger Str. 188, 50933 Köln* | | | | | | |
| 6 | | | | | | | |
| 7 | **Falo Bonn GmbH** | | | | | | |
| 8 | **Erzbergerufer 10** | | | | | | |
| 9 | **53111 Bonn** | | | | | | |
| 10 | | | | | | | |
| 11 | | | | | | | |
| 12 | | | | | | | |
| 13 | **Angebot Nr. 1050/2018** | | | | | Datum: | 04.12.2018 |
| 14 | | | | | | | |
| 15 | **Position** | **Beschreibung** | **Preis/ Stunde** | **Beginn der Leistung** | **Ende der Leistung** | **Zeitaufwand** | **Gesamt-preis** |
| 16 | 01 | Installation Kopiergeräte | 60,00 € | 08:30 | 10:00 | 01:30 | 60,00 € |
| 17 | 02 | ausführliche Einweisung | 50,00 € | 10:00 | 11:30 | 01:30 | |
| 18 | | | | | | | |
| 19 | | | | | | **Gesamt (netto)** | |
| 20 | | | | | | **+ 19 % USt.** | |
| 21 | | | | | | **Gesamt (brutto)** | |

***Abbildung 5:*** *Angebotsformular – Berechnung des Ergebnisses für die volle Stundenzahl*

Das Vorgehen für die verbleibenden 30 Minuten ist nahezu identisch. Um auf eine Besonderheit hinzuweisen, wird zunächst die bislang dargestellte Funktion =STUNDE(F16)*C16 gelöscht. Stattdessen wird in der Zelle G16 die Funktion =MINUTE(F16)*C16 eingegeben. Statt der erwarteten 30,00 € (0,5 Stunden x 60,00 €/Stunde) wird allerdings ein Ergebnis von 1.800,00 € ausgegeben (vgl. Abbildung 6).

G16 =MINUTE(F16)*C16

| | A | B | C | D | E | F | G |
|---|---|---|---|---|---|---|---|
| 5 | *Bürodesign GmbH, Stollberger Str. 188, 50933 Köln* | | | | | | |
| 6 | | | | | | | |
| 7 | **Falo Bonn GmbH** | | | | | | |
| 8 | **Erzbergerufer 10** | | | | | | |
| 9 | **53111 Bonn** | | | | | | |
| 10 | | | | | | | |
| 11 | | | | | | | |
| 12 | | | | | | | |
| 13 | **Angebot Nr. 1050/2018** | | | | | Datum: | 04.12.2018 |
| 14 | | | | | | | |
| 15 | **Position** | **Beschreibung** | **Preis/ Stunde** | **Beginn der Leistung** | **Ende der Leistung** | **Zeitaufwand** | **Gesamt-preis** |
| 16 | 01 | Installation Kopiergeräte | 60,00 € | 08:30 | 10:00 | 01:30 | 1.800,00 € |
| 17 | 02 | ausführliche Einweisung | 50,00 € | 10:00 | 11:30 | 01:30 | |
| 18 | | | | | | | |
| 19 | | | | | | **Gesamt (netto)** | |
| 20 | | | | | | **+ 19 % USt.** | |
| 21 | | | | | | **Gesamt (brutto)** | |

***Abbildung 6:*** *Angebotsformular – Berechnung des „falschen" Ergebnisses für 30 Minuten (0,5 Stunden)*

Das noch zu behebende Problem liegt darin begründet, dass das Programm durch die Funktion =MINUTE(F16) die Zahl 30 ermittelt hat. Diese Zahl wird laut Formel mit dem Wert 60 (Zelle C16) multipliziert, sodass der ausgegebene Wert in Höhe von 1.800,00 € mathematisch korrekt ist. Da sich der Wert 60,00 € jedoch auf eine Stunde – und somit letztendlich 60 Minuten – bezieht, muss die Funktion lediglich durch den zusätzlichen Funktionsbestandteil „/60" ergänzt werden. Die vollständige Funktion lautet somit: =STUNDE(F16)*C16+MINUTE(F16)*C16/60

Das Ergebnis lautet korrekterweise 90,00 € (vgl. Abbildung 7).

G16 =STUNDE(F16)*C16+MINUTE(F16)*C16/60

| | A | B | C | D | E | F | G |
|---|---|---|---|---|---|---|---|
| 5 | *Bürodesign GmbH, Stollberger Str. 188, 50933 Köln* | | | | | | |
| 6 | | | | | | | |
| 7 | **Falo Bonn GmbH** | | | | | | |
| 8 | **Erzbergerufer 10** | | | | | | |
| 9 | **53111 Bonn** | | | | | | |
| 10 | | | | | | | |
| 11 | | | | | | | |
| 12 | | | | | | | |
| 13 | **Angebot Nr. 1050/2018** | | | | | Datum: | 04.12.2018 |
| 14 | | | | | | | |
| 15 | **Position** | **Beschreibung** | **Preis/ Stunde** | **Beginn der Leistung** | **Ende der Leistung** | **Zeitaufwand** | **Gesamt-preis** |
| 16 | 01 | Installation Kopiergeräte | 60,00 € | 08:30 | 10:00 | 01:30 | 90,00 € |
| 17 | 02 | ausführliche Einweisung | 50,00 € | 10:00 | 11:30 | 01:30 | |
| 18 | | | | | | | |
| 19 | | | | | | **Gesamt (netto)** | |
| 20 | | | | | | **+ 19 % USt.** | |
| 21 | | | | | | **Gesamt (brutto)** | |

***Abbildung 7:*** *Angebotsformular – vollständige Funktion zur Ermittlung des Ergebnisses*

**Arbeitsauftrag 1:**

Übernehmen Sie die in Abbildung 1 dargestellte Tabelle in ein leeres Tabellenblatt. Vollziehen Sie die neuen Funktionen nach und ermitteln Sie die fehlenden Ergebnisse mithilfe von geeigneten Funktionen und Formeln.

# 8.2 Datumsfunktionen

## 8.2.1 Arbeiten mit Datumsangaben

**Situation:**

Frau Inga Yilmaz möchte das Angebotsformular dahin gehend erweitern, dass die Bindungsfrist des Angebotes in der Zelle D23 (vgl. Abbildung 8) formelgesteuert ermittelt werden soll. Für die in der Zelle D23 zu ermittelnde Bindungsfrist an das Angebot soll gelten, dass dieses 15 Tage lang – ausgehend vom Erstellungsdatum des Angebotes – gültig ist.

Ausgangspunkt für die notwendigen Arbeitsschritte ist das nachstehende Angebotsformular:

| | A | B | C | D | E | F | G |
|---|---|---|---|---|---|---|---|
| 5 | *Bürodesign GmbH, Stollberger Str. 188, 50933 Köln* | | | | | | |
| 6 | | | | | | | |
| 7 | **Falo Bonn GmbH** | | | | | | |
| 8 | **Erzbergerufer 10** | | | | | | |
| 9 | **53111 Bonn** | | | | | | |
| 10 | | | | | | | |
| 11 | | | | | | | |
| 12 | | | | | | | |
| 13 | **Angebot Nr. 1050/2018** | | | | | Datum: | 04.12.2018 |
| 14 | | | | | | | |
| 15 | **Position** | **Beschreibung** | **Preis/ Stunde** | **Beginn der Leistung** | **Ende der Leistung** | **Zeitaufwand** | **Gesamt-preis** |
| 16 | 01 | Installation Kopiergeräte | 60,00 € | 08:30 | 10:00 | 01:30 | 90,00 € |
| 17 | 02 | ausführliche Einweisung | 50,00 € | 10:00 | 11:30 | 01:30 | 75,00 € |
| 18 | | | | | | | |
| 19 | | | | | | **Gesamt (netto)** | 165,00 € |
| 20 | | | | | | **+ 19 % USt.** | 31,35 € |
| 21 | | | | | | **Gesamt (brutto)** | 196,35 € |
| 22 | | | | | | | |
| 23 | An dieses Angebot halten wir uns gebunden bis zum | | | | | | |

***Abbildung 8:*** *Angebotsformular – erweitert um die Bindungsfrist*

Ähnlich wie bei Uhrzeiten ist es auch bei Datumsangaben notwendig, die Vorgehensweise des Programms bei der Verwendung von Datumsangaben zu kennen.

**Anmerkung:**

Das Programm geht für seine Datumsberechnung vom 01. Januar 1900 als Startpunkt aus. Jeder darauffolgende Tag erhält eine um 1 erhöhte Zahl zugeordnet. Der 31. Dezember 1900 entspricht somit z. B. der Zahl 366, da das Jahr 1900 ein Schaltjahr war. Die sich hinter dem jeweiligen Datum befindlichen Zahlen können über den Befehlsweg START – ZAHL – ZELLEN FORMATIEREN – KATEGORIE (STANDARD) abgelesen werden.

In der nachfolgenden Abbildung 9 wurde die Zelle G13 mithilfe der Maus angeklickt und der in der vorstehenden Anmerkung beschriebene Befehlsweg vollzogen. Das Programm zeigt an, dass der 04.12.2018 der insgesamt 43.438. Tag der DV-internen Zeitrechnung ist.

Nur durch den Umstand, dass jedes Datum einen individuellen Wert zugewiesen bekommt, sind Additionen und Subtraktionen unterschiedlicher Kalenderdaten möglich.

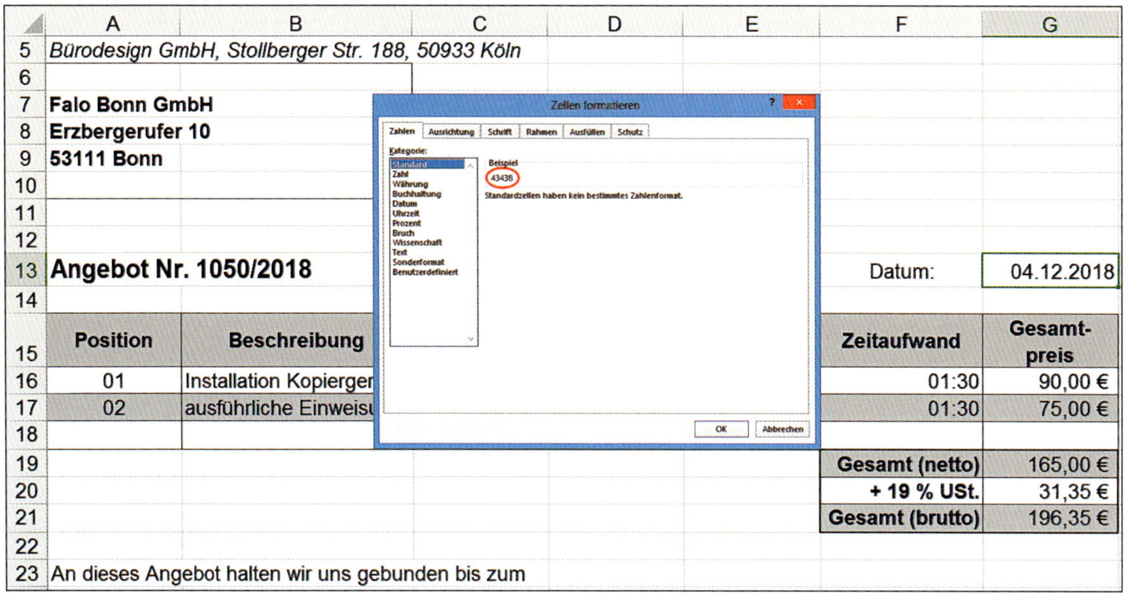


| | A | B | C | D | E | F | G |
|---|---|---|---|---|---|---|---|
| 5 | *Bürodesign GmbH, Stollberger Str. 188, 50933 Köln* | | | | | | |
| 6 | | | | | | | |
| 7 | **Falo Bonn GmbH** | | | | | | |
| 8 | **Erzbergerufer 10** | | | | | | |
| 9 | **53111 Bonn** | | | | | | |
| 10 | | | | | | | |
| 11 | | | | | | | |
| 12 | | | | | | | |
| 13 | **Angebot Nr. 1050/2018** | | | | | Datum: | 04.12.2018 |
| 14 | | | | | | | |
| 15 | **Position** | **Beschreibung** | | | | **Zeitaufwand** | **Gesamt-preis** |
| 16 | 01 | Installation Kopierger | | | | 01:30 | 90,00 € |
| 17 | 02 | ausführliche Einweisu | | | | 01:30 | 75,00 € |
| 18 | | | | | | | |
| 19 | | | | | | **Gesamt (netto)** | 165,00 € |
| 20 | | | | | | **+ 19 % USt.** | 31,35 € |
| 21 | | | | | | **Gesamt (brutto)** | 196,35 € |
| 22 | | | | | | | |
| 23 | An dieses Angebot halten wir uns gebunden bis zum | | | | | | |

***Abbildung 9:*** *Angebotsformular – DV-interne Darstellung eines Datums*

Für die ausstehende Formel in der Zelle D23 bedeutet dies, dass die Formel =G13+15 zum richtigen Ergebnis führt (vgl. Abbildung 10).

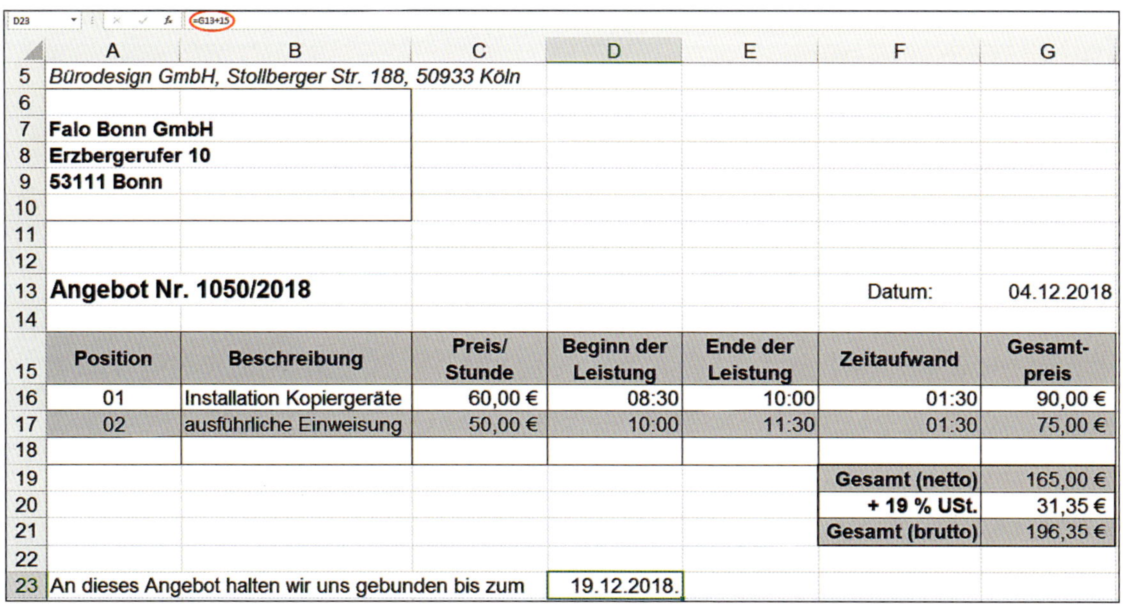


| | A | B | C | D | E | F | G |
|---|---|---|---|---|---|---|---|
| 5 | *Bürodesign GmbH, Stollberger Str. 188, 50933 Köln* | | | | | | |
| 6 | | | | | | | |
| 7 | **Falo Bonn GmbH** | | | | | | |
| 8 | **Erzbergerufer 10** | | | | | | |
| 9 | **53111 Bonn** | | | | | | |
| 10 | | | | | | | |
| 11 | | | | | | | |
| 12 | | | | | | | |
| 13 | **Angebot Nr. 1050/2018** | | | | | Datum: | 04.12.2018 |
| 14 | | | | | | | |
| 15 | **Position** | **Beschreibung** | **Preis/ Stunde** | **Beginn der Leistung** | **Ende der Leistung** | **Zeitaufwand** | **Gesamt-preis** |
| 16 | 01 | Installation Kopiergeräte | 60,00 € | 08:30 | 10:00 | 01:30 | 90,00 € |
| 17 | 02 | ausführliche Einweisung | 50,00 € | 10:00 | 11:30 | 01:30 | 75,00 € |
| 18 | | | | | | | |
| 19 | | | | | | **Gesamt (netto)** | 165,00 € |
| 20 | | | | | | **+ 19 % USt.** | 31,35 € |
| 21 | | | | | | **Gesamt (brutto)** | 196,35 € |
| 22 | | | | | | | |
| 23 | An dieses Angebot halten wir uns gebunden bis zum | | | 19.12.2018 | | | |

***Abbildung 10:*** *Angebotsformular – formelgesteuerte Berechnung der Bindungsfrist*

Ähnlich wie bei den Uhrzeiten kann auch bei Datumsangaben die gewünschte Schreibweise durch eine **Benutzerdefinierte Formatierung** eingestellt werden.

**Anmerkung:**

Die Kennzeichnungen für Tag, Monat und Jahr lauten wie folgt:

| | |
|---|---|
| T: | einstellige Tage werden ohne die vorangestellte 0 dargestellt (z. B. 9) |
| TT: | einstellige Tage werden als zweistellige Ziffern dargestellt (z. B. 09) |
| TTT: | Tage werden als Abkürzung des jeweiligen Wochentags ausgegeben (z. B. Mo) |
| TTTT: | Tage werden als vollständiger Wochentag ausgegeben (z. B. Montag) |
| M: | einstellige Monate werden ohne die vorangestellte 0 dargestellt (z. B. 2) |
| MM: | einstellige Monate werden als zweistellige Ziffern dargestellt (z. B. 02) |
| MMM: | Monate werden als Abkürzung des jeweiligen Monats ausgegeben (z. B. Feb) |
| MMMM: | Monate werden vollständig ausgegeben (z. B. Februar) |
| JJ: | Das Jahr wird als zweistellige Ziffer ausgegeben (z. B. 18) |
| JJJJ: | Das Jahr wird als vierstellige Ziffer ausgegeben (z. B. 2018) |

**Arbeitsauftrag 2:**

Übernehmen Sie in Ihr bereits bestehendes Tabellenblatt den in der Zeile 23 stehenden Text. Sorgen Sie dafür, dass die Zelle D23 für die später einzufügende Formel leer bleibt. Vollziehen Sie anschließend die zuvor dargestellten Arbeitsschritte nach. Stellen Sie zusätzlich durch eine Benutzerdefinierte Formatierung sicher, dass das Ergebnis „19.12.2018" durch einen Punkt abgeschlossen wird.

## 8.2.2 Die Funktion WOCHENTAG

**Situation:**

Frau Yilmaz schlägt vor, dass die Kunden als zusätzliche Information den Wochentag mitgeteilt bekommen, an dem die angebotenen Arbeiten ausgeführt werden. Die Umwandlung des in der Zelle F24 stehenden Datums (08.01.2019) in den zugehörigen Wochentag soll vom Programm automatisch ermittelt werden.

Die hierfür notwendige Funktion heißt =WOCHENTAG(ZAHL).

Übertragen auf die geforderte Anforderung an das Angebotsformular heißt die Funktion somit =WOCHENTAG(F24). Wie in der nachstehenden Abbildung 11 allerdings zu ersehen ist, liefert das Programm statt des ausgeschriebenen Wochentags „Dienstag" die Zahl 3.

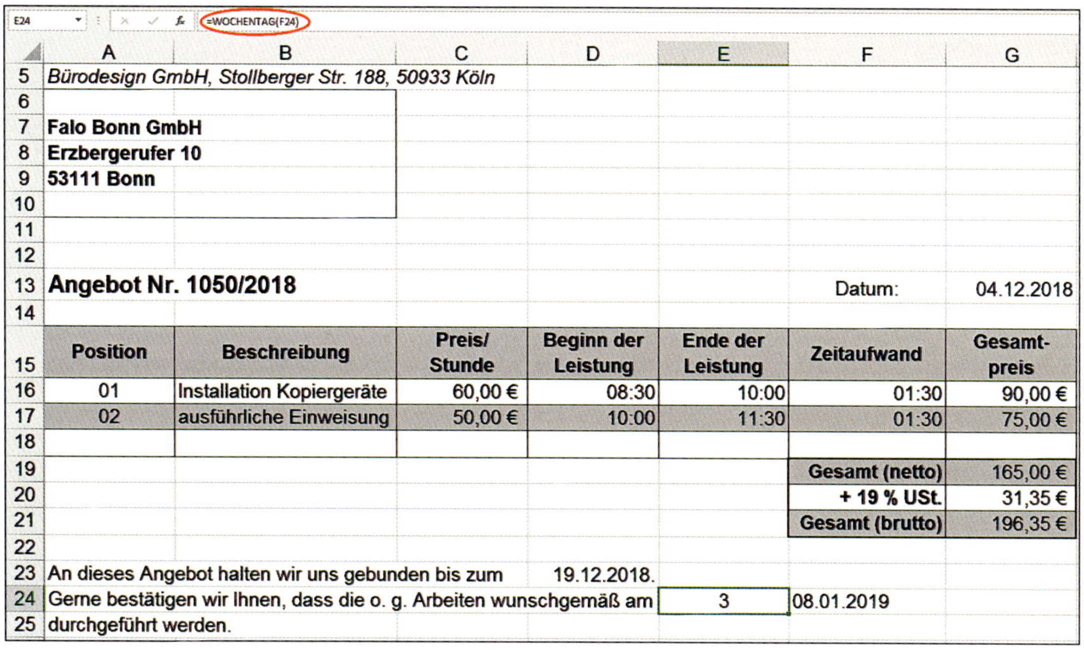


***Abbildung 11:*** *Erweitertes Angebotsformular – Wochentag*

Hier ist erneut das Wissen notwendig, dass die DV-Zeitrechnung vom 01. Januar 1900 als Startpunkt ausgeht. Da der 01. Januar 1900 auf einen Sonntag fiel, ist dem Sonntag die Zahl 1, dem Montag die Zahl 2 usw. und letztlich dem Samstag die Zahl 7 zugewiesen worden. Diese Systematik gilt für alle mithilfe des Programms umzurechnenden Kalenderdaten. Das ausgegebene Ergebnis „3" entspricht somit dem Wochentag „Dienstag". Damit dieses Ergebnis ausgewiesen wird, muss die Zelle entsprechend benutzerdefiniert formatiert werden. Wie bereits dargestellt, werden die Tage in der **Benutzerdefinierten Formatierung** durch ein bis vier große „T" dargestellt. Die Formatierung der Zelle E24 auf „TTTT" führt zur gewünschten Schreibweise (vgl. Abbildung 12).

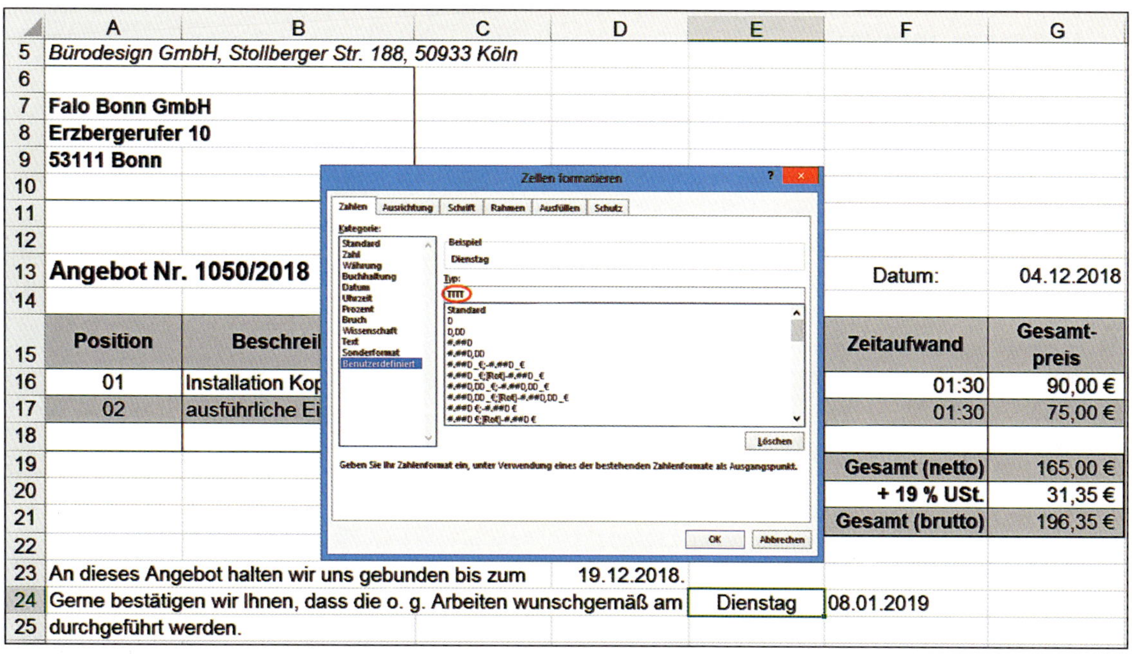


***Abbildung 12:*** *Erweitertes Angebotsformular – ausgeschriebener Wochentag*

**Arbeitsauftrag 3:**

Übernehmen Sie in Ihr bereits bestehendes Tabellenblatt den in den Zeilen 24 und 25 stehenden Text. Sorgen Sie dafür, dass die Zelle E24 für die später einzufügende Funktion leer bleibt. Vollziehen Sie anschließend die zuvor dargestellten Arbeitsschritte nach. Stellen Sie zusätzlich durch eine Benutzerdefinierte Formatierung sicher, dass hinter dem Wochentag in der Zelle E24 ein Komma erscheint.

### 8.2.3 Weitere Datumsfunktionen (TAG, MONAT und JAHR)

**Situation:**

Als weitere Marketingmaßnahme zur Kundenbindung will Frau Yilmaz den Kunden der Bürodesign GmbH das Angebot unterbreiten, dass bei Annahme des vorliegenden Angebotes alle Inspektionen bis zum Ende des folgenden Kalenderjahres kostenlos sind. Das per Funktion zu berechnende Kalenderjahr soll in der Zelle F27 ausgegeben werden.

Im Gegensatz zu den bisherigen Situationen zu Datumsfunktionen reicht die Umwandlung des Datums „04.12.2018" in eine Zahl nicht aus. Vielmehr interessiert hier lediglich die Jahreszahl „2018". Wie im Gliederungspunkt 8.2.1 dargestellt, verbirgt sich hinter dem Kalenderdatum jedoch nicht die Zahl „2018", sondern die Zahl 43.438.

| | A | B | C | D | E | F | G |
|---|---|---|---|---|---|---|---|
| 5 | *Bürodesign GmbH, Stollberger Str. 188, 50933 Köln* | | | | | | |
| 6 | | | | | | | |
| 7 | **Falo Bonn GmbH** | | | | | | |
| 8 | **Erzbergerufer 10** | | | | | | |
| 9 | **53111 Bonn** | | | | | | |
| 10 | | | | | | | |
| 11 | | | | | | | |
| 12 | | | | | | | |
| 13 | **Angebot Nr. 1050/2018** | | | | | Datum: | 04.12.2018 |
| 14 | | | | | | | |
| 15 | **Position** | **Beschreibung** | **Preis/ Stunde** | **Beginn der Leistung** | **Ende der Leistung** | **Zeitaufwand** | **Gesamt-preis** |
| 16 | 01 | Installation Kopiergeräte | 60,00 € | 08:30 | 10:00 | 01:30 | 90,00 € |
| 17 | 02 | ausführliche Einweisung | 50,00 € | 10:00 | 11:30 | 01:30 | 75,00 € |
| 18 | | | | | | | |
| 19 | | | | | | **Gesamt (netto)** | 165,00 € |
| 20 | | | | | | **+ 19 % USt.** | 31,35 € |
| 21 | | | | | | **Gesamt (brutto)** | 196,35 € |
| 22 | | | | | | | |
| 23 | An dieses Angebot halten wir uns gebunden bis zum | | | 19.12.2018. | | | |
| 24 | Gerne bestätigen wir Ihnen, dass die o. g. Arbeiten wunschgemäß am | | | | Dienstag, | 08.01.2019 | |
| 25 | durchgeführt werden. | | | | | | |
| 26 | | | | | | | |
| 27 | Wenn Sie sich für unser Angebot entscheiden, sind alle Service-Checks bis Ende | | | | | | kostenlos. |

***Abbildung 13:*** *Erweitertes Angebotsformular – Jahr*

Um aus einem Kalenderdatum die einzelnen Bestandteile Tag, Monat und Jahr herausfiltern zu können, existieren im Programm drei separate Funktionen. Die Funktionen heißen:

=TAG(ZAHL)

=MONAT(ZAHL)

=JAHR(ZAHL)

Bezogen auf die Ausgangssituation wird in der Zelle F27 zunächst durch die Funktion =JAHR(G13) aus dem Datum die Zahl „2018" herausgefiltert. Um dieses Ergebnis auf die Zahl „2019" zu bringen, muss die Funktion lediglich noch um den Teil „+1" erweitert werden.

Wie der nachfolgenden Abbildung 14 zu entnehmen ist, führt die Funktion =JAHR(G13)+1 noch nicht zum gewünschten Ergebnis, da standardmäßig wieder die normale Datumsformatierung TT.MM.JJJJ vorliegt.

Gemäß dem im Gliederungspunkt 8.2.1 dargestellten Ursprungsdatum (01.01.1900 = Zahl 1) entspricht die Zahl 2019 (= 2019 Tage) dem in der Abbildung 14 angezeigten Datum „11.07.1905".

F27 | =JAHR(G13)+1

| | A | B | C | D | E | F | G |
|---|---|---|---|---|---|---|---|
| 5 | *Bürodesign GmbH, Stollberger Str. 188, 50933 Köln* | | | | | | |
| 6 | | | | | | | |
| 7 | **Falo Bonn GmbH** | | | | | | |
| 8 | **Erzbergerufer 10** | | | | | | |
| 9 | **53111 Bonn** | | | | | | |
| 10 | | | | | | | |
| 11 | | | | | | | |
| 12 | | | | | | | |
| 13 | **Angebot Nr. 1050/2018** | | | | | Datum: | 04.12.2018 |
| 14 | | | | | | | |
| 15 | **Position** | **Beschreibung** | **Preis/ Stunde** | **Beginn der Leistung** | **Ende der Leistung** | **Zeitaufwand** | **Gesamt-preis** |
| 16 | 01 | Installation Kopiergeräte | 60,00 € | 08:30 | 10:00 | 01:30 | 90,00 € |
| 17 | 02 | ausführliche Einweisung | 50,00 € | 10:00 | 11:30 | 01:30 | 75,00 € |
| 18 | | | | | | | |
| 19 | | | | | | **Gesamt (netto)** | 165,00 € |
| 20 | | | | | | **+ 19 % USt.** | 31,35 € |
| 21 | | | | | | **Gesamt (brutto)** | 196,35 € |
| 22 | | | | | | | |
| 23 | An dieses Angebot halten wir uns gebunden bis zum | | | 19.12.2018. | | | |
| 24 | Gerne bestätigen wir Ihnen, dass die o. g. Arbeiten wunschgemäß am | | | | Dienstag, | 08.01.2019 | |
| 25 | durchgeführt werden. | | | | | | |
| 26 | | | | | | | |
| 27 | Wenn Sie sich für unser Angebot entscheiden, sind alle Service-Checks bis Ende | | | | | 11.07.1905 | kostenlos. |

***Abbildung 14:*** *Erweitertes Angebotsformular – „Jahr" mit „falscher" Formatierung*

Um im Angebot das gewünschte Ergebnis „2019" anzeigen zu lassen, muss die Zelle wiederum benutzerdefiniert formatiert werden. Wie in der Abbildung 15 ersichtlich wird, führt die Benutzerdefinierte Formatierung 0 – (wahlweise reicht auch die Formatierung der KATEGORIE (STANDARD) – zum richtigen Ergebnis.

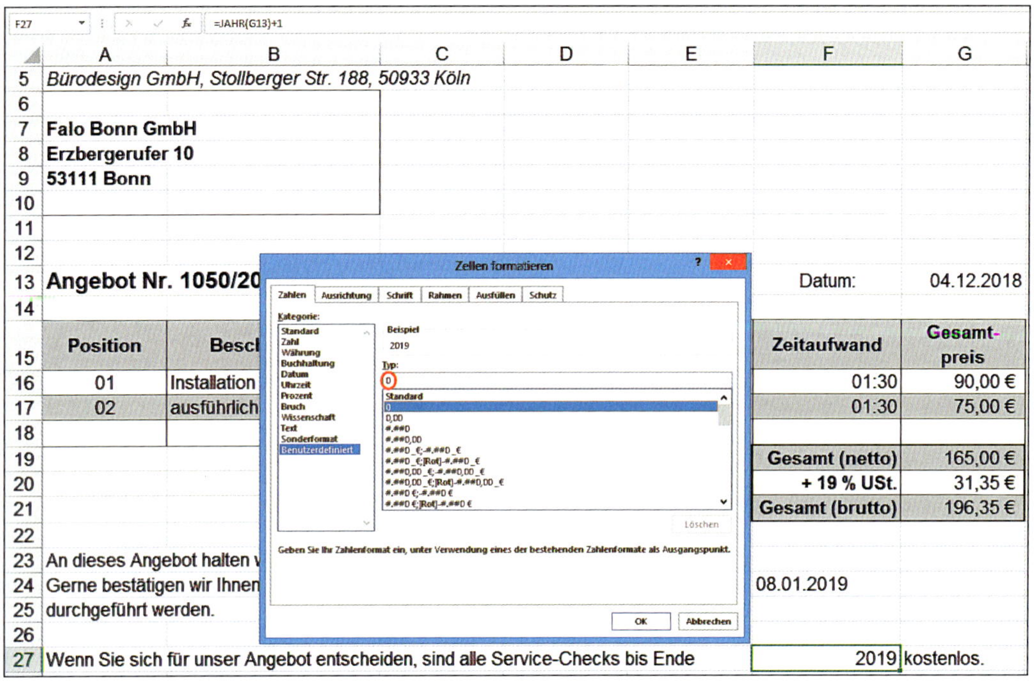


***Abbildung 15:*** *Erweitertes Angebotsformular – „Jahr" mit richtiger Formatierung*

**Anmerkung:**

Die Benutzerdefinierte Formatierung auf JJJJ würde nicht zum richtigen Ergebnis führen, da das Programm die Zahl 2019 wieder in die Datumsrechnung übertragen würde, wonach 2019 Tage dem Kalenderdatum 1905 entsprechen würden (2019 Tage : 365 Tage/Jahr = 5,53 Jahre → 5 vollständige Jahre → Jahr 1905).

**Arbeitsauftrag 4:**

Übernehmen Sie in Ihr bestehendes Tabellenblatt die Zeile 27 und sorgen Sie dafür, dass die Zelle F27 zunächst leer bleibt. Vollziehen Sie anschließend für die Zelle F27 die zuvor dargestellten Arbeitsschritte nach. Stellen Sie zusätzlich durch eine Benutzerdefinierte Formatierung sicher, dass vor dem Ergebnis „2019" der Text „des Jahres" hinzugefügt wird.

## 8.2.4 Die Funktion DATUM

**Situation:**

Herr Fritz Werner aus der Abteilung Absatz möchte für gezieltere Werbemaßnahmen das Bestellverhalten der Kunden analysieren. Eine zu untersuchende Größe ist die Anzahl der Tage, die zwischen der aktuellen und der letzten Bestellung vergangen sind. Diese Information soll in den Zellen der Spalte D ermittelt werden.

Das sich für diese Aufgabenstellung ergebende Problem besteht darin, dass für die Berechnung keine Zelle mit dem aktuellen Datum vorliegt. Es steht zwar in der Zeile 4 u. a. das entsprechende Datum „04.12.2018", doch wegen der Kombination aus Text, Zahlen und Sonderzeichen erkennt das Programm nicht die gewünschte Information.

| | A | B | C | D | E | F | G | H | I |
|---|---|---|---|---|---|---|---|---|---|
| 1 | **Bürodesign GmbH, Stollberger Str. 188, 50933 Köln** | | | | | | | | |
| 2 | | | | | | | | | |
| 3 | | | | | | | | | |
| 4 | **Übersicht über die am 04.12.2018 eingegangenen Bestellungen** | | | | | | | | |
| 5 | **- Ermittlung der dem Kunden in Rechnung zu stellenden Kreditzinsen bei Finanzierung über unsere Hausbank -** | | | | | | | | |
| 6 | | | | | | | | | |
| 7 | | | | | | | | | |
| 8 | Kunden-Nr. | Name | letzte Bestellung am | vergangene Tage seit letzter Bestellung | Rechnungs-betrag | Zahlungs-termin, netto Kasse | angebotener Zahlungstermin für Kredit | Kreditdauer (360 Tage) | anfallende Kreditzinsen |
| 9 | 12103 | Schacht Energie AG | 22.05.2018 | | 4.850,00 € | 02.01.2019 | 15.02.2019 | | |
| 10 | 12109 | eazytravel KG | 06.06.2018 | | 7.060,00 € | 15.01.2019 | 15.03.2019 | | |
| 11 | 12125 | Süddt. Messebau | 14.03.2018 | | 855,00 € | 28.12.2018 | 01.02.2019 | | |
| 12 | 12126 | Schmidt OHG | 16.07.2018 | | 1.130,00 € | 28.02.2018 | 01.04.2019 | | |
| 13 | 12127 | Wigger & Söhne AG | 01.08.2018 | | 3.080,00 € | 15.01.2019 | 15.03.2019 | | |
| 14 | 12128 | L. Wieland GmbH | 26.06.2018 | | 2.710,00 € | 27.12.2018 | 01.02.2019 | | |
| 15 | 12129 | L. Helmchen AG | 21.02.2018 | | 6.540,00 € | 28.02.2019 | 01.04.2019 | | |

***Abbildung 16:*** *Tabelle der Bestellungen*

Die Eingabe des gewünschten Datums (hier 04.12.2018) direkt in der Formel führt nicht zum Ergebnis, da das Programm die Punkte als Tausender-Trennzeichen o. Ä. erkennt. Um die Berechnung ohne das Eintragen des Datums in eine separate Zelle durchführen zu können, wird die Hilfe der Funktion =DATUM(Jahr;Monat;Tag) benötigt.

**Anmerkung:**

Bei der Eingabe des Kalenderdatums ist dringend auf die zuvor dargestellte Reihenfolge zu achten. Die im deutschsprachigen Raum gewöhnliche Schreibweise Tag, Monat, Jahr wird vom Programm nicht erkannt.

Die in der Zelle D9 stehende Funktion =DATUM(2018;12;4)-C9 führt zum richtigen Ergebnis. Es ist allerdings zu beachten, dass das Ergebnis vom Programm wieder als Datum ausgegeben worden ist, sodass erst durch die anschließende Formatierung des Zellinhalts auf das Format „Standard" das gewünschte Ergebnis dargestellt wird.

D9 fx =DATUM(2018;12;4)-C9

| | A | B | C | D | E | F | G | H | I |
|---|---|---|---|---|---|---|---|---|---|
| 1 | **Bürodesign GmbH, Stollberger Str. 188, 50933 Köln** | | | | | | | | |
| 2 | | | | | | | | | |
| 3 | | | | | | | | | |
| 4 | **Übersicht über die am 04.12.2018 eingegangenen Bestellungen** | | | | | | | | |
| 5 | **- Ermittlung der dem Kunden in Rechnung zu stellenden Kreditzinsen bei Finanzierung über unsere Hausbank -** | | | | | | | | |
| 6 | | | | | | | | | |
| 7 | | | | | | | | | |
| 8 | Kunden-Nr. | Name | letzte Bestellung am | vergangene Tage seit letzter Bestellung | Rechnungs-betrag | Zahlungs-termin, netto Kasse | angebotener Zahlungstermin für Kredit | Kreditdauer (360 Tage) | anfallende Kreditzinsen |
| 9 | 12103 | Schacht Energie AG | 22.05.2018 | 14.07.1900 | 4.850,00 € | 02.01.2019 | 15.02.2019 | | |
| 10 | 12109 | eazytravel KG | 06.06.2018 | | 7.060,00 € | 15.01.2019 | 15.03.2019 | | |
| 11 | 12125 | Süddt. Messebau | 14.03.2018 | | 855,00 € | 28.12.2018 | 01.02.2019 | | |
| 12 | 12126 | Schmidt OHG | 16.07.2018 | | 1.130,00 € | 28.02.2018 | 01.04.2019 | | |
| 13 | 12127 | Wigger & Söhne AG | 01.08.2018 | | 3.080,00 € | 15.01.2019 | 15.03.2019 | | |
| 14 | 12128 | L. Wieland GmbH | 26.06.2018 | | 2.710,00 € | 27.12.2018 | 01.02.2019 | | |
| 15 | 12129 | L. Helmchen AG | 21.02.2018 | | 6.540,00 € | 28.02.2019 | 01.04.2019 | | |

***Abbildung 17:*** *Tabelle der Bestellungen – Format Datum*

Nach korrekter Formatierung erhält Herr Werner die folgenden Ergebnisse.

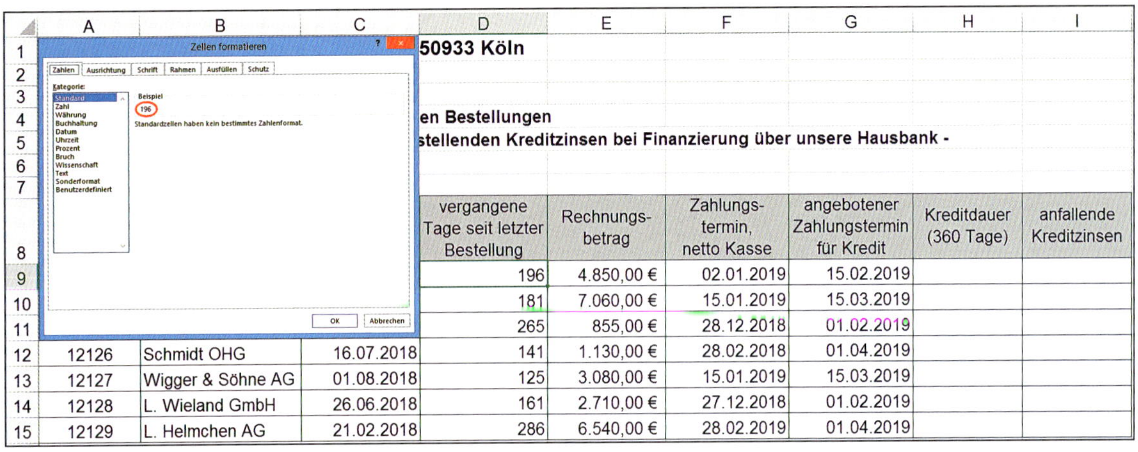


| | A | B | C | D | E | F | G | H | I |
|---|---|---|---|---|---|---|---|---|---|
| 1 | | | | 50933 Köln | | | | | |
| 2 | | | | | | | | | |
| 3 | | | | | | | | | |
| 4 | | | | en Bestellungen | | | | | |
| 5 | | | | stellenden Kreditzinsen bei Finanzierung über unsere Hausbank - | | | | | |
| 6 | | | | | | | | | |
| 7 | | | | | | | | | |
| 8 | | | | vergangene Tage seit letzter Bestellung | Rechnungs-betrag | Zahlungs-termin, netto Kasse | angebotener Zahlungstermin für Kredit | Kreditdauer (360 Tage) | anfallende Kreditzinsen |
| 9 | | | | 196 | 4.850,00 € | 02.01.2019 | 15.02.2019 | | |
| 10 | | | | 181 | 7.060,00 € | 15.01.2019 | 15.03.2019 | | |
| 11 | | | | 265 | 855,00 € | 28.12.2018 | 01.02.2019 | | |
| 12 | 12126 | Schmidt OHG | 16.07.2018 | 141 | 1.130,00 € | 28.02.2018 | 01.04.2019 | | |
| 13 | 12127 | Wigger & Söhne AG | 01.08.2018 | 125 | 3.080,00 € | 15.01.2019 | 15.03.2019 | | |
| 14 | 12128 | L. Wieland GmbH | 26.06.2018 | 161 | 2.710,00 € | 27.12.2018 | 01.02.2019 | | |
| 15 | 12129 | L. Helmchen AG | 21.02.2018 | 286 | 6.540,00 € | 28.02.2019 | 01.04.2019 | | |

***Abbildung 18:** Tabelle der Bestellungen – Format Standard*

**Arbeitsauftrag 5:**

Übernehmen Sie die Tabelle (vgl. Abbildung 16) inklusive aller Werte und Formatierungen in ein leeres Tabellenblatt. Vollziehen Sie anschließend die zuvor beschriebenen Arbeitsschritte und ermitteln Sie alle Ergebnisse der Spalte D. Stellen Sie zusätzlich durch eine Benutzerdefinierte Formatierung sicher, dass hinter den ermittelten Zahlen das Wort „Tage" erscheint.

## 8.2.5 Die Funktion TAGE360

**Situation:**

Auf Vorschlag von Herrn Dieter Zwock will die Marketingabteilung den Kunden in den nächsten Wochen ein besonderes Angebot unterbreiten. Für die aktuellen Bestellungen kann der Kunde einen Kredit über die Hausbank der Bürodesign GmbH in Anspruch nehmen. Als Kreditzeitraum gilt hierbei die Differenz der in den Spalten G und F (vgl. Abbildung 19) angegebenen Daten. In der Spalte I der nachstehenden Tabelle sollen die Kreditzinsen berechnet werden, die der Kunde ggf. zu tragen hat.

| | A | B | C | D | E | F | G | H | I |
|---|---|---|---|---|---|---|---|---|---|
| 1 | **Bürodesign GmbH, Stollberger Str. 188, 50933 Köln** | | | | | | | | |
| 2 | | | | | | | | | |
| 3 | | | | | | | | | |
| 4 | **Übersicht über die am 04.12.2018 eingegangenen Bestellungen** | | | | | | | | |
| 5 | **- Ermittlung der dem Kunden in Rechnung zu stellenden Kreditzinsen bei Finanzierung über unsere Hausbank -** | | | | | | | | |
| 6 | | | | | | | | | |
| 7 | | | | | | | | | |
| 8 | Kunden-Nr. | Name | letzte Bestellung am | vergangene Tage seit letzter Bestellung | Rechnungs-betrag | Zahlungs-termin, netto Kasse | angebotener Zahlungstermin für Kredit | Kreditdauer (360 Tage) | anfallende Kreditzinsen |
| 9 | 12103 | Schacht Energie AG | 22.05.2018 | 196 Tage | 4.850,00 € | 02.01.2019 | 15.02.2019 | | |
| 10 | 12109 | eazytravel KG | 06.06.2018 | 181 Tage | 7.060,00 € | 15.01.2019 | 15.03.2019 | | |
| 11 | 12125 | Süddt. Messebau | 14.03.2018 | 265 Tage | 855,00 € | 28.12.2018 | 01.02.2019 | | |
| 12 | 12126 | Schmidt OHG | 16.07.2018 | 141 Tage | 1.130,00 € | 28.02.2018 | 01.04.2019 | | |
| 13 | 12127 | Wigger & Söhne AG | 01.08.2018 | 125 Tage | 3.080,00 € | 15.01.2019 | 15.03.2019 | | |
| 14 | 12128 | L. Wieland GmbH | 26.06.2018 | 161 Tage | 2.710,00 € | 27.12.2018 | 01.02.2019 | | |
| 15 | 12129 | L. Helmchen AG | 21.02.2018 | 286 Tage | 6.540,00 € | 28.02.2019 | 01.04.2019 | | |

***Abbildung 19:** Tabelle der Bestellungen – Ausgangsformular*

Bei der Berechnung der Kreditdauer bietet sich für die Zelle H9 zunächst die Formel =G9-F9 an. Das Problem für die vorliegende Situation besteht darin, dass das Programm die Differenz zwischen den Terminen **tagesgenau** berechnet. Das heißt, dass der Monat Februar mit 28 Tagen (im Schaltjahr mit 29 Tagen), der Monat Juni mit 30 Tagen, der Monat Juli mit 31 Tagen etc. berechnet wird.
Die oben genannte Berechnung entspricht jedoch nicht der von Banken durchgeführten Berechnung des Kreditzeitraums (Zinsrechnung), da diese für jeden Monat 30 Tage unterstellen. Das Ergebnis müsste statt der ausgegebenen 44 Tage vielmehr bei lediglich 43 Tagen liegen.

H9 =G9-F9

| | A | B | C | D | E | F | G | H | I |
|---|---|---|---|---|---|---|---|---|---|
| 1 | **Bürodesign GmbH, Stollberger Str. 188, 50933 Köln** | | | | | | | | |
| 2 | | | | | | | | | |
| 3 | | | | | | | | | |
| 4 | **Übersicht über die am 04.12.2018 eingegangenen Bestellungen** | | | | | | | | |
| 5 | **- Ermittlung der dem Kunden in Rechnung zu stellenden Kreditzinsen bei Finanzierung über unsere Hausbank -** | | | | | | | | |
| 6 | | | | | | | | | |
| 7 | | | | | | | | | |
| 8 | Kunden-Nr. | Name | letzte Bestellung am | vergangene Tage seit letzter Bestellung | Rechnungs-betrag | Zahlungs-termin, netto Kasse | angebotener Zahlungstermin für Kredit | Kreditdauer (360 Tage) | anfallende Kreditzinsen |
| 9 | 12103 | Schacht Energie AG | 22.05.2018 | 196 Tage | 4.850,00 € | 02.01.2019 | 15.02.2019 | 44 | |
| 10 | 12109 | eazytravel KG | 06.06.2018 | 181 Tage | 7.060,00 € | 15.01.2019 | 15.03.2019 | | |
| 11 | 12125 | Süddt. Messebau | 14.03.2018 | 265 Tage | 855,00 € | 28.12.2018 | 01.02.2019 | | |
| 12 | 12126 | Schmidt OHG | 16.07.2018 | 141 Tage | 1.130,00 € | 28.02.2018 | 01.04.2019 | | |
| 13 | 12127 | Wigger & Söhne AG | 01.08.2018 | 125 Tage | 3.080,00 € | 15.01.2019 | 15.03.2019 | | |
| 14 | 12128 | L. Wieland GmbH | 26.06.2018 | 161 Tage | 2.710,00 € | 27.12.2018 | 01.02.2019 | | |
| 15 | 12129 | L. Helmchen AG | 21.02.2018 | 286 Tage | 6.540,00 € | 28.02.2019 | 01.04.2019 | | |

***Abbildung 20:*** *Tabelle der Bestellungen – tagesgenaue Kreditdauer (365 Tage pro Jahr)*

Damit das Programm die richtige Berechnung durchführt, muss die folgende Funktion verwendet werden: =TAGE360(AUSGANGSDATUM;ENDDATUM;METHODE)

**Anmerkung:**

Der dritte Funktionsbestandteil „Methode" bestimmt, ob die amerikanische oder die europäische Berechnung der Zinstage angewendet wird. Um die amerikanische Methode anzuwenden, muss „Falsch" angegeben werden. Für die europäische Methode hingegen lautet der Befehl „Wahr".

Nach Eingabe der Funktion =TAGE360(F9;G9;WAHR) in Zelle H9 wird das korrekte Ergebnis von 43 ausgegeben (vgl. Abbildung 21).

H9 =TAGE360(F9;G9;WAHR)

| | A | B | C | D | E | F | G | H | I |
|---|---|---|---|---|---|---|---|---|---|
| 1 | **Bürodesign GmbH, Stollberger Str. 188, 50933 Köln** | | | | | | | | |
| 2 | | | | | | | | | |
| 3 | | | | | | | | | |
| 4 | **Übersicht über die am 04.12.2018 eingegangenen Bestellungen** | | | | | | | | |
| 5 | **- Ermittlung der dem Kunden in Rechnung zu stellenden Kreditzinsen bei Finanzierung über unsere Hausbank -** | | | | | | | | |
| 6 | | | | | | | | | |
| 7 | | | | | | | | | |
| 8 | Kunden-Nr. | Name | letzte Bestellung am | vergangene Tage seit letzter Bestellung | Rechnungs-betrag | Zahlungs-termin, netto Kasse | angebotener Zahlungstermin für Kredit | Kreditdauer (360 Tage) | anfallende Kreditzinsen |
| 9 | 12103 | Schacht Energie AG | 22.05.2018 | 196 Tage | 4.850,00 € | 02.01.2019 | 15.02.2019 | 43 | |
| 10 | 12109 | eazytravel KG | 06.06.2018 | 181 Tage | 7.060,00 € | 15.01.2019 | 15.03.2019 | | |
| 11 | 12125 | Süddt. Messebau | 14.03.2018 | 265 Tage | 855,00 € | 28.12.2018 | 01.02.2019 | | |
| 12 | 12126 | Schmidt OHG | 16.07.2018 | 141 Tage | 1.130,00 € | 28.02.2018 | 01.04.2019 | | |
| 13 | 12127 | Wigger & Söhne AG | 01.08.2018 | 125 Tage | 3.080,00 € | 15.01.2019 | 15.03.2019 | | |
| 14 | 12128 | L. Wieland GmbH | 26.06.2018 | 161 Tage | 2.710,00 € | 27.12.2018 | 01.02.2019 | | |
| 15 | 12129 | L. Helmchen AG | 21.02.2018 | 286 Tage | 6.540,00 € | 28.02.2019 | 01.04.2019 | | |

***Abbildung 21:*** *Tabelle der Bestellungen – zinsrechnerische Kreditdauer (360 Tage pro Jahr)*

**Arbeitsauftrag 6:**

Vollziehen Sie in Ihrem bereits bestehenden Tabellenblatt für die Spalte H die zuvor dargestellten Arbeitsschritte. Ermitteln Sie anschließend in der Spalte I die anfallenden Kreditzinsen. Gehen Sie dabei von einem Kreditzinssatz der Bank in Höhe von 6,90 % p. a. aus.

# 8.3 Übungsaufgaben

## 8.3.1 Onlineversand

**Situation:**

Die Abteilung Absatz ermöglicht ihren Kunden seit einiger Zeit die Bestellung per Internet (vgl. Arbeitsauftrag 6.3.1). Die hierfür bislang verwendete Anwendung soll an dieser Stelle von Ihnen erweitert werden.

**Arbeitsaufträge:**

1. Wenn Sie die Übungsaufgabe **6.3.1 Onlineversand** bereits bearbeitet haben, können Sie diese erneut öffnen und die entsprechenden Änderungen in den Tabellenblättern vornehmen. Beachten Sie hierbei, dass es neben dem zusätzlichen Tabellenblatt **Vorgabezeit** auch Änderungen in den bestehenden Tabellenblättern gegeben hat. Sofern Sie nicht über den o. g. Arbeitsauftrag verfügen, beginnen Sie bitte bei Arbeitsauftrag 2.
2. Speichern Sie Ihre Datei unter dem Dateinamen **Onlineversand** ab. Speichern Sie Ihre Datei **spätestens alle fünf Minuten** ab, um Datenverlust zu vermeiden.
3. Benennen Sie das Tabellenblatt 1 in **Formular**, das Tabellenblatt 2 in **Artikel**, das Tabellenblatt 3 in **Vorgabezeit** sowie das Tabellenblatt 4 in **Kunden** um.
4. Übernehmen Sie die nachstehend abgebildeten Tabellen inklusive aller Werte und Formatierungen in die zuvor angelegten Tabellenblätter.
5. Vergeben Sie den Hilfstabellen im Tabellenblatt **Artikel** die Namen „Ware1" und „Ware2", der Hilfstabelle im Tabellenblatt **Vorgabezeit** den Namen „Zeit" sowie der Hilfstabelle im Tabellenblatt **Kunden** den Namen „Kunden". Arbeiten Sie – sofern möglich – mit diesen Zellnamen in den späteren Formeln und Funktionen.
6. Geben Sie in der Zelle B4 des Tabellenblattes **Formular** die Kundennummer „3492" ein.
7. Ermitteln Sie mithilfe einer Suchfunktion in den Zellen A6 und A7 den Kundennamen sowie den Wohnort des Kunden.
8. Geben Sie in der Zelle F4 mithilfe einer geeigneten Funktion das aktuelle Datum im Format TT.MM.JJJJ aus. In der Zelle E4 soll in Abhängigkeit von dem Ergebnis der Zelle F4 mithilfe einer Funktion der zugehörige Wochentag im Format TTTT ausgegeben werden.
9. Ermitteln Sie mithilfe von geeigneten Formeln bzw. Funktionen
   a) in den Zellen der Spalte D die jeweilige Artikelbezeichnung. Beachten Sie hierbei, dass es zwei unterschiedliche Artikellisten gibt;
   b) in der Spalte E den zugehörigen Listenpreis je Artikel,
   c) den Rabatt für das jeweilige Produkt in Euro. Hierbei ist zu beachten, dass nur Produkte aus der Warengruppe 2 rabattfähig sind. Zusätzlich muss der Kunde mindestens jeweils drei Stück eines Artikels bestellt haben, um den Einheitsrabattsatz von 10 % gewährt zu bekommen;
   d) den Nettopreis je Artikel,
   e) die auf den jeweiligen Artikel zu zahlende Umsatzsteuer. Hierbei ist zu beachten, dass der Umsatzsteuersatz bei Artikeln der Warengruppe 1 bei 7 %, bei Artikeln der Warengruppe 2 hingegen bei 19 % liegt;
   f) den Bruttopreis des jeweiligen Artikels,

g) den Bruttopreis für die gesamte Bestellmenge,
h) in der Zelle J18 den gesamten Bruttobetrag,
i) die vom Kunden zu zahlenden Versandkosten in Euro. Kunden der Kundenklasse A zahlen hierbei 2,90 € je Bestellung, während hingegen Kunden der Kundenklasse B keine Versandkosten in Rechnung gestellt bekommen;
j) den endgültigen Rechnungsbetrag.

10. Ermitteln Sie mithilfe einer Suchfunktion in der Zelle E7 die Zeit, zu welcher der zuständige Mitarbeiter des Onlineversands die bestellten Artikel fertig verpackt haben wird. Die hierfür vorgesehene Zeit hängt von der in der Spalte A gemachten Aussage über die laufende Position (= Anzahl unterschiedlicher Artikel) ab. Die Zuordnung zwischen der Anzahl unterschiedlicher Artikel und der hierfür vorgesehenen Vorgabezeit entnehmen Sie bitte dem Tabellenblatt **Vorgabezeit**.
11. Geben Sie unter Verwendung einer Formel in der Zelle D21 den voraussichtlichen Liefertermin im Format TT.MM.JJJJ ein. Hierfür gilt die Regel, dass die Ware zwei Tage nach dem Eingang der Bestellung beim Kunden ankommt.
12. Stellen Sie mithilfe von Bedingten Formatierungen sicher, dass
    a) die auf die einzelnen Positionen gewährten Rabatte in einer roten, fetten Schrift dargestellt werden,
    b) die Hintergrundfarbe der Zelle J19 im Falle von 0,00 € Versandkosten grün dargestellt wird.
13. Fügen Sie in Ihre Datei ein neues Tabellenblatt (Befehlsweg START – ZELLEN – EINFÜGEN – BLATT EINFÜGEN) ein und benennen Sie dieses in **Formeln** um. Kopieren Sie das Tabellenblatt **Formular** in das neue Tabellenblatt und wechseln Sie in die Formelansicht. Passen Sie alle Spalten so an, dass sämtliche Formeln und Funktionen vollständig lesbar sind.
14. Drucken Sie abschließend die Tabellenblätter **Formular** und **Formeln** aus. Beide Tabellenblätter sind hierbei im Querformat und unter Angabe Ihres Namens in der jeweiligen Kopfzeile auszudrucken. Weiterhin sollen beide Tabellen die Zeilen- und Spaltenüberschriften enthalten. Beim Tabellenblatt **Formeln** ist weiterhin zu beachten, dass dieses auf zwei Seiten (breit) verteilt ausgedruckt wird.

| | A | B | C | D | E | F | G | H | I | J |
|---|---|---|---|---|---|---|---|---|---|---|
| 1 | **Bürodesign GmbH - Online-Bestellformular** | | | | | | | | | |
| 2 | | | | | | | | | | |
| 3 | | | | | | | | | | |
| 4 | Kunden-Nr. | | | Bestellungseingang: | | | | | | |
| 5 | | | | | | | | | | |
| 6 | | | | Bestellungseingang (Uhrzeit): | 09:35 | | | | | |
| 7 | | | | Ware versandfertig (Uhrzeit): | | | | | | |
| 8 | | | | | | | | | | |
| 9 | **Position (max. 7)** | **Artikel-nummer** | **Menge** | **Artikel-bezeichnung** | **Listenpreis pro Stück** | **Rabatt in €** | **Nettopreis pro Stück** | **Umsatzsteuer in €** | **Bruttopreis pro Stück** | **Bruttopreis für Bestellmenge** |
| 10 | 1 | 12430 | 4 | | | | | | | |
| 11 | 2 | 23500 | 1 | | | | | | | |
| 12 | 3 | 20037 | 7 | | | | | | | |
| 13 | 4 | 10683 | 2 | | | | | | | |
| 14 | 5 | 21147 | 1 | | | | | | | |
| 15 | 6 | 20093 | 4 | | | | | | | |
| 16 | 7 | 13080 | 6 | | | | | | | |
| 17 | | | | | | | | | | |
| 18 | | | | | | | | | Gesamt-Brutto | |
| 19 | | | | | | | | | zzgl. Versand | |
| 20 | | | | | | | | | | |
| 21 | **Die Ware wird bei Ihnen voraussichtlich am** | | | | **eintreffen.** | | | | Rechnungsbetrag | |

***Abbildung 22:*** *Onlineversand; Tabellenblatt „Formular"*

| | A | B | C | D | E | F | G |
|---|---|---|---|---|---|---|---|
| 1 | **Übersicht über die Artikel und deren Preise** | | | | | | |
| 2 | | | | | | | |
| 3 | **Warengruppe 1 (bis Art.-Nr. 19.999)** | | | | **Warengruppe 2 (ab Art.-Nr. 20.000)** | | |
| 4 | | | | | | | |
| 5 | **Art.-Nr.** | **Artikel** | **Listenpreis** | | **Art.-Nr.** | **Artikel** | **Listenpreis** |
| 6 | 10235 | Das Office Buch | 24,95 € | | 20037 | Easy Words - Textverarbeitung CD | 88,39 € |
| 7 | 10683 | Tabellenkalkulation I | 17,98 € | | 20093 | Prüfungswissen Bürokaufleute CD | 42,78 € |
| 8 | 11207 | Arbeiten mit dem PC | 22,40 € | | 21147 | Deutschland sucht... Kalender | 12,50 € |
| 9 | 11874 | Internet für Anfänger | 12,90 € | | 21348 | Entspannungsmusik - 2 CD's | 14,99 € |
| 10 | 12430 | Tabellenkalkulation II | 21,00 € | | 22994 | Best of Cinema - 12 DVD's | 123,98 € |
| 11 | 13080 | Präsentieren leichtgemacht | 16,95 € | | 23249 | Der virtuelle Jahreskalender - CD | 17,98 € |
| 12 | 13792 | Textverarbeitung I | 14,95 € | | 23500 | Die große Spielesammlung | 17,00 € |
| 13 | 14257 | Textverarbeitung II | 14,95 € | | 23992 | Stempel und Stempelkissen | 22,90 € |

***Abbildung 23:*** *Onlineversand; Tabellenblatt „Artikel"*

| | A | B | C |
|---|---|---|---|
| 1 | **Vorgabezeiten für die Packzeit** | | |
| 2 | | | |
| 3 | Anzahl an Packstücken | eingeplanter Zeitbedarf | |
| 4 | 1 | 00:12 | |
| 5 | 2 | 00:16 | |
| 6 | 3 | 00:19 | |
| 7 | 4 | 00:23 | |
| 8 | 5 | 00:25 | |
| 9 | 6 | 00:27 | |
| 10 | 7 | 00:29 | |

***Abbildung 24:*** *Onlineversand; Tabellenblatt „Vorgabezeit"*

| | A | B | C | D | E | F | G |
|---|---|---|---|---|---|---|---|
| 1 | **Kundenübersicht** | | | | | | |
| 2 | | | | | | | |
| 3 | Kunden-Nr. | 3486 | 3489 | 3490 | 3492 | 3498 | 3451 |
| 4 | Kunde | Beckertz, Armin | Dahlbruch, Kerstin | Hoffenstedt, Anita | Kaiser, Jürgen | Wilms, Ingo | Zopfner, Sabine |
| 5 | Anschrift | 53111 Bonn | 26113 Oldenburg | 57074 Siegen | 96442 Coburg | 80332 München | 20446 Hamburg |
| 6 | Kundenklasse | A | B | B | A | B | B |

***Abbildung 25:*** *Onlineversand; Tabellenblatt „Kunden"*

## 8.3.2 Lieferanten- oder Bankkredit

**Situation:**

Die Abteilung Rechnungswesen/Statistik muss in den kommenden Wochen einige größere Rechnungen begleichen. Da der Kontostand der Bürodesign GmbH derzeit bei null liegt, müsste Herr Kurt Taube für das Unternehmen einen Bankkredit aufnehmen, um die jeweiligen Skonti in Anspruch zu nehmen. Mithilfe einer vorbereiteten Tabelle sollen Sie in seinem Auftrag überprüfen, für welche Rechnungen die Aufnahme eines Bankkredits sinnvoll erscheint.

**Arbeitsaufträge:**

1. Speichern Sie Ihre Datei unter dem Namen **Lieferanten- oder Bankkredit** ab. Speichern Sie Ihre Datei **spätestens alle fünf Minuten** ab, um Datenverlust zu vermeiden.
2. Benennen Sie das Tabellenblatt 1 in **Berechnung** und das Tabellenblatt 2 in **Grunddaten** um.
3. Übernehmen Sie die am Ende der Aufgabenstellung stehenden Tabellen inklusive aller Werte und Formatierungen in die zuvor eingerichteten Tabellenblätter.
4. Vergeben Sie für die zwei Hilfstabellen (A5 bis E9 und A14 bis C23) des Tabellenblattes **Grunddaten** die Namen „Rechnungen" und „Lieferanten". Vergeben Sie zusätzlich den Zellen F16 und F17 des Tabellenblattes **Grunddaten** die Namen „Zinssatz1" und „Zinssatz2". Verwenden Sie die Namen – sofern möglich – in den späteren Formeln und Funktionen.
5. Ermitteln Sie – ausgehend von der Rechnungsnummer – mithilfe von geeigneten Funktionen bzw. Formeln
   a) den Namen des jeweiligen Lieferanten,
   b) in Zeile 9 den Zahlungstermin bei Inanspruchnahme des Skontoabzugs und formatieren Sie das Ergebnis ggf. auf das Format TT.MM.JJJJ,
   c) in Zeile 10 den Zahlungstermin bei Zahlung zum spätestens möglichen Zeitpunkt (netto Kasse). Formatieren Sie auch dieses Ergebnis auf das Format TT.MM.JJJJ,
   d) den jeweiligen Zieleinkaufspreis in Euro,
   e) den möglichen Skontoabzug in Euro,
   f) den sich nach Abzug von Skonto ergebenden Bareinkaufspreis in Euro.
6. Übernehmen Sie per Zellbezug den Bareinkaufspreis in die Zeile 18 (Kreditbetrag). (Annahme: Die Bezugskosten betragen 0,00 €.)
7. Ermitteln Sie mithilfe von geeigneten Funktionen bzw. Formeln
   a) die notwendige Kreditdauer als Differenz zwischen den in den Zeilen 9 und 10 stehenden Daten. Beachten Sie, dass die Bank von 360 Tagen pro Jahr ausgeht;
   b) den Zinssatz für den jeweils aufzunehmenden Kredit. Beachten Sie hierbei, dass der Kredit jeweils am spätestens möglichen Tag (d. h. Datum in der Zeile 9) aufgenommen wird und sich der Kreditzinssatz nach Aussagen der Hausbank am 18.08.2018 verändert;
   c) unter Verwendung der Zinsformel die anfallenden Kreditzinsen,
   d) die Ersparnis im Fall einer Kreditaufnahme. Bedenken Sie, dass eine Kreditaufnahme auch zu einem negativen Ergebnis führen kann.
8. Stellen Sie durch Verwendung einer Benutzerdefinierten Formatierung sicher, dass die Ergebnisse in der Zeile Kreditdauer (Zeile 19) als „Tage" dargestellt werden.
9. Ermitteln Sie durch Verwendung von Bedingten Formatierungen, ob ein Kredit aufgenommen werden sollte. Aus einer Kreditaufnahme resultierende reale Ersparnisse (Zeile 24) sollen durch eine hellgrüne Füllfarbe dargestellt werden, während Verluste durch eine rote Füllfarbe kenntlich gemacht werden sollen.

10. Erstellen Sie ein Diagramm, aus dem neben den Skontoabzügen auch die Kreditzinsen hervorgehen. Verwenden Sie hierfür ein Säulendiagramm (gruppierte Säulen). Weisen Sie dem Diagramm eine aussagekräftige Überschrift und eine sinnvolle Beschriftung der x-Achse zu. Versehen Sie das Diagramm mit einer sinnvollen Legendenbeschriftung und x-Achse. Weiterhin soll sichergestellt werden, dass die Legende unter der Überschrift steht und die jeweiligen Werte im Diagramm angezeigt werden. Tragen Sie Sorge dafür, dass die Zeichnungsfläche einen grauen Farbton zugewiesen bekommt und die Diagrammfläche mit einer papyrusfarbenen Bild- bzw. Texturfüllung gefüllt wird.
    Das Diagramm soll auf einem eigenen Tabellenblatt mit dem Namen **Diagramm** erscheinen.
    Verändern Sie abschließend die Skalierung der y-Achse so, dass das Hauptintervall in 250,00-Euro-Schritten dargestellt wird.
11. Kopieren Sie den Inhalt des Tabellenblattes **Berechnung** in das Tabellenblatt 3 und benennen Sie dieses als **Formeln**.
12. Richten Sie die Tabellenblätter **Berechnung** und **Formeln** so ein, dass diese später im Querformat ausgedruckt werden können. Während das Tabellenblatt **Berechnung** auf einer Seite auszudrucken ist, soll das Tabellenblatt **Formeln** auf zwei Seiten breit ausgedruckt werden. Stellen Sie sicher, dass die Formeln unter Angabe der Zeilen- und Spaltenüberschriften ausgedruckt werden. Beide Tabellenblätter sollen in der Kopfzeile Ihren Namen sowie das heutige Datum tragen.
13. Drucken Sie die Tabellenblätter **Berechnung**, **Formeln** und **Diagramm** aus.

| | A | B | C | D | E | F |
|---|---|---|---|---|---|---|
| 1 | **Übersicht über zur Zahlung anstehende Rechnungen** | | | | | |
| 2 | | | | | | |
| 3 | | | | zahlbar bis ... | | |
| 4 | Rechnungs-nummer | Lieferanten-nummer | Zieleinkaufspreis | abzgl. Skontoabzug | netto Kasse | |
| 5 | 102.575 | 6 | 52.301,00 € | 15.08.2018 | 03.09.2018 | |
| 6 | 235.120 | 9 | 38.104,00 € | 28.08.2018 | 13.10.2018 | |
| 7 | 471.055 | 5 | 44.956,00 € | 04.09.2018 | 02.10.2018 | |
| 8 | 330.305 | 4 | 75.876,00 € | 10.08.2018 | 31.12.2018 | |
| 9 | 710.205 | 7 | 26.507,00 € | 25.08.2018 | 15.09.2018 | |
| 10 | | | | | | |
| 11 | **Übersicht über unsere Lieferanten** | | | | | |
| 12 | | | | | | |
| 13 | Lieferanten-nummer | Lieferanten-name | Skonto | | | |
| 14 | 1 | Jansen OHG | 3,0% | | **Zinssatz für Bankkredit** | |
| 15 | 2 | Brüggemann GmbH | 2,0% | | | |
| 16 | 3 | Deppendorf KG | 0,0% | | bis 17.08.2018 | 6,75% |
| 17 | 4 | Gielenhausen e. K. | 2,5% | | ab 18.08.2018 | 7,19% |
| 18 | 5 | Belken KG | 3,0% | | | |
| 19 | 6 | Pürlanus GmbH | 4,0% | | | |
| 20 | 7 | Onnan GBR | 2,0% | | | |
| 21 | 8 | Meedaus eG | 2,0% | | | |
| 22 | 9 | Wittmann AG | 3,0% | | | |
| 23 | 10 | Petros KG aA | 2,0% | | | |

***Abbildung 26:*** *Lieferanten- oder Bankkredit; Tabellenblatt „Grunddaten"*

| | A | B | C | D | E | F |
|---|---|---|---|---|---|---|
| 1 | **Lieferanten- oder Bankkredit?** | | | | | |
| 2 | | | | | | |
| 3 | Übersicht über die zur Zahlung anstehenden Rechnungen | | | | | |
| 4 | | | | | | |
| 5 | | | | | | |
| 6 | Rechnungsnummer | 102.575 | 235.120 | 471.055 | 330.305 | 710.205 |
| 7 | Lieferant | | | | | |
| 8 | Zahlungstermin ... | | | | | |
| 9 | abzgl. Skonto | | | | | |
| 10 | netto Kasse | | | | | |
| 11 | | | | | | |
| 12 | | | | | | |
| 13 | Zieleinkaufspreis | | | | | |
| 14 | - Skonto | | | | | |
| 15 | Bareinkaufspreis | | | | | |
| 16 | | | | | | |
| 17 | | | | | | |
| 18 | Kreditbetrag | | | | | |
| 19 | Kreditdauer | | | | | |
| 20 | Kreditzinssatz | | | | | |
| 21 | Kreditzinsen | | | | | |
| 22 | | | | | | |
| 23 | | | | | | |
| 24 | Ersparnis bei Kredit-aufnahme | | | | | |

***Abbildung 27:*** *Lieferanten- oder Bankkredit; Tabellenblatt „Berechnung"*

## 8.3.3 Monatsabrechnung für Bürogeräte

**Situation:**

Die Abteilung Absatz vermietet seit einigen Monaten tageweise Bürogeräte an Unternehmen, die diese zumeist für Konferenzen und Schulungen einsetzen, wenn sie auf die Anschaffung eigener Geräte verzichten wollen. Die Abrechnung erfolgt dabei nicht nach einem Pauschalpreis pro Tag. Der Preis setzt sich aus den vom Kunden in Anspruch genommenen Stunden und Minuten zusammen. Sie werden von Frau Inga Yilmaz mit der Erstellung der Abrechnung beauftragt.

**Arbeitsaufträge:**

1. Speichern Sie Ihre Datei unter dem Dateinamen **Monatsabrechnung für Bürogeräte** ab. Speichern Sie Ihre Datei **spätestens alle fünf Minuten** ab, um Datenverlust zu vermeiden.
2. Benennen Sie das Tabellenblatt 1 in **Abrechnung** sowie das Tabellenblatt 2 in **Grunddaten** um.
3. Übernehmen Sie die beigefügten Tabellenblätter inklusive aller Werte und Formatierungen in Ihre zuvor umbenannten Tabellenblätter.
4. Vergeben Sie für die drei Tabellen des Tabellenblattes **Grunddaten** die Namen „Kunde", „Zuschlag" und „Gerät". Verwenden Sie diese Namen – sofern möglich – in den jeweiligen Formeln und Funktionen.
5. Geben Sie in der Zelle B4 die Kunden-Nr. „20014" ein. In Abhängigkeit von dieser Kunden-Nr. soll in der Zelle B6 der zugehörige Kundenname mithilfe einer geeigneten Funktion ausgewiesen werden.
6. Ausgehend von dem in der Zelle M4 stehenden Datum soll mithilfe eines Zellbezugs in der Zelle M6 der zugehörige Abrechnungsmonat im Format MMMM JJJJ ausgewiesen werden.
7. Ermitteln Sie in den Zellen A10 bis A17 funktionsgesteuert den zum vorgegebenen Datum gehörigen Wochentag. Der Wochentag soll im Format TT ausgegeben werden.

8. Um dem Kunden aufzuzeigen, welche Zahl des Formats TT zu welchem Wochentag gehört (z. B. 01 = Sonntag), sollen Sie in den Zellen A24 bis G24 den Wochentag im Format TTTT zu den vorgegebenen Zahlen (1 bis 7) per Funktion ermitteln.
9. Ermitteln Sie mithilfe geeigneter Funktionen
   a) den jeweils gemieteten Gerätetyp (Spalte D),
   b) die gesamte Mietdauer (Spalte G) im Format hh:mm,
   c) den Preis für die vollen Stunden (Spalte H),
   d) den Preis für die über die vollen Stunden hinausgehenden Minuten (Spalte I),
   e) den Wochenendzuschlag, der am Samstag und Sonntag erhoben wird (Spalte J),
   f) die Zwischensumme, die sich aus den Werten der Aufgaben 9 c) bis 9 e) ergibt (Spalte K),
   g) der dem jeweiligen Kunden zustehende Rabatt in Euro sowie
   h) den Netto-Rechnungspreis für das jeweilige Mietdatum (Spalte M).
10. Ermitteln Sie weiterhin formelgesteuert
    a) den gesamten Nettobetrag,
    b) die gesetzliche Umsatzsteuer und
    c) den gesamten Rechnungsbetrag (Bruttobetrag).
11. Versehen Sie das Tabellenblatt 3 mit dem Namen **Formeln**. Kopieren Sie anschließend die Ergebnisse aus dem Tabellenblatt **Abrechnung** in das Tabellenblatt **Formeln** und wechseln Sie hiernach in die Formelansicht (STRG + #).
12. Richten Sie die Tabellenblätter **Abrechnung** und **Formeln** so ein, dass diese später im Querformat ausgedruckt werden können. Während das Tabellenblatt **Abrechnung** auf einer Seite auszudrucken ist, soll das Tabellenblatt **Formeln** auf zwei Seiten breit ausgedruckt werden. Stellen Sie sicher, dass die Formeln unter Angabe der Zeilen- und Spaltenüberschriften ausgedruckt werden. Beide Tabellenblätter sollen in der Kopfzeile Ihren Namen sowie das heutige Datum (als Funktion) tragen.
13. Drucken Sie nach abschließender Kontrolle die Tabellenblätter **Abrechnung** und **Formeln** aus.

Web

| | A | B | C | D | E | F | G |
|---|---|---|---|---|---|---|---|
| 1 | **Übersicht über unsere Kunden, deren Vertragskonditionen sowie die Gerätetypen** | | | | | | |
| 2 | | | | | | | |
| 3 | Kunden-Nr. | 20005 | 20012 | 20014 | 20015 | 20017 | |
| 4 | | | | | | | |
| 5 | Kunde | Berger, G. | Wilkens, J. | Lübbers, O. | Voß, B. | Pyplo, D. | |
| 6 | Rabattsatz | 10,00% | 5,00% | 7,50% | 10,00% | 7,50% | |
| 7 | | | | | | | |
| 8 | | | | | | | |
| 9 | Wochenendzuschlag | | 20% | | | | |
| 10 | | | | | | | |
| 11 | | | | | | | |
| 12 | Gerätecode | Gerätetyp | Stundenpreis | Minutenpreis | | | |
| 13 | A22 | Notebook | 4,80 € | 0,09 € | | | |
| 14 | A24 | Laserdrucker | 4,50 € | 0,09 € | | | |
| 15 | A25 | Beamer | 5,50 € | 0,10 € | | | |
| 16 | B10 | OHP-Projektor | 5,10 € | 0,10 € | | | |
| 17 | B15 | Kopiergerät | 7,50 € | 0,13 € | | | |

***Abbildung 28:*** *Monatsabrechnung für Bürogeräte; Tabellenblatt „Grunddaten"*

| | A | B | C | D | E | F | G | H | I | J | K | L | M |
|---|---|---|---|---|---|---|---|---|---|---|---|---|---|
| 1 | | Monatsabrechnung für vermietete Bürogeräte | | | | | | | | | | | |
| 2 | | | | | | | | | | | | | |
| 3 | | | | | | | | | | | | | |
| 4 | Kunden-Nr. | | | | | | | | | | | Abrechnungsdatum: | 31.10.2018 |
| 5 | | | | | | | | | | | | | |
| 6 | Kunde: | | | | | | | | | | | Abrechnungszeitraum: | |
| 7 | | | | | | | | | | | | | |
| 8 | | | | | | | | | | | | | |
| 9 | Wochentag | Datum | Gerätecode | Gerätetyp | Entleihzeit | Rückgabezeit | Gesamte Mietdauer (hh:mm) | Preis für gesamte Stundenanzahl | Preis für gesamte Minutenanzahl | Wochenend-zuschlag in € | Zwischen-summe in € | Rabatt in € | Rechnungs-preis, netto in € |
| 10 | | 06.10.2018 | B10 | | 07:52 | 16:43 | | | | | | | |
| 11 | | 10.10.2018 | A24 | | 08:28 | 17:09 | | | | | | | |
| 12 | | 12.10.2018 | A25 | | 09:12 | 18:55 | | | | | | | |
| 13 | | 16.10.2018 | B15 | | 07:31 | 19:02 | | | | | | | |
| 14 | | 19.10.2018 | A22 | | 06:49 | 16:14 | | | | | | | |
| 15 | | 21.10.2018 | B15 | | 08:44 | 19:43 | | | | | | | |
| 16 | | 24.10.2018 | A22 | | 07:57 | 16:44 | | | | | | | |
| 17 | | 29.10.2018 | B10 | | 08:22 | 15:57 | | | | | | | |
| 18 | | | | | | | | | | | | | |
| 19 | | | | | | | | | | | | Netto, gesamt | |
| 20 | | | | | | | | | | | | zzgl. 19 % USt. | |
| 21 | Abkürzung der Wochentage | | | | | | | | | | | Rechnungsbetrag | |
| 22 | | | | | | | | | | | | | |
| 23 | 01 | 02 | 03 | 04 | 05 | 06 | 07 | | | | | | |
| 24 | | | | | | | | | | | | | |

***Abbildung 29:*** *Monatsabrechnung für Bürogeräte; Tabellenblatt „Abrechnung"*

## 8.3.4 Wochenabrechnung für Versandfahrer

**Situation:**

Die Abteilung Versand der Bürodesign GmbH vertreibt im Umkreis von 200 km um ihren Standort ihre Produkte über sieben werkseigene Versandfahrer. Diese erhalten jede Woche eine gesonderte Abrechnung über das in der aktuellen Woche erzielte Bruttoeinkommen. Frau Erika Ferl aus der Abteilung Personal betraut Sie mit der Aufgabe, mithilfe der vorgegebenen Tabelle diese Wochenabrechnung vorzunehmen.

**Arbeitsaufträge:**

1. Speichern Sie Ihre Datei unter dem Namen **Wochenabrechnung Versandfahrer** ab. Speichern Sie Ihre Datei **spätestens alle fünf Minuten** ab, um Datenverlust zu vermeiden.
2. Benennen Sie das Tabellenblatt 1 in **Berechnung**, das Tabellenblatt 2 in **Fahrerdaten** und das Tabellenblatt 3 in **Arbeitszeiten** um.
3. Übernehmen Sie die am Ende der Aufgabenstellung vorgegebenen Tabellen inklusive aller Werte und Formatierungen in die zuvor eingerichteten Tabellenblätter.
4. Vergeben Sie der Hilfstabelle im Tabellenblatt **Fahrerdaten** den Namen „Fahrer" und der Hilfstabelle im Tabellenblatt **Arbeitszeiten** (Zellen C4 bis I16) den Namen „Zeit". Verwenden Sie diese Namen – sofern möglich – in den späteren Formeln und Funktionen.
5. Ermitteln Sie im Tabellenblatt **Berechnung** für jeden Fahrer mithilfe von geeigneten Formeln und Funktionen
   a) den Namen in den Zellen B6 bis B12 sowie B17 bis B23,
   b) die Arbeitszeiten (Arbeitsdauer) für die Wochentage Montag bis Freitag,
   c) das hieraus resultierende Einkommen für die Wochentage Montag bis Freitag,
   d) die Fehlerquote in Prozent (unter Angabe mit zwei Nachkommastellen). Ein Fehler liegt dann vor, wenn die Pakete zu spät ausgeliefert worden sind;

e) das Grundgehalt pro Woche in Euro,
f) den zeitabhängigen Lohn für die gesamte Woche in Euro,
g) die Leistungsprämie in Euro. Eine Leistungsprämie bekommt nur der Fahrer, dessen Fehlerquote unter dem Durchschnitt aller Fahrer liegt und der im Tabellenblatt **Fahrerdaten** entsprechend gekennzeichnet worden ist. Die Leistungsprämie beträgt 20 % des Grundgehalts pro Woche;
h) das gesamte Bruttogehalt pro Woche in Euro.

6. Erstellen Sie ein weiteres Tabellenblatt (Befehlsweg START – ZELLEN – EINFÜGEN – BLATT EINFÜGEN) und vergeben Sie diesem den Namen **Formeln**. Kopieren Sie das Tabellenblatt **Berechnung** in das Tabellenblatt **Formeln** und wechseln Sie in die Formelansicht.
7. Richten Sie das Tabellenblatt **Berechnung** so ein, dass dieses später auf nur einer Seite im Querformat ausgedruckt wird. Vermerken Sie in der Kopfzeile des Tabellenblattes Ihren vollständigen Namen sowie das heutige Datum.
8. Für das Einrichten des Tabellenblattes **Formeln** soll gelten, dass dieses später auf zwei Seiten im Querformat ausgedruckt werden soll. Auch dieses Tabellenblatt soll in der Kopfzeile Ihren vollständigen Namen und das heutige Datum enthalten.
Zudem sollen die Zeilen- und Spaltenüberschriften ausgegeben werden.

**Hinweis:**
Da die Spalten C bis G nahezu identische Funktionen enthalten, empfiehlt es sich, nur eine der Spalten ganz auszudrucken, während die anderen Spalten nach Möglichkeit minimiert – z. B. Spaltenbreite 3 – ausgedruckt werden sollten.

9. Drucken Sie nach abschließender Kontrolle die Tabellenblätter **Berechnung** und **Formeln** aus.

Web

| | A | B | C | D | E |
|---|---|---|---|---|---|
| 1 | **Übersicht über die Grunddaten unserer Fahrer** | | | | |
| 2 | | | | | |
| 3 | Fahrer-Nr. | Name des Fahrers | Grund-gehalt | Stunden-lohn | Leistungs-prämie |
| 4 | 112 | Cleeves | 160,00 € | 10,20 € | X |
| 5 | 115 | Klein | 180,00 € | 9,60 € | |
| 6 | 116 | Schuster | 155,00 € | 11,10 € | X |
| 7 | 121 | Pesch | 135,00 € | 10,80 € | X |
| 8 | 123 | Braun | 140,00 € | 11,30 € | |
| 9 | 127 | Yilmaz | 150,00 € | 12,40 € | X |
| 10 | 132 | Fahringer | 160,00 € | 11,70 € | |

***Abbildung 30:*** *Wochenabrechnung; Tabellenblatt „Fahrerdaten"*

| | A | B | C | D | E | F | G | H | I |
|---|---|---|---|---|---|---|---|---|---|
| 1 | **Übersicht über die Arbeitszeiten sowie die Anzahl (verspätet) ausgelieferter Pakete** | | | | | | | | |
| 2 | | | | | | | | | |
| 3 | | | **Fahrer-Nummer** | | | | | | |
| 4 | **Wochentag** | | **112** | **115** | **116** | **121** | **123** | **127** | **132** |
| 5 | **Mo.** | Beginn | 07:32 | 07:12 | 06:55 | 07:02 | 06:43 | 07:33 | 07:07 |
| 6 | | Ende | 16:12 | 15:58 | 15:33 | 16:11 | 15:22 | 15:46 | 16:00 |
| 7 | **Di.** | Beginn | 07:10 | 06:58 | 07:06 | 06:58 | 07:22 | 07:00 | 06:59 |
| 8 | | Ende | 15:59 | 16:42 | 16:04 | 15:55 | 15:57 | 16:14 | 16:05 |
| 9 | **Mi.** | Beginn | 06:43 | 06:55 | 07:02 | 07:08 | 06:55 | 07:07 | 07:13 |
| 10 | | Ende | 15:49 | 16:00 | 16:07 | 15:38 | 16:22 | 15:59 | 15:33 |
| 11 | **Do.** | Beginn | 06:55 | 07:04 | 07:14 | 07:03 | 07:12 | 07:32 | 06:52 |
| 12 | | Ende | 16:25 | 16:04 | 16:01 | 16:12 | 15:58 | 15:43 | 15:32 |
| 13 | **Fr.** | Beginn | 07:04 | 06:43 | 06:49 | 07:12 | 07:03 | 06:55 | 06:42 |
| 14 | | Ende | 15:46 | 15:57 | 15:24 | 16:05 | 15:25 | 16:11 | 16:07 |
| 15 | Anzahl ausgelieferter Pakete | | 213 | 198 | 241 | 189 | 201 | 194 | 220 |
| 16 | Anzahl verspätet ausgelieferter Pakete | | 3 | 4 | 6 | 0 | 2 | 5 | 4 |

***Abbildung 31:*** *Wochenabrechnung; Tabellenblatt „Arbeitszeiten"*

| | A | B | C | D | E | F | G | H | I | J | K | L |
|---|---|---|---|---|---|---|---|---|---|---|---|---|
| 1 | **Wochenabrechnung für unsere Versandfahrer** | | | | | | | | | | | |
| 2 | | | | | | | | | | | | |
| 3 | | | | | | | | | | | | |
| 4 | | | **Arbeitszeiten am jeweiligen Wochentag** | | | | | | | | | |
| 5 | Fahrer-Nr. | Name des Fahrers | Montag | Dienstag | Mittwoch | Donnerstag | Freitag | Fehlerquote (in %) | Grundgehalt pro Woche | zeitabhängiger Lohn | Leistungs-prämie | Bruttogehalt gesamt |
| 6 | 112 | | | | | | | | | | | |
| 7 | 115 | | | | | | | | | | | |
| 8 | 116 | | | | | | | | | | | |
| 9 | 121 | | | | | | | | | | | |
| 10 | 123 | | | | | | | | | | | |
| 11 | 127 | | | | | | | | | | | |
| 12 | 132 | | | | | | | | | | | |
| 13 | | | | | | | | | | | | |
| 14 | | | | | | | | | | | | |
| 15 | | | **Einkommen für den jeweiligen Wochentag (minutengenaue Abrechnung)** | | | | | | | | | |
| 16 | Fahrer-Nr. | Name des Fahrers | Montag | Dienstag | Mittwoch | Donnerstag | Freitag | | | | | |
| 17 | 112 | | | | | | | | | | | |
| 18 | 115 | | | | | | | | | | | |
| 19 | 116 | | | | | | | | | | | |
| 20 | 121 | | | | | | | | | | | |
| 21 | 123 | | | | | | | | | | | |
| 22 | 127 | | | | | | | | | | | |
| 23 | 132 | | | | | | | | | | | |

***Abbildung 32:*** *Wochenabrechnung; Tabellenblatt „Berechnung"*

# 9 Datenschutz und Datensicherheit

## 9.1 Zell- bzw. Blattschutz

**Situation:**

Nachdem Sie während Ihres Einsatzes in der Abteilung Rechnungswesen das Rechnungsformular mithilfe von Formeln und Funktionen fast vollständig automatisiert haben, kann das Formular nun eingesetzt werden.
Herr Grün aus der Stabsstelle „Datenschutz und Datensicherheit" gibt allerdings zu bedenken, dass die Mitarbeiter in der Abteilung Rechnungswesen nur sehr eingeschränkte Kenntnisse im Bereich der Tabellenkalkulation besitzen. Ein versehentliches Überschreiben einer Funktion oder Formel können die Mitarbeiter nicht wiederherstellen. Inhalte der Rechnung wie Artikelnummern oder -bezeichnungen könnten die Mitarbeiter ebenfalls verändern, was nicht gewünscht ist.
Daraufhin gibt Ihnen Herr Taube den Auftrag, das Rechnungsformular so zu verändern, dass lediglich die für eine Rechnungserstellung notwendigen Änderungen wie Kundennummer, Menge etc. geändert werden können. Alle anderen Zellen sollen nicht überschrieben werden dürfen.

Häufig werden betriebswirtschaftliche bzw. kaufmännische Problemstellungen mithilfe von Tabellenkalkulationsprogrammen gelöst. Sind die Anwender der Tabellen bzw. Anwendungen und deren Anwendungsentwickler nicht identisch, so können Probleme entstehen. Diese tauchen beispielsweise auf, wenn versehentlich Zellen mit Funktionen oder Formeln gelöscht oder überschrieben werden und diese vom Anwender nicht wiederhergestellt werden können. Um Zellen, die Funktionen oder Formeln enthalten, vor versehentlichem oder vorsätzlichem Löschen zu bewahren, kann man bei der Erstellung einer Tabelle diese Zellen schützen. Das Vorgehen wird wieder anhand des Rechnungsformulars verdeutlicht:

Web

| | A | B | C | D | E | F | G | H | I |
|---|---|---|---|---|---|---|---|---|---|
| 1 | | | | | | | | | |
| 2 | | | | | | | | | |
| 3 | **Ausschnitt aus der Tabelle Rechnungsformular** | | | | | | | | |
| 4 | | | | | | | | | |
| 5 | *Bürodesign GmbH, Stollberger Straße 188, 50933 Köln* | | | | | | | | |
| 6 | | | | | | | | | |
| 7 | Kölner Metall AG | | | | | | | | |
| 8 | Frau Fels | | | | | | | | |
| 9 | Postfach | | | | | | | | |
| 10 | 51149 Köln | | | | | | | | |
| 11 | | | | | | | | | |
| 12 | | | | | | | | | |
| 13 | | | | | | | | | |
| 14 | Ihre Bestellung vom | | Sachbearbeiter/-in | Datum | | **Bitte bei der Zahlung angeben:** | | | |
| 15 | 01.08.20.. | | Frau Dose | 03.08.20.. | | **Kundennummer:** | | **1019** | |
| 16 | | | | | | | | | |
| 17 | | | | | | **Rechnungsnummer:** | | **1577** | |
| 18 | | | | | | | | | |
| 19 | **Rechnung** | | | | | | | | |
| 20 | | | | | | | | | |
| 21 | | | | | | | | | |
| 22 | **Position** | **Artikel-nummer** | **Artikel-bezeichnung** | **Menge (Stück)** | **Listenpreis pro Stück** | **Rabatt (%)** | **Rabatt pro Stück** | **Gesamt-preis** | |
| 23 | 1 | 13792 | Textverarbeitung I | 10 | 14,95 € | 10 | 1,50 € | 134,55 € | |
| 24 | 2 | 11207 | Arbeiten mit dem PC | 25 | 22,40 € | 15 | 3,36 € | 476,00 € | |
| 25 | 3 | 12430 | Tabellenkalkulation II | 20 | 24,90 € | 15 | 3,74 € | 423,30 € | |
| 26 | 4 | 13080 | Präsentieren leichtgemacht | 15 | 16,95 € | 10 | 1,70 € | 228,83 € | |
| 33 | | | | | | | | | |

***Abbildung 1:*** *Ausschnitt aus dem Rechnungsformular*

In Abbildung 1 sollte beispielsweise der Zellbereich von A7 bis A10 geschützt werden. Im Gegensatz hierzu muss die Zelle H15 zur Eingabe der Kundennummer ohne Schutz bleiben.
Im ersten Schritt werden die Zellen markiert, die ohne Schutz bleiben sollen, hier zunächst die Zelle H15. Der Grund dafür ist, dass standardmäßig der Zellschutz voreingestellt – aber nicht aktiviert – ist. Nachdem die Zelle markiert worden ist, muss die Menükombination START – ZELLEN – FORMAT – ZELLEN FORMATIEREN... – SCHUTZ gewählt werden.

▶ **Anmerkung:**
Nicht zusammenhängende Zellbereiche können durch das Drücken der STRG-Taste gleichzeitig markiert werden!

In dem nun folgenden Fenster kann gewählt werden, ob lediglich Zellen vor dem Löschen geschützt werden sollen, oder ob die in den Zellen abgelegten Formeln bzw. Funktionen nicht angezeigt bzw. ausgeblendet werden sollen.

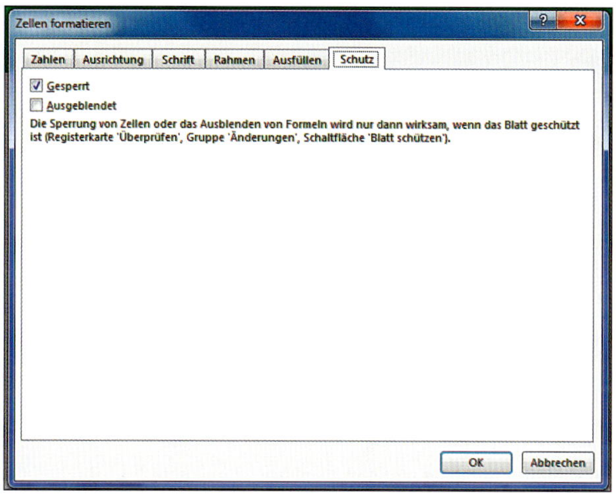


***Abbildung 2:*** *Zellen sperren bzw. entsperren*

Bezogen auf das o.g. Beispiel wird die Option GESPERRT deaktiviert, sodass der Inhalt in der markierten Zelle bei der späteren Arbeit verändert werden kann. Alle nicht markierten Zellen verbleiben weiterhin bei der standardmäßigen Einstellung GESPERRT. Der Schutz der Zellen wird jedoch erst dann wirksam, wenn aus dem Register ÜBERPRÜFEN der Befehl ÄNDERUNGEN – BLATT SCHÜTZEN, um das jeweilige Arbeitsblatt zu schützen, ausgewählt wird.
An dieser Stelle kann zusätzlich ein Kennwort festgelegt werden. Wird ein Kennwort festgelegt, so fragt das Programm dieses Kennwort ein zweites Mal ab, um Eingabefehler zu verhindern. Darüber hinaus kann man den Benutzern die Möglichkeiten der Bearbeitung dieses Arbeitsblattes einschränken oder erweitern. Standardmäßig dürfen diese – wie in Abbildung 3 dargestellt – GESPERRTE ZELLEN und NICHT GESPERRTE ZELLEN AUSWÄHLEN.

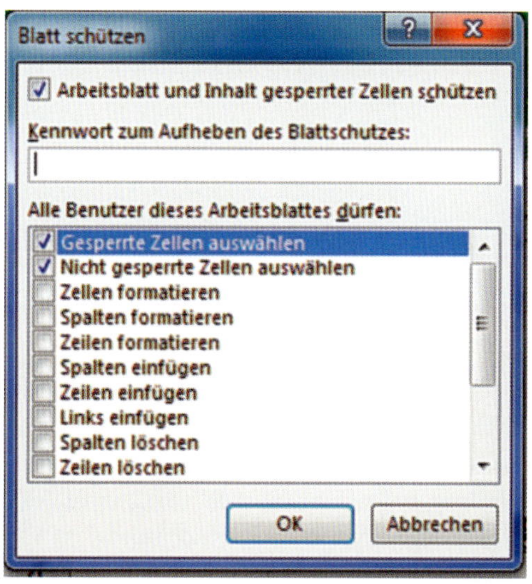


***Abbildung 3:*** *Blatt schützen durch ÜBERPRÜFEN – ÄNDERUNGEN – BLATT SCHÜTZEN*

Wenn der Zellschutz erfolgreich aktiviert ist, wird beim Versuch, die Zellen A7 bis A10 zu löschen oder hier einen Wert bzw. eine neue Funktion einzugeben, ein Hinweis erscheinen. Weiterhin erfolgt die Meldung, dass zum Aufheben des Zellschutzes wieder aus dem REGISTER ÜBERPRÜFEN der Befehl ÄNDERUNGEN – BLATTSCHUTZ AUFHEBEN ausgewählt werden muss.

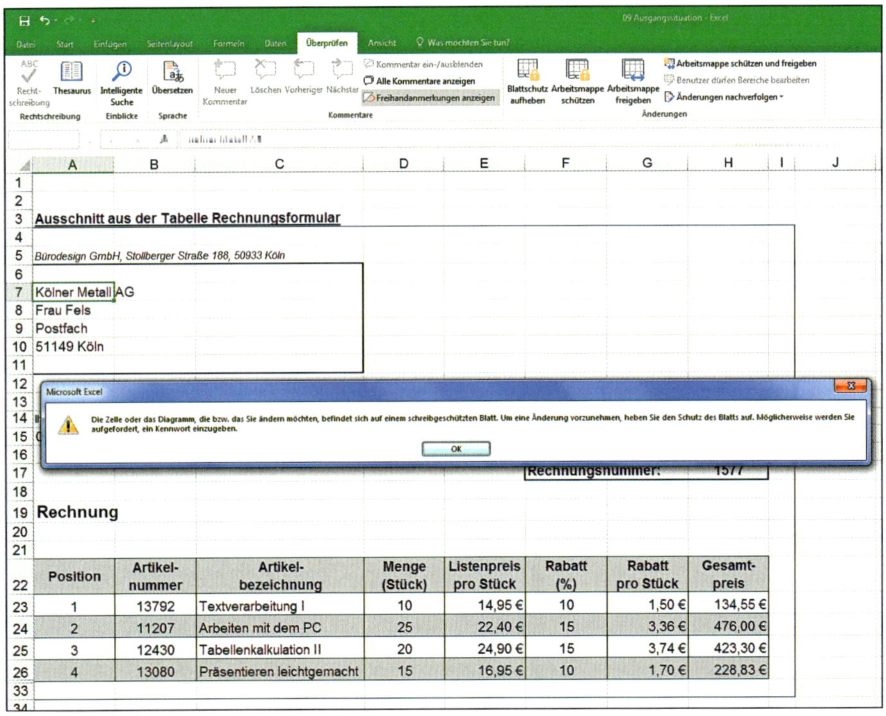


***Abbildung 4:*** *Fehlermeldung bei „geschützten Zellen"*

Sollen Zellen nicht nur schreibgeschützt werden, sondern auch keine Formeln bzw. Funktionen anzeigen, so muss die entsprechende Zelle markiert, der Befehlsweg START – ZELLEN – FORMAT – ZELLEN FORMATIEREN... – SCHUTZ gewählt werden, um dort die Option AUSGEBLENDET zu aktivieren (siehe auch Abbildung 2: Zellen sperren bzw. entsperren).

**Arbeitsauftrag 1:**

Übernehmen Sie, wenn nicht bereits geschehen, das abgebildete Rechnungsformular und führen Sie die dargestellten Schritte zum Zell- und Blattschutz durch. Versuchen Sie anschließend, die bestehenden Formeln und Funktionen zu verändern.

## 9.2 Datenüberprüfung

**Situation:**

Zur weiteren Verbesserung der Datensicherheit, zur Unterstützung der Mitarbeiter/-innen in der Abteilung Rechnungsausgang und um Fehleingaben zu verhindern, gibt Herr Grün weiterhin zu bedenken, dass bestimmte Zellen mit einer sogenannten Datenüberprüfung ausgestattet werden sollten. Die Mitarbeiter/-innen können so beispielsweise die Artikelnummern aus einer Liste (Dropdown-Feld) auswählen und müssen sie somit nicht manuell eingeben. Herr Grün und Herr Taube hoffen, dass Fehleingaben so zukünftig vermieden werden können.

Über eine Datenüberprüfung werden Eingaben, die in Zellen vorgenommen werden, eingeschränkt. Sollen z. B. nur bestimmte Zahlen in eine Zelle eingegeben werden können oder die Werte für die Eingabe einer Liste entnommen werden, kann dafür eine Datenüberprüfung angelegt werden.
Sollen, wie im Beispiel unten, die Artikelnummern nicht manuell, sondern über ein Listenfeld bzw. Dropdown-Feld eingegeben werden, muss eine Datenüberprüfung eingerichtet werden.

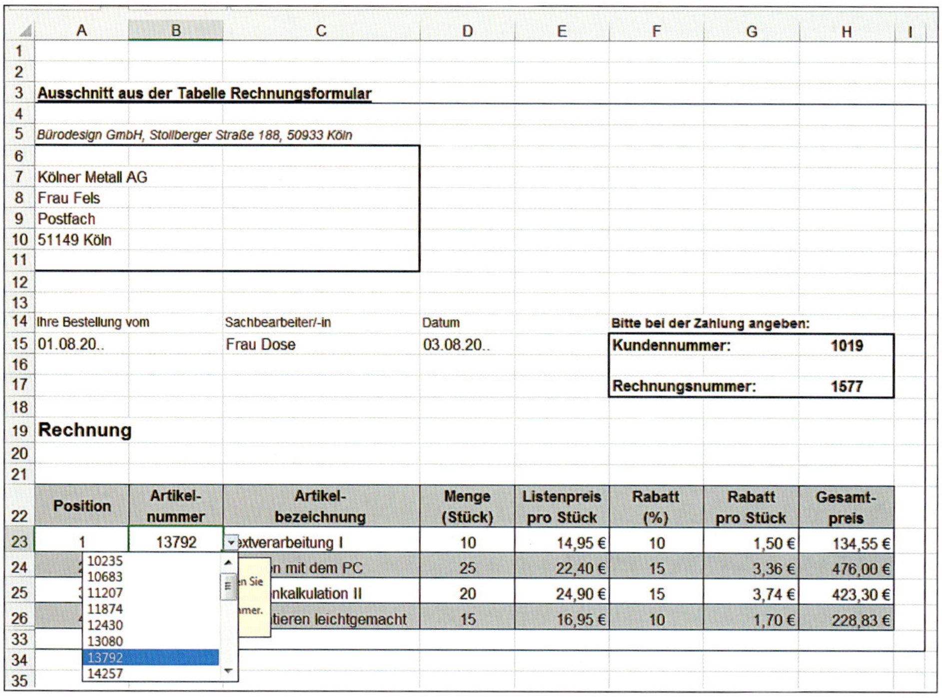


***Abbildung 5:*** *Listenfeld zur Auswahl der Artikelnummer*

Zunächst müssen die Zellen markiert werden, für die die Eingabe beschränkt werden soll. Im o. g. Beispiel sind das die Zellen B23 bis B26 (bzw. bis zum Ende der Spalte „Artikelnummer"). Anschließend muss über DATEN – DATENTOOLS – DATENÜBERPRÜFUNG die Datenüberprüfung angelegt werden.

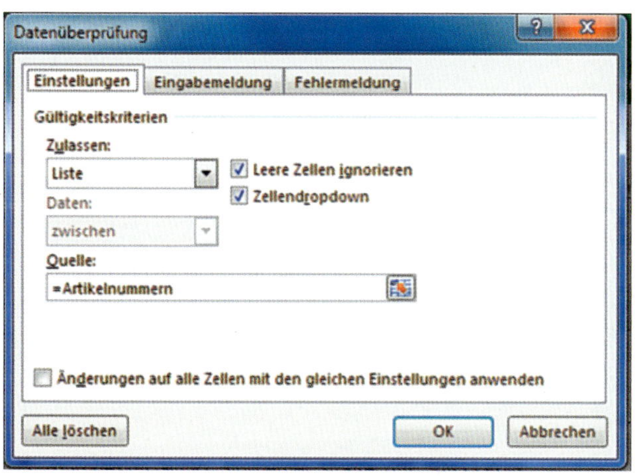


***Abbildung 6:*** *Fenster Datenüberprüfung*

Im folgenden Fenster kann im Registerblatt EINSTELLUNGEN unter ZULASSEN ein Kriterium für die Gültigkeit angegeben werden. Standardmäßig ist dies auf JEDEN WERT eingestellt. Als Kriterium sollte LISTE gewählt werden. Nun gibt es die Möglichkeit, unter QUELLE entweder die Liste der Artikelnummern manuell einzugeben oder sich, wie unten abgebildet, auf eine Liste in der Arbeitsmappe (hier mit dem Namen „Artikelnummern") zu beziehen. Diese Liste kann im selben oder in einem anderen Tabellenblatt gespeichert sein. Sie muss allerdings in derselben Arbeitsmappe (Datei) gespeichert werden. Weitere Einstellungen sind LEERE ZELLEN IGNORIEREN und ZELLENDROPDOWN, um die Zellen wie oben abgebildet nutzen zu können.

**Anmerkung:**

Im Kapitel 3.4 (Zelladressierung durch Namen) ist die Vergabe von Namen und deren Nutzung ausführlich beschrieben. Wenn sich auf Daten im selben Tabellenblatt bezogen werden soll, kann der Zellbereich, der als Quelle dienen soll, auch ohne Namen angegeben werden. Zellbereiche aus anderen Tabellenblättern **müssen** – wie oben abgebildet – mit Namen versehen und angegeben werden.

Weiterhin können im Registerblatt EINGABEMELDUNG und FEHLERMELDUNG entsprechende Meldungen generiert werden. Beispiel:

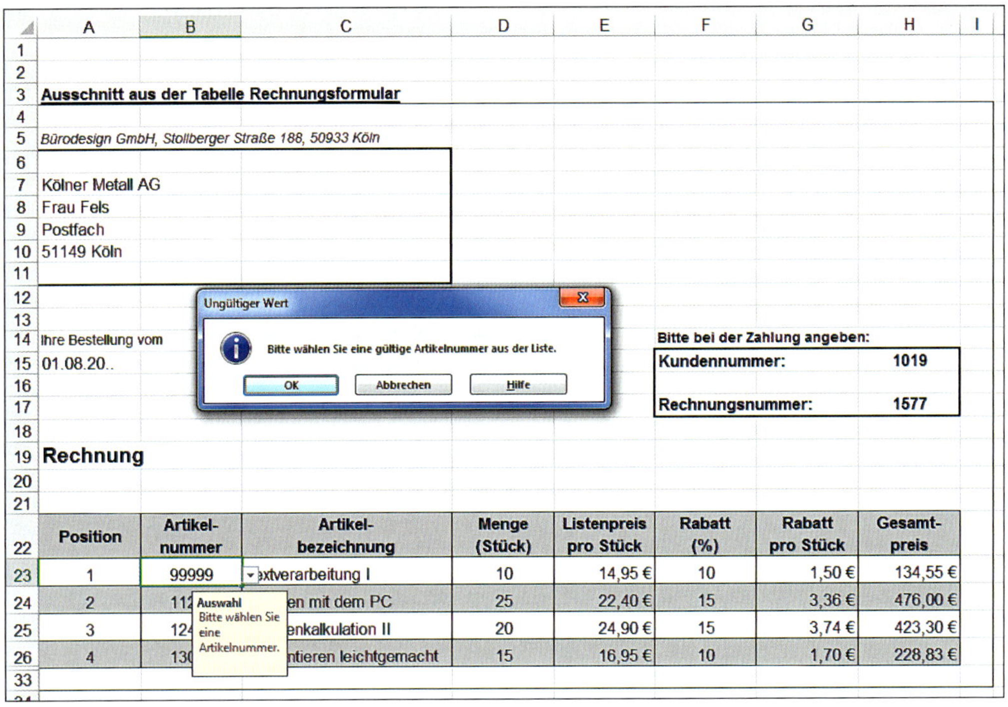


***Abbildung 7:*** *Eingabe- und Fehlermeldung*

Zusätzlich zur o.g. Liste können unter ZULASSEN alternative Kriterien zur Einschränkung der Gültigkeit vorgenommen werden.

**Arbeitsauftrag 2:**

Übernehmen Sie das abgebildete Rechnungsformular und richten Sie die Gültigkeit für die Artikelnummern ein. Sorgen Sie dafür, dass als Sachbearbeiter in Zelle C15 nur Herr Wieland, Herr Belke, Herr Wigger, Frau Dose und Frau Schmitt ausgewählt werden können. Sorgen Sie auch für entsprechende Eingabe- und Fehlermeldungen.

# 9.3 Übungsaufgaben

## 9.3.1 Entgeltabrechnung

**Situation:**

Sie haben in der Vergangenheit mehrfach Frau Ferl aus der Personalabteilung bei der Berechnung von Entgelten unterstützt. Auch heute sind Sie in dieser Abteilung eingesetzt. Als Sie heute Morgen an Ihrem Arbeitsplatz erschienen sind, wird Ihnen mitgeteilt, dass Frau Frese krank ist. Ihre Aufgabe besteht darin, eine **automatisierte Entgeltabrechnung** im Tabellenkalkulationsprogramm zu erstellen, um das Verfahren der Entgeltabrechnung zu beschleunigen. Als Grundlage stehen Ihnen die folgenden Tabellen zur Verfügung. (Der Stand der Beitragssätze und der Beitragsbemessungsgrenzen ist 2016. Diese Daten sollten an die jeweils gültige Gesetzeslage angepasst werden.)

| | A | B | C | D | E | F |
|---|---|---|---|---|---|---|
| 1 | Entgeltabrechnung | | | | | |
| 2 | | | | | | |
| 3 | Personalnummer: | | | Name: | | |
| 5 | Lohnsteuerklasse: | | | Konfession: | | |
| 7 | Kinderfreibetrag: | | | Geb.-Datum: | | |
| 9 | Anzahl Kinder: | | | Datum: | | |
| 10 | | | | | | |
| 11 | | | | | | |
| 12 | Tarifentgelt | | | | | |
| 13 | + VL (AG-Anteil) | | | | | |
| 14 | + Zulagen | | | | | |
| 15 | **= Bruttoentgelt (soz.pflichtig)** | | | | | |
| 16 | - Steuerfreibetrag | | | | | |
| 17 | **= steuerpfl. Bruttoentgelt** | | | | | |
| 18 | | | | | | |
| 19 | | | | | | |
| 20 | - Lohnsteuer | | | | | |
| 21 | - Kirchensteuer | | | | | |
| 22 | - Solidaritätszuschlag | | | | | |
| 23 | **=Summe Steuern** | | | | | |
| 24 | | | | | | |
| 25 | | | | | | |
| 26 | | | | Vers.-Sätze | | |
| 27 | - Krankenversicherung | | | 14,60% | | |
| 28 | - Pflegeversicherung | | | 2,35% | | |
| 29 | - Rentenversicherung | | | 18,70% | | |
| 30 | - Arbeitslosenversicherung | | | 3,00% | | |
| 31 | **= Summe Soz.-Vers.** | | | | | |
| 32 | | | | | | |
| 33 | | | | | | |
| 34 | **= Nettoentgelt** | | | | | |
| 35 | - sonst. Abzüge | | | | | |
| 36 | - VL (gesamt) | | | | | |
| 37 | **= Auszahlungsbetrag*** | | | | | |
| 38 | | | | | | |
| 39 | | | | | | |
| 40 | * Betrag wird überweisen auf: | | | | | |
| 41 | IBAN: | | | | | |
| 42 | Bank: | | | | | |
| 43 | | | | | | |

***Abbildung 8:*** *Tabellenblatt „Entgeltabrechnung"*

**Personaldaten**

| Personal-Nr. | Name | Geburts-datum | Konfession | Anzahl Kinder | Lohnsteuer-klasse | Zusatz-beitrag KV | Abteilung | IBAN | Bank |
|---|---|---|---|---|---|---|---|---|---|
| 012 | Schneider, Inge | 15.03.1965 | RK | 3 | IV | 0,9% | Programmierung | DE34037050198700600342 | Sparkasse Köln Bonn |
| 017 | Pyplo, Jutta | 02.09.1969 | RK | 2 | V | 0,3% | Finanzierung | DE61500105170257184897 | Diba |
| 022 | Hagemann, Mark | 03.01.1974 | EV | 2 | III | 0,3% | Techn. Beratung | DE08370400440268484373 | Commerzbank Köln |
| 025 | Pürling, Anton | 09.12.1971 | EV | 0 | III | 0,6% | Allg. Planung | DE98300209000279783850 | Targobank |
| 029 | Wagner, Chris | 09.05.1985 | EV | 0 | I | 0,4% | Techn. Beratung | DE66370501980291083326 | Sparkasse Köln Bonn |
| 032 | Sanders, Udo | 18.09.1982 | RK | 0 | I | 0,0% | Finanzierung | DE16370800400302382803 | Dresdner Bank Köln |
| 033 | Cussét, Chantal | 28.07.1980 | - | 5 | VI | 1,2% | Beschaffung | DE83270200000313682279 | VW-Bank |

| Personal-Nr. | Tarifentgelt | Zulagen | VL (AG) | VL (gesamt) | Kinderfrei-betrag | Steuer-freibetrag | Lohnsteuer | Kirchensteuer | Solidaritäts-zuschlag |
|---|---|---|---|---|---|---|---|---|---|
| 012 | 2.880,00 € | 5,00 € | 25,00 € | 40,00 € | 1,5 | 350,00 € | 417,00 € | 27,82 € | 17,00 € |
| 017 | 2.920,00 € | 5,00 € | 25,00 € | [illegible] | 0 | 0,00 € | 948,33 € | 85,34 € | 52,15 € |
| 022 | 2.710,00 € | 200,00 € | 40,00 € | 40,00 € | 2 | 500,00 € | 134,50 € | 0,00 € | 0,00 € |
| 025 | 2.560,00 € | 5,00 € | 25,00 € | 40,00 € | 0 | 0,00 € | 157,00 € | 14,13 € | 0,00 € |
| 029 | 2.710,00 € | 5,00 € | 25,00 € | 25,00 € | 0 | 0,00 € | 471,50 € | 42,43 € | 25,93 € |
| 032 | 2.920,00 € | 100,00 € | 40,00 € | 40,00 € | 0 | 0,00 € | 572,91 € | 51,56 € | 31,51 € |
| 033 | 2.690,00 € | 5,00 € | 0,00 € | 20,00 € | 0 | 0,00 € | 873,41 € | 78,61 € | 48,03 € |

| Beitragsbemessungsgrenzen (2016) | |
|---|---|
| Kranken-/Pflegeversicherung: | 4.237,50 € |
| Renten-/Arbeitslosenversichung: | 6.200,00 € |

***Abbildung 9:*** *Entgeltabrechnung; Tabellenblatt „Personaldaten"*

## Arbeitsaufträge:

1. Speichern Sie Ihre Datei unter dem Namen **Entgeltabrechnung** ab. Speichern Sie Ihre Datei regelmäßig – spätestens jedoch alle fünf Minuten – ab.
2. Übernehmen Sie die Tabellen inklusive aller Werte und Formatierungen in Ihre Arbeitsmappe und benennen Sie die Tabellenblätter wie angegeben.
3. Vergeben Sie für die Tabellen des Tabellenblattes **Personaldaten** die Namen „Personal1" (A5 bis J11), „Personal2" (A15 bis J21), „Personalnummer" (A5 bis A11), BBG_KV (C25) und BBG_RV (C26). Verwenden Sie diese Namen – sofern möglich – in den jeweiligen Funktionen.
4. In Zelle B3 (Tabellenblatt „Entgeltabrechnung") soll über die „Datenüberprüfung" ein Listenfeld eingerichtet werden, über das die Personalnummer per Dropdown-Feld ausgewählt werden kann.
5. Sorgen Sie dafür, dass mithilfe von Suchfunktionen die Felder im Kopf der Entgeltabrechnung gefüllt werden. Sorgen Sie auch für die Anzeige des aktuellen Datums in Zelle E9.
6. Ermitteln Sie mithilfe von geeigneten Formeln und Funktionen das Tarifentgelt, den Arbeitgeberanteil zu den Vermögenswirksamen Leistungen, die Zulagen, das gesamte Bruttoentgelt, den Steuerfreibetrag und das steuerpflichtige Bruttoentgelt.
7. Ermitteln Sie mithilfe von geeigneten Formeln und Funktionen die Lohn- und Kirchensteuer, den Solidaritätszuschlag und die Summe der Steuern. **Beachten Sie, dass im Tabellenblatt Personalliste, die – anhand des Lohnsteuerbetrags und der Kinderfreibeträge berechneten – Werte der Kirchensteuer keine eventuelle Konfessionslosigkeit berücksichtigen.** Beziehen Sie sich in der Funktion ausschließlich auf das Kriterium Konfession im Tabellenblatt **Personaldaten**. Nur wenn dort unter Konfession „RK" oder „EV" eingetragen ist, soll die entsprechende Kirchensteuer aus den Personaldaten im Formular **Entgeltabrechnung** ausgegeben werden. Bei Konfessionslosigkeit (gekennzeichnet durch „–") soll automatisch der Wert 0 ausgegeben werden.
8. Ermitteln Sie mithilfe geeigneter Formeln und Funktionen
   a) den Krankenversicherungsbeitrag des Arbeitnehmers in Euro. (Berücksichtigen Sie bei der Berechnung der Krankenversicherung einen eventuellen Zusatzbeitrag und bei der Berechnung sämtlicher Sozialversicherungsbeiträge die Beitragsbemessungsgrenzen im Tabellenblatt Personaldaten.)
   b) den Pflegeversicherungsbeitrag des Arbeitnehmers in Euro. Beachten Sie bei der Berechnung, dass kinderlose Arbeitnehmer ab dem 23. Lebensjahr zusätzlich einen Beitrag von 0,25 % tragen müssen. Bei der Berechnung des Alters gilt ein Mitarbeiter, der in diesem Jahr das 23. Lebensjahr vollenden wird, als 23-Jähriger.
   c) den Rentenversicherungsbeitrag des Arbeitnehmers in Euro.
   d) den Arbeitslosenversicherungsbeitrag des Arbeitnehmers in Euro. Ermitteln Sie anschließend die Summe der Sozialversicherungen in Zelle B31.

9. Ermitteln Sie mithilfe von geeigneten Formeln und Funktionen das Nettoentgelt, den Gesamtbetrag der Vermögenswirksamen Leistungen und den Auszahlungsbetrag. Die Zelle B35 ist eine „Eingabezelle", in der fallweise sonst. Abzüge, wie beispielsweise Entgeltvorauszahlungen, eingetragen werden können.
10. Geben Sie in Zelle B41 und B42 die Bankverbindung des jeweiligen Mitarbeiters aus.
11. Sorgen Sie dafür, dass alle relevanten Zellen, die nicht überschrieben werden sollen, gesperrt werden. Testen Sie auch eine Sperrung des Listenfeldes in Zelle B3!
12. Kopieren Sie die Inhalte des Tabellenblattes **Entgeltabrechnung** in ein neues Tabellenblatt. Versehen Sie dieses mit dem Namen **Formeln** und wechseln Sie in die Formelansicht. Stellen Sie beim Ausdrucken dieser Tabelle sicher, dass alle Funktionen vollständig lesbar sind und die Tabelle auf **einer DIN-A4-Seite** mit **Ihrem Namen, dem Dateinamen, dem aktuellen Datum** und **Zeilen- und Spaltenüberschriften** ausgedruckt wird.
13. Erstellen Sie ein Kreisdiagramm, dem die Aufteilung des Bruttoentgelts (einzelne Steuern, einzelne Sozialversicherungen und Nettoentgelt) zu entnehmen ist. Vergeben Sie für das Diagramm eine sinnvolle Überschrift. Die Legende soll im unteren Teil des Diagramms abgebildet sein. Die einzelnen Teile sollen mit Prozentwerten angezeigt werden. Sorgen Sie auch dafür, dass das Brutto- und das Nettoentgelt als Eurobetrag im Diagramm mit ausgegeben wird. Drucken Sie anschließend das Diagramm mit **Ihrem Namen** und **dem aktuellen Datum** in der Kopfzeile aus.

## 9.3.2 Abschreibungsplan

**Situation:**

Nachdem Sie das Rechnungsformular erfolgreich automatisiert haben, sind Sie wieder einmal in der Abteilung Rechnungswesen eingesetzt. Im Rahmen der Sachanlagenbuchhaltung werden hier auch die jeweiligen Abschreibungsbeträge der verschiedenen Sachanlagen (Lkw, Pkw, Büroeinrichtung, EDV-Anlagen etc.) ermittelt.
Herr Taube teilt Ihnen mit, dass Sie mithilfe eines Tabellenkalkulationsprogramms einen automatisierten Abschreibungsplan entwerfen sollen, mit dem der jeweilige Restbuchwert ermittelt werden kann.

| | A | B | C | D | E |
|---|---|---|---|---|---|
| 1 | **Abschreibungsplan** | | | | |
| 2 | | | | | |
| 3 | | Anschaffungsdatum: | | | |
| 4 | | | | | |
| 5 | | Anschaffungskosten: | | | |
| 6 | | | | | |
| 7 | | Nutzungsdauer: | | | |
| 8 | | | | | |
| 9 | | | | | |
| 10 / 11 | Lfd.-Jahr | Nutzungsjahr | Anschaffungskosten/ Restwert (Anfang d. Jahres) | linearer Abschreibungsbetrag | Anschaffungskosten/ Restwert (Ende d. Jahres) |
| 12 | | | | | |
| 13 | | | | | |
| 14 | | | | | |
| 15 | | | | | |
| 16 | | | | | |
| 17 | | | | | |
| 18 | | | | | |
| 19 | | | | | |
| 20 | | | | | |
| 21 | | | | | |
| 22 | | | | | |
| 23 | | | | | |
| 24 | | | | | |
| 25 | | | | | |
| 26 | | | | | |

***Abbildung 10:*** *Tabellenblatt „Abschreibungsplan"*

**Arbeitsaufträge:**

1. Speichern Sie Ihre Datei unter dem Namen **Abschreibungsplan** ab. Speichern Sie Ihre Datei regelmäßig – spätestens jedoch alle fünf Minuten – ab.
2. Übernehmen Sie die Tabelle inklusive aller Werte und Formatierungen in eine Arbeitsmappe und benennen Sie das Tabellenblatt wie angegeben.
3. In Zelle C5 sollen nur ganze positive Zahlen bis 1.000.000,00 € möglich sein. Sorgen Sie für eine Eingabemeldung und bei Falscheingaben für eine Fehlermeldung, die den Benutzer auf die möglichen Eingaben hinweist. Sorgen Sie für eine angemessene Formatierung.
4. In Zelle C7 soll ein Listenfeld eingerichtet werden, über das die Nutzungsdauer von 1 bis 15 Jahren per Dropdown-Feld ausgewählt werden kann. Sorgen Sie für eine angemessene Formatierung.
5. In den Zellen A12 bis A26 soll als fortlaufende Nummer (fortlaufendes Jahr) die Nutzungsdauer ausgegeben werden. Die verbleibenden Zellen sollen leer bleiben.
6. In den Zellen B12 bis B26 soll das jeweilige Nutzungsjahr ausgegeben werden. Die verbleibenden Zellen sollen leer bleiben.
7. In die Zelle C12 soll der Betrag der Anschaffungskosten, in den Zellen C13 bis C26 der jeweilige Restbuchwert am Anfang des jeweiligen Jahres, d. h. nach Abzug des jeweiligen Abschreibungsbetrages des Vorjahres, für die gesamte Nutzungsdauer ausgegeben werden. Die verbleibenden Zellen sollen leer bleiben.
8. In Zelle D11 soll der lineare Abschreibungssatz ermittelt und ausgegeben werden.

$$\text{Algorithmus: linearer\_Abschreibungssatz} = \frac{100\,\%}{\text{Nutzungsdauer}}$$

9. In den Zellen D12 bis D26 soll der jeweilige Abschreibungsbetrag bei linearer Abschreibung ermittelt und ausgegeben werden. **Beachten Sie, dass bei Anschaffungen einer Sachanlage innerhalb des Jahres nur anteilig abgeschrieben werden darf.** (Beispiel: Bei der Anschaffung einer Sachanlage im Februar dürfen nur 11/12 des linearen Abschreibungsbetrages für das erste Jahr angesetzt werden.) Dementsprechend kann sich der Abschreibungszeitraum über die Nutzungsdauer hinaus auf ein weiteres Kalenderjahr erstrecken, in dem der Restwert abgeschrieben wird. Die verbleibenden Zellen sollen leer bleiben.
10. In den Zellen E12 bis E26 soll der jeweilige Restwert (am Ende des jeweiligen Jahres) für die gesamte Nutzungsdauer ermittelt und ausgegeben werden. Die verbleibenden Zellen sollen leer bleiben.
11. Sorgen Sie dafür, dass alle relevanten Zellen, die nicht überschrieben werden sollen, gesperrt werden.
12. Kopieren Sie die Inhalte des Tabellenblattes **Abschreibungsplan** in ein neues Tabellenblatt. Versehen Sie dieses mit dem Namen **Formeln** und wechseln Sie in die Formelansicht. Stellen Sie beim Ausdrucken dieser Tabelle sicher, dass alle Funktionen vollständig lesbar sind und die Tabelle auf zwei DIN-A4-Seiten mit **Ihrem Namen**, **dem Dateinamen**, **dem aktuellen Datum** und **Zeilen- und Spaltenüberschriften** ausgedruckt wird.

# 10 Weitere Funktionen

## 10.1 RUNDEN

**Situation:**

Herr Klein aus der Abteilung Rechnungswesen/Statistik hat in den vergangenen Tagen mehrere Anrufe von Kunden erhalten, die sich allesamt über „Rechenfehler" in ihren Rechnungen beschwert haben. Im vorliegenden Fall (vgl. Abbildung 1) weist das Rechnungsformular als „Gesamtbetrag (brutto)" einen Betrag in Höhe von 1.583,32 € aus. Die Addition der Zellinhalte von H29 und H30 sollte hingegen zum Ergebnis in Höhe von 1.583,33 € gelangen. Dieses Problem soll mithilfe einer geeigneten Funktion behoben werden.

| | A | B | C | D | E | F | G | H |
|---|---|---|---|---|---|---|---|---|
| 3 | **Ausschnitt aus der Tabelle Rechnungsformular** | | | | | | | |
| 4 | | | | | | | | |
| 5 | *Bürodesign GmbH, Stollberger Straße 188, 50933 Köln* | | | | | | | |
| 6 | | | | | | | | |
| 7 | Leondörfer GmbH | | | | | | | |
| 8 | Herr Braun | | | | | | | |
| 9 | Postfach | | | | | | | |
| 10 | 26122 Oldenburg | | | | | | | |
| 11 | | | | | | | | |
| 12 | | | | | | | | |
| 13 | | | | | | | | |
| 14 | Ihre Bestellung vom | | Sachbearbeiter/-in | Datum | | **Bitte bei der Zahlung angeben:** | | |
| 15 | 01.08.20.. | | Frau Dose | 03.08.20.. | | **Kundennummer:** | | **1008** |
| 16 | | | | | | | | |
| 17 | | | | | | **Rechnungsnummer:** | | **1577** |
| 18 | | | | | | | | |
| 19 | **Rechnung** | | | | | | | |
| 20 | | | | | | | | |
| 21 | | | | | | | | |
| 22 | **Position** | **Artikel-nummer** | **Artikel-bezeichnung** | **Menge (Stück)** | **Listenpreis pro Stück** | **Rabatt (%)** | **Rabatt pro Stück** | **Gesamt-preis** |
| 23 | 1 | 13792 | Textverarbeitung I | 10 | 14,95 € | 0 | - € | 149,50 € |
| 24 | 2 | 11207 | Arbeiten mit dem PC | 25 | 22,40 € | 10 | 2,24 € | 504,00 € |
| 25 | 3 | 12430 | Tabellenkalkulation II | 20 | 24,90 € | 10 | 2,49 € | 448,20 € |
| 26 | 4 | 13080 | Präsentieren leicht gemacht | 15 | 16,95 € | 10 | 1,70 € | 228,83 € |
| 27 | | | | | | | | |
| 28 | | | | | | | | |
| 29 | | | | | | Warenwert (netto) | | 1.330,53 € |
| 30 | | | | | | + 19% Umsatzsteuer | | 252,80 € |
| 31 | | | | | | **Gesamtbetrag (brutto)** | | 1.583,32 € |

***Abbildung 1:*** *„Rechenfehler" in der Zelle H31*

Der Rechenfehler kommt aufgrund der vom Programm automatisch durchgeführten kaufmännischen Rundungsmethode von zwei Nachkommastellen zustande. Die in den Zellen H29 und H30 angezeigten Werte entsprechen nicht den tatsächlich vom Programm ermittelten Zahlen. Diese liegen bei 1.330,525 in Zelle H29 und 252,79975 in Zelle H30. Das Programm rundet in den einzelnen Zellen zunächst beide Werte kaufmännisch auf (vgl. H29 und H30), rechnet intern jedoch mit den vorgenannten Zahlen weiter. Durch die Funktion SUMME in der Zelle H31 werden somit die mathematisch genauen Zahlen zum Ergebnis in Höhe von 1.583,32475 addiert und kaufmännisch auf 1.583,32 € gerundet. Um Probleme mit „fortgeführten Rundungsfehlern" zu vermeiden, empfiehlt sich die Verwendung der Funktion RUNDEN. Die Syntax lautet:

=RUNDEN(ZAHL;ANZAHL_STELLEN)

Die ZAHL kann hierbei eine per Hand eingegebene Zahl oder das Ergebnis einer Formel oder Funktion sein. Wesentliches Kennzeichen dieser Funktion ist die Anwendung der mathematisch genauen Rundungsregel (d.h. ab einem Wert von 0,50 wird aufgerundet, bis zu einem Wert von 0,49 wird abgerundet).

Für die bestehende Problematik empfiehlt sich die Anwendung der RUNDEN-Funktion bei allen berechneten Werten in der Spalte H. Die in der Zelle H29 bislang vorhandene Funktion =SUMME(H23:H28) wird beispielsweise wie folgt erweitert: =RUNDEN(SUMME(H23:H28);2). Das in der Zelle ausgewiesene Ergebnis nimmt nach wie vor den Wert in Höhe von 1.330,32 € an. Die Funktion RUNDEN bewirkt jedoch an dieser Stelle, dass das Programm intern mit diesem gerundeten Ergebnis weiterarbeitet (vgl. Abbildung 2).

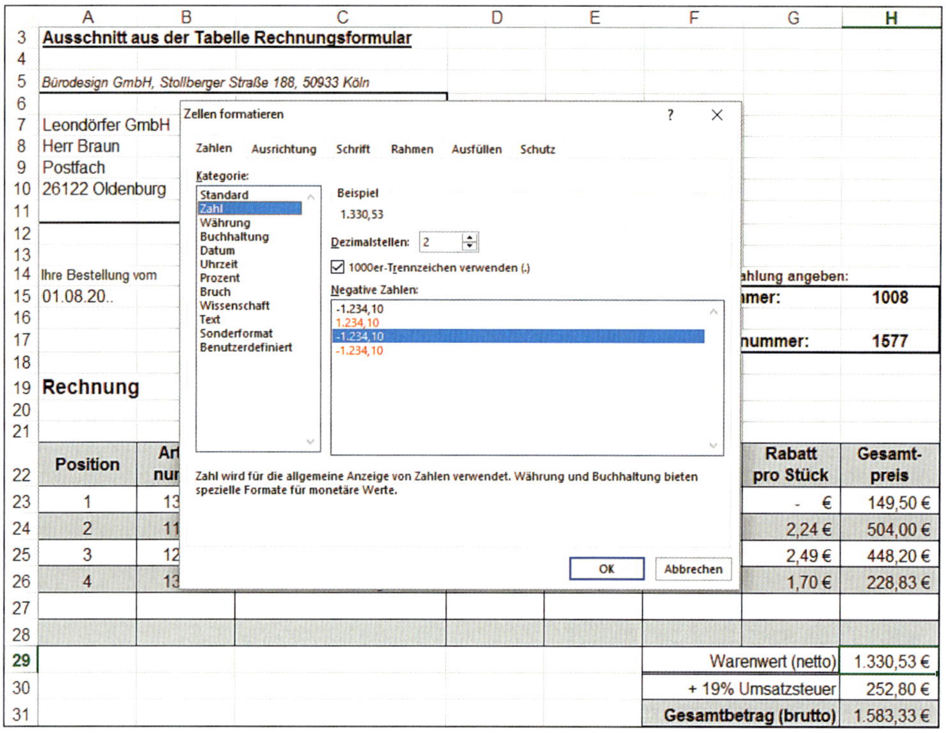


***Abbildung 2:*** *Durch die Funktion RUNDEN „intern" abgeänderte Zahl*

### Anmerkung:

Beim Runden von Prozentzahlen ist auf folgende Besonderheit zu achten: Die Funktion =RUNDEN(3,636 %;2) wird nicht zum erwarteten Ergebnis 3,64 % führen. Stattdessen wird als Ergebnis 4,00 % ausgewiesen. Der Grund hierfür besteht darin, dass das Programm die Prozentzahl 3,636 % intern als Zahl 0,03636 ansieht. Die durch die Funktion gegebene Anweisung für die Ausgabe mit zwei Nachkommastellen wird beim Ergebnis 4,00 % dementsprechend richtig umgesetzt. Um die Ausgabe einer Prozentzahl mit zwei Nachkommastellen zu erreichen, muss die Anzahl an Stellen mit vier Stellen angegeben werden (0,03636 → 3,64 %).

### Arbeitsauftrag 1:

Übernehmen Sie die in der Abbildung 1 dargestellte Tabelle in Ihr Tabellenblatt. Stellen Sie mithilfe der RUNDEN-Funktion sicher, dass die in der Spalte H ermittelten Werte automatisch so auf zwei Nachkommastellen berechnet werden, dass das Tabellenkalkulationsprogramm auch intern mit lediglich zwei Nachkommastellen weiterrechnet.

# 10.2 AUFRUNDEN, ABRUNDEN, GANZZAHL und KÜRZEN

**Situation:**

Im Rahmen einer von der Abteilung Marketing durchgeführten Kundenbefragung wurde herausgefunden, dass die meisten Kunden ungerade Rechnungsbeträge (z. B. 1.583,**33** €) als „störend" empfinden. Die Abteilung Rechnungswesen/Statistik will daher in Absprache mit der Marketingabteilung in einem zweimonatigen Versuch alle Rechnungen dahin gehend verändern, dass der „Gesamtbetrag (brutto)" jeweils auf volle Eurobeträge abgerundet werden soll. Die in der Abbildung 3 dargestellte Tabelle soll durch eine Funktion so verändert werden, dass der bisherige „Gesamtbetrag (brutto)" mit 1.583,00 € ausgegeben wird.

| | A | B | C | D | E | F | G | H |
|---|---|---|---|---|---|---|---|---|
| 3 | **Ausschnitt aus der Tabelle Rechnungsformular** | | | | | | | |
| 4 | | | | | | | | |
| 5 | *Bürodesign GmbH, Stollberger Straße 188, 50933 Köln* | | | | | | | |
| 6 | | | | | | | | |
| 7 | Leondörfer GmbH | | | | | | | |
| 8 | Herr Braun | | | | | | | |
| 9 | Postfach | | | | | | | |
| 10 | 26122 Oldenburg | | | | | | | |
| 11 | | | | | | | | |
| 12 | | | | | | | | |
| 13 | | | | | | | | |
| 14 | Ihre Bestellung vom | | Sachbearbeiter/-in | Datum | | **Bitte bei der Zahlung angeben:** | | |
| 15 | 01.08.20.. | | Frau Dose | 03.08.20.. | | **Kundennummer:** | | **1008** |
| 16 | | | | | | | | |
| 17 | | | | | | **Rechnungsnummer:** | | **1577** |
| 18 | | | | | | | | |
| 19 | **Rechnung** | | | | | | | |
| 20 | | | | | | | | |
| 21 | | | | | | | | |
| 22 | **Position** | **Artikel-nummer** | **Artikel-bezeichnung** | **Menge (Stück)** | **Listenpreis pro Stück** | **Rabatt (%)** | **Rabatt pro Stück** | **Gesamt-preis** |
| 23 | 1 | 13792 | Textverarbeitung I | 10 | 14,95 € | 0 | - € | 149,50 € |
| 24 | 2 | 11207 | Arbeiten mit dem PC | 25 | 22,40 € | 10 | 2,24 € | 504,00 € |
| 25 | 3 | 12430 | Tabellenkalkulation II | 20 | 24,90 € | 10 | 2,49 € | 448,20 € |
| 26 | 4 | 13080 | Präsentieren leicht gemacht | 15 | 16,95 € | 10 | 1,70 € | 228,83 € |
| 27 | | | | | | | | |
| 28 | | | | | | | | |
| 29 | | | | | | | Warenwert (netto) | 1.330,53 € |
| 30 | | | | | | | + 19% Umsatzsteuer | 252,80 € |
| 31 | | | | | | | **Gesamtbetrag (brutto)** | 1.583,33 € |

***Abbildung 3:*** *Rechnungsformular mit noch nicht abgerundetem „Gesamtbetrag (brutto)"*

Für die in der Situation aufgezeigte Zielsetzung ist die zuvor dargestellte Funktion RUNDEN nicht geeignet, da diese die mathematisch genaue Rundungsregel anwendet. Für diese Zwecke eignet sich die Funktion ABRUNDEN. Die Syntax dieser Funktion lautet:

=ABRUNDEN(ZAHL;ANZAHL_STELLEN)

Da der „Gesamtbetrag (brutto)" auf eine volle Zahl abgerundet werden soll, muss folgende Funktion in die Zelle H31 eingegeben werden: =ABRUNDEN(H29+H30;0), sodass das gewünschte Ergebnis ausgegeben wird (vgl. Abbildung 4).

| | A | B | C | D | E | F | G | H |
|---|---|---|---|---|---|---|---|---|
| 3 | **Ausschnitt aus der Tabelle Rechnungsformular** | | | | | | | |
| 4 | | | | | | | | |
| 5 | *Bürodesign GmbH, Stollberger Straße 188, 50933 Köln* | | | | | | | |
| 6 | | | | | | | | |
| 7 | Leondörfer GmbH | | | | | | | |
| 8 | Herr Braun | | | | | | | |
| 9 | Postfach | | | | | | | |
| 10 | 26122 Oldenburg | | | | | | | |
| 11 | | | | | | | | |
| 12 | | | | | | | | |
| 13 | | | | | | | | |
| 14 | Ihre Bestellung vom | | Sachbearbeiter/-in | Datum | | Bitte bei der Zahlung angeben: | | |
| 15 | 01.08.20.. | | Frau Dose | 03.08.20.. | | **Kundennummer:** | | **1008** |
| 16 | | | | | | | | |
| 17 | | | | | | **Rechnungsnummer:** | | **1577** |
| 18 | | | | | | | | |
| 19 | **Rechnung** | | | | | | | |
| 20 | | | | | | | | |
| 21 | | | | | | | | |
| 22 | **Position** | **Artikel-nummer** | **Artikel-bezeichnung** | **Menge (Stück)** | **Listenpreis pro Stück** | **Rabatt (%)** | **Rabatt pro Stück** | **Gesamt-preis** |
| 23 | 1 | 13792 | Textverarbeitung I | 10 | 14,95 € | 0 | - € | 149,50 € |
| 24 | 2 | 11207 | Arbeiten mit dem PC | 25 | 22,40 € | 10 | 2,24 € | 504,00 € |
| 25 | 3 | 12430 | Tabellenkalkulation II | 20 | 24,90 € | 10 | 2,49 € | 448,20 € |
| 26 | 4 | 13080 | Präsentieren leicht gemacht | 15 | 16,95 € | 10 | 1,70 € | 228,83 € |
| 27 | | | | | | | | |
| 28 | | | | | | | | |
| 29 | | | | | | Warenwert (netto) | | 1.330,53 € |
| 30 | | | | | | + 19% Umsatzsteuer | | 252,80 € |
| 31 | | | | | | **Gesamtbetrag (brutto)** | | 1.583,00 € |

***Abbildung 4:*** *Rechnungsformular mit auf 0 Nachkommastellen abgerundetem „Gesamtbetrag"*

**Anmerkung:**

Mit der Funktion RUNDEN sind die Funktionen AUFRUNDEN, ABRUNDEN, GANZZAHL und KÜRZEN verwandt. Der Aufbau der Funktion **AUFRUNDEN** (Syntax: =AUFRUNDEN(ZAHL;ANZAHL_STELLEN) entspricht dem der Funktionen RUNDEN und ABRUNDEN. Bei dieser Funktion wird jedoch – entgegen den mathematisch genauen Rundungsregeln – beispielsweise die Zahl 252,80 bei Angabe der Funktion =AUFRUNDEN(H29*0,19;0) auf 253,00 gerundet. Die Funktion **GANZZAHL** (Syntax: =GANZZAHL(ZAHL)) rundet eine Zahl auf die nächstkleinere ganze Zahl ab. Die Funktion =GANZZAHL(9,99) führt zur Ausgabe des Ergebnisses 9. Sie entspricht somit der Funktion ABRUNDEN unter Angabe von 0 Nachkommastellen. Die Funktion **KÜRZEN** (Syntax: =KÜRZEN(ZAHL;ANZAHL_STELLEN) bewirkt, dass die Zahl nicht gerundet wird. Die entsprechende Zahl wird vielmehr an der gewünschten Stelle „abgeschnitten".

Mithilfe der nachstehenden Abbildung 5 werden nochmals die Unterschiede zwischen den fünf Funktionen der Kapitel 10.1 und 10.2 dargestellt:

| | A | B | C | D |
|---|---|---|---|---|
| 1 | **Funktion** | **Wert** | **Ergebnis** | **Syntax** |
| 2 | RUNDEN | 3,45678 | 3,46 | =RUNDEN(B2;2) |
| 3 | ABRUNDEN | 3,45678 | 3,45 | =ABRUNDEN(B3;2) |
| 4 | AUFRUNDEN | 3,45678 | 3,46 | =AUFRUNDEN(B4;2) |
| 5 | GANZZAHL | 3,45678 | 3 | =GANZZAHL(B5) |
| 6 | KÜRZEN | 3,45678 | 3,45 | =KÜRZEN(B6;2) |

***Abbildung 5:*** *Übersicht über die Funktionsweise der Funktionen RUNDEN, ABRUNDEN, AUFRUNDEN und KÜRZEN*

**Arbeitsauftrag 2:**

Übernehmen Sie die in der Abbildung 1 dargestellte Tabelle in Ihr Tabellenblatt. Geben Sie dem Tabellenblatt den Namen **RUNDEN**. Erstellen Sie anschließend vier Kopien des Tabellenblattes **RUNDEN**. Geben Sie diesen Tabellenblättern die Namen **ABRUNDEN, AUFRUNDEN, GANZZAHL** und **KÜRZEN.** Ermitteln Sie in dem entsprechenden Tabellenblatt den Gesamtbetrag (brutto) unter Verwendung der Funktion

a) RUNDEN mit zwei Nachkommastellen,
b) ABRUNDEN mit zwei Nachkommastellen,
c) AUFRUNDEN mit zwei Nachkommastellen,
d) GANZZAHL,
e) KÜRZEN (die Nachkommastellen sollen unberücksichtigt bleiben).

# 10.3 ANZAHL und ANZAHL2

**Situation:**

Für interne Auswertungen ist es erforderlich, dass für jede Rechnung die Anzahl der Positionen der selbst hergestellten Produkte und die Anzahl der Positionen der Handelswaren ermittelt wird. Bis jetzt wird diese Aufgabe von den Kollegen im Rechnungswesen durch manuelles Zählen erledigt. Die Geschäftsleitung ist jedoch der Meinung, dass dieses Vorgehen zu umständlich ist, und erteilt Ihnen den Auftrag, das Rechnungsformular um die entsprechenden Einträge zu erweitern und die benötigten Werte automatisch zu ermitteln. Aus den ersten Monaten der Ausbildung wissen Sie, dass sich die Artikelnummern der Handelswaren aus Zahlen ergeben, während sich die Artikelnummern der selbst hergestellten Produkte aus einer Kombination von Zahlen und Buchstaben zusammensetzen.

| | A | B | C | D | E | F | G | H |
|---|---|---|---|---|---|---|---|---|
| 3 | **Ausschnitt aus der Tabelle Rechnungsformular** | | | | | | | |
| 4 | | | | | | | | |
| 5 | *Bürodesign GmbH, Stollberger Straße 188, 50933 Köln* | | | | | | | |
| 6 | | | | | | | | |
| 7 | Leondörfer GmbH | | | | | | | |
| 8 | Herr Braun | | | | | | | |
| 9 | Postfach | | | | | | | |
| 10 | 26122 Oldenburg | | | | | | | |
| 11 | | | | | | | | |
| 12 | | | | | | | | |
| 13 | | | | | | | | |
| 14 | Ihre Bestellung vom | | Sachbearbeiter/-in | Datum | | Bitte bei der Zahlung angeben: | | |
| 15 | 01.08.20.. | | Frau Dose | 03.08.20.. | | **Kundennummer:** | | **1008** |
| 16 | | | | | | | | |
| 17 | | | | | | **Rechnungsnummer:** | | **1577** |
| 18 | | | | | | | | |
| 19 | **Rechnung** | | | | | | | |
| 20 | | | | | | | | |
| 21 | | | | | | | | |
| 22 | **Position** | **Artikel-nummer** | **Artikel-bezeichnung** | **Menge (Stück)** | **Listenpreis pro Stück** | **Rabatt (%)** | **Rabatt pro Stück** | **Gesamt-preis** |
| 23 | 1 | 13792 | Textverarbeitung I | 10 | 14,95 € | 0 | - € | 149,50 € |
| 24 | 2 | 11207 | Arbeiten mit dem PC | 25 | 22,40 € | 10 | 2,24 € | 504,00 € |
| 25 | 3 | 12430 | Tabellenkalkulation II | 20 | 24,90 € | 10 | 2,49 € | 448,20 € |
| 26 | 4 | 13080 | Präsentieren leicht gemacht | 15 | 16,95 € | 10 | 1,70 € | 228,83 € |
| 27 | | | | | | | | |
| 28 | | | | | | | | |
| 29 | | | | | | | Warenwert (netto) | 1.330,53 € |
| 30 | | | | | | | + 19% Umsatzsteuer | 252,80 € |
| 31 | | | | | | | **Gesamtbetrag (brutto)** | 1.583,33 € |
| 32 | | | | | | | | |
| 33 | Auswertung | | | | | | | |
| 34 | Handelswaren | | | | | | | |
| 35 | eigenproduzierte Produkte | | | | | | | |

***Abbildung 6:*** *Ausschnitt aus dem Rechnungsformular mit einem Auswertungsbereich*

Die Funktionen ANZAHL und ANZAHL2 eignen sich zum Auszählen von Zellinhalten eines bestimmten Zellbereichs oder einzelner Zellen. Die allgemeine Schreibweise lautet: =ANZAHL(ZELLBEREICH) bzw. =ANZAHL2(ZELLBEREICH)

Die Funktion in der Zelle D34 (Abbildung 6) soll den Zellbereich B23 bis B28 nach Handelswaren – deren Artikelnummern aus reinen Zahlenwerten bestehen – durchsuchen. Die Funktion ANZAHL ermittelt in einem bestimmten Zellbereich die Anzahl der Zellen, die **Zahlenwerte** enthalten. Alle Zellen, die keine Zahlenwerte enthalten, werden nicht mitgezählt. Die Funktion in Zelle D34 lautet somit: =ANZAHL(B23:B28)

Im dargestellten Beispiel soll in Zelle D35 die Anzahl der eigenproduzierten Artikel ermittelt werden. Zunächst muss der Zellbereich B23 bis B28 nach nicht leeren Zellen durchsucht werden. Die Funktion ANZAHL2 ermittelt die Anzahl der **nicht leeren Zellen** eines bestimmten Zellbereichs. Neben den Zellen, die Zahlenwerte enthalten, werden somit auch alle übrigen Zellen, die einen Inhalt aufweisen, mitgezählt. Um in der Zelle D35 die Anzahl der eigenproduzierten Artikel auszugeben, muss das Ergebnis aus Zelle D34 vom Ergebnis der Funktion ANZAHL2 abgezogen werden. Die Funktion lautet somit: =ANZAHL2(B23:B28)-D34

**Arbeitsauftrag 3:**

Öffnen Sie das Rechnungsformular aus Kapitel 10.2 und ergänzen Sie den Auswertungsbereich gemäß der Abbildung 6. Ermitteln Sie anschließend die Anzahl der Positionen der Handelswaren sowie die Anzahl der Positionen der eigenproduzierten Produkte der Funktionen ANZAHL und ANZAHL2.

## 10.4 ABS

**Situation:**

Nachdem Sie die Anzahl der jeweiligen Artikelgruppen pro Rechnung ermittelt haben, möchte der Abteilungsleiter der Abteilung Absatz, dass Sie eine Auswertung der Umsatzzahlen getrennt nach den eigenproduzierten Erzeugnissen und den Handelswaren erstellen. Die Auswertung soll deutlich machen, um wie viel Euro sich der Umsatz in diesem Jahr im Vergleich zum Vorjahr verändert hat. Der Differenzbetrag soll als positive Zahl dargestellt werden.

| | A | B | C | D | E |
|---|---|---|---|---|---|
| 1 | **Umsatzauswertung** | | | | |
| 2 | | | | | |
| 3 | | | | **Auswertung** | |
| 4 | | **Vorjahr** | **aktuelles Jahr** | **+ / = / -** | **Betrag** |
| 5 | **Eigenproduzierte Produkte** | **5.372.680,00 €** | **5.780.690,00 €** | | |
| 6 | **Handelswaren** | **23.745.159,00 €** | **22.989.796,00 €** | | |

***Abbildung 7:*** *Umsatzauswertung – Funktion ABS*

Die Funktion ABS liefert den absoluten Wert einer Zahl. Der absolute Wert einer Zahl ist die Zahl ohne Vorzeichen, das heißt, die Funktion wandelt negative Zahlen in positive Zahlen um, die positiven Zahlen bleiben positiv. Die allgemeine Schreibweise der Funktion lautet: =ABS(ZAHL). Als ZAHL kann in die Funktion eine Zahl oder ein Zellbereich eingetragen werden.

**Arbeitsauftrag 4:**

1. Übernehmen Sie die Tabelle in ein leeres Arbeitsblatt.
2. Sorgen Sie mittels kopierbarer Funktionen dafür, dass
   a) in Zelle D5 bzw. D6 ein Pluszeichen erscheint, wenn der Umsatz des aktuellen Jahres größer als der Umsatz des Vorjahres ist. Wenn der Umsatz des aktuellen Jahres genauso groß ist wie der des Vorjahres, soll ein Gleichheitszeichen erscheinen. Ist der Umsatz des aktuellen Jahres kleiner, soll ein Minuszeichen ausgegeben werden;
   b) in Zelle E5 bzw. E6 der Differenzbetrag zwischen dem Umsatz des aktuellen Jahres und dem Umsatz des Vorjahres ausgegeben wird. Der Differenzbetrag ist immer als positive Zahl auszugeben.

# 10.5 IST-Funktionen

**Situation:**

Das Rechnungsformular der Bürodesign GmbH soll in der Spalte A die jeweilige Positionsnummer ausweisen. Zunächst wurde die Position manuell in das Formular eingetragen. Ihr Abteilungsleiter bittet Sie, dafür zu sorgen, dass die Position automatisch bei Eintragung der Artikelnummer in der jeweiligen Zeile erscheint.

| | A | B | C | D | E | F | G | H |
|---|---|---|---|---|---|---|---|---|
| 3 | **Ausschnitt aus der Tabelle Rechnungsformular** | | | | | | | |
| 4 | | | | | | | | |
| 5 | *Bürodesign GmbH, Stollberger Straße 188, 50933 Köln* | | | | | | | |
| 6 | | | | | | | | |
| 7 | Leondörfer GmbH | | | | | | | |
| 8 | Herr Braun | | | | | | | |
| 9 | Postfach | | | | | | | |
| 10 | 26122 Oldenburg | | | | | | | |
| 11 | | | | | | | | |
| 12 | | | | | | | | |
| 13 | | | | | | | | |
| 14 | Ihre Bestellung vom | | Sachbearbeiter/-in | Datum | | **Bitte bei der Zahlung angeben:** | | |
| 15 | 01.08.20.. | | Frau Dose | 03.08.20.. | | **Kundennummer:** | | **1008** |
| 16 | | | | | | | | |
| 17 | | | | | | **Rechnungsnummer:** | | **1577** |
| 18 | | | | | | | | |
| 19 | **Rechnung** | | | | | | | |
| 20 | | | | | | | | |
| 21 | | | | | | | | |
| 22 | **Position** | **Artikel-nummer** | **Artikel-bezeichnung** | **Menge (Stück)** | **Listenpreis pro Stück** | **Rabatt (%)** | **Rabatt pro Stück** | **Gesamt-preis** |
| 23 | 1 | 13792 | Textverarbeitung I | 10 | 14,95 € | 0 | - € | 149,50 € |
| 24 | 2 | 11207 | Arbeiten mit dem PC | 25 | 22,40 € | 10 | 2,24 € | 504,00 € |
| 25 | 3 | 12430 | Tabellenkalkulation II | 20 | 24,90 € | 10 | 2,49 € | 448,20 € |
| 26 | 4 | 13080 | Präsentieren leicht gemacht | 15 | 16,95 € | 10 | 1,70 € | 228,83 € |
| 27 | | | | | | | | |
| 28 | | | | | | | | |
| 29 | | | | | | Warenwert (netto) | | 1.330,53 € |
| 30 | | | | | | + 19% Umsatzsteuer | | 252,80 € |
| 31 | | | | | | **Gesamtbetrag (brutto)** | | 1.583,32 € |

***Abbildung 8:*** *Rechnungsformular*

Weitere Funktionen

Soll in einer Zelle (hier in den Zellen A23 bis A28) in Abhängigkeit einer nicht leeren Zelle (hier die Zellen B23 bis B28) eine Ausgabe erfolgen, kann eine IST-Funktion verwendet werden. Die Funktion ISTLEER (=ISTLEER(WERT)) bezieht sich auf eine Zelle und gibt, wenn diese leer ist, einen bestimmten Wert zurück. Bezogen auf das oben angegebene Beispiel lautet die Funktion in Zelle A23:

=WENN(ISTLEER(B23);"";1)

Um eine kopierfähige Funktion zu erhalten, lautet damit die Funktion in Zelle A24 wie folgt: =WENN(ISTLEER(B24);"";A23+1). Diese Funktion kann in die Zellen B25 bis B28 kopiert werden.

Für andere Anwendungen ist es unter Umständen notwendig, den Typ des Inhalts (Zahl, Text, Zellbezug usw.) einer Zelle zu überprüfen, um zu einem richtigen Ausgabeergebnis zu kommen. Für diese Aufgaben eignen sich ebenfalls Funktionen aus der Gruppe der IST-Funktionen.

Zu der Gruppe der IST-Funktionen gehören:

| Funktion | Syntax | Bedingung, unter der ein WAHR zurückgegeben wird |
|---|---|---|
| ISTTEXT | =ISTTEXT(WERT) | Der Wert bezieht sich auf ein Element, das kein Text ist. |
| ISTKTEXT | =ISTKTEXT(WERT) | Der Wert bezieht sich auf eine Zelle, deren Inhalt kein Text ist. |
| ISTZAHL | =ISTZAHL(WERT) | Der Wert bezieht sich auf eine Zahl. |
| ISTFEHL | =ISTFEHL(WERT) | Der Wert bezieht sich auf einen Fehlerwert mit der Ausnahme #NV. |
| ISTFEHLER | =ISTFEHLER(WERT) | Der Wert bezieht sich auf einen beliebigen Fehlerwert (#NV, #WERT!, #Bezug!, #DIV/0!, #ZAHL!, #NAME!, #NULL!). |
| ISTNV | =ISTNV(WERT) | Der Wert bezieht sich auf den Fehlerwert #NV (Wert nicht verfügbar). |

**Arbeitsauftrag 5:**

Übernehmen Sie das abgebildete Rechnungsformular gemäß der obigen Abbildung und vollziehen Sie die beschriebenen Schritte nach.

Testen Sie auch Anwendungsbeispiele für weitere IST-Funktionen.

## 10.6 ZÄHLENWENN und SUMMEWENN

**Situation:**

Herr Dieter Zwock aus der Marketingabteilung hat den Vorschlag unterbreitet, dass die Ausgangsrechnungen zukünftig durch eine Analyse der Bestelldaten einen zusätzlichen Werbeeffekt für die Bürodesign GmbH erhalten sollen. Angedacht ist in einem ersten Schritt, dass dem Kunden die bestellte Anzahl an besonders günstigen Artikeln (unter 25,00 €) sowie die Summe der Listenpreise der vorgenannten Einzelartikel aufgezeigt werden.

| | A | B | C | D | E | F | G | H |
|---|---|---|---|---|---|---|---|---|
| 3 | **Ausschnitt aus der Tabelle Rechnungsformular** | | | | | | | |
| 4 | | | | | | | | |
| 5 | *Bürodesign GmbH, Stollberger Straße 188, 50933 Köln* | | | | | | | |
| 6 | | | | | | | | |
| 7 | Leondörfer GmbH | | | | | | | |
| 8 | Herr Braun | | | | | | | |
| 9 | Postfach | | | | | | | |
| 10 | 26122 Oldenburg | | | | | | | |
| 11 | | | | | | | | |
| 12 | | | | | | | | |
| 13 | | | | | | | | |
| 14 | Ihre Bestellung vom | | Sachbearbeiter/-in | Datum | | Bitte bei der Zahlung angeben: | | |
| 15 | 01.08.20.. | | Frau Dose | 03.08.20.. | | **Kundennummer:** | | **1008** |
| 16 | | | | | | | | |
| 17 | | | | | | **Rechnungsnummer:** | | **1577** |
| 18 | | | | | | | | |
| 19 | **Rechnung** | | | | | | | |
| 20 | | | | | | | | |
| 21 | | | | | | | | |
| 22 | **Position** | **Artikel-nummer** | **Artikel-bezeichnung** | **Menge (Stück)** | **Listenpreis pro Stück** | **Rabatt (%)** | **Rabatt pro Stück** | **Gesamt-preis** |
| 23 | 1 | 13792 | Textverarbeitung I | 10 | 14,95 € | 0 | - € | 149,50 € |
| 24 | 2 | 11207 | Arbeiten mit dem PC | 25 | 22,40 € | 10 | 2,24 € | 504,00 € |
| 25 | 3 | 12430 | Tabellenkalkulation II | 20 | 24,90 € | 10 | 2,49 € | 448,20 € |
| 26 | 4 | 13080 | Präsentieren leicht gemacht | 15 | 16,95 € | 10 | 1,70 € | 228,83 € |
| 27 | | | | | | | | |
| 28 | | | | | | | | |
| 29 | | | | | | | Warenwert (netto) | 1.330,53 € |
| 30 | | | | | | | + 19% Umsatzsteuer | 252,80 € |
| 31 | | | | | | | **Gesamtbetrag (brutto)** | 1.583,33 € |
| 32 | | | | | | | | |
| 33 | Wir haben die günstigen Preise! | | | | | | | |
| 34 | In Ihrer Bestellung haben Sie insgesamt eine Anzahl von | | | | Artikeln unter 25,00 Euro bestellt. | | | |
| 35 | Für eine Einheit dieser Artikel würden Sie bei uns lediglich einen Gesamtpreis von | | | | | | | |

***Abbildung 9:*** *Rechnungsformular mit verkaufsfördernden Kundeninformationen*

Mithilfe der Funktion =ZÄHLENWENN lässt sich in der Zelle D34 die gewünschte Anzahl von Artikeln ausweisen. Deren Syntax lautet:

=ZÄHLENWENN(SUCHBEREICH;SUCHKRITERIUM)

Übertragen auf das Rechnungsformular lautet die Funktion somit =ZÄHLENWENN(E23:E28;"<25"). Zu beachten ist hierbei, dass das Suchkriterium (<25) als Kombination zwischen einem Relationszeichen und einer Zahl in Anführungsstriche gesetzt werden muss.

| | A | B | C | D | E | F | G | H |
|---|---|---|---|---|---|---|---|---|
| 3 | **Ausschnitt aus der Tabelle Rechnungsformular** | | | | | | | |
| 4 | | | | | | | | |
| 5 | *Bürodesign GmbH, Stollberger Straße 188, 50933 Köln* | | | | | | | |
| 6 | | | | | | | | |
| 7 | Leondörfer GmbH | | | | | | | |
| 8 | Herr Braun | | | | | | | |
| 9 | Postfach | | | | | | | |
| 10 | 26122 Oldenburg | | | | | | | |
| 11 | | | | | | | | |
| 12 | | | | | | | | |
| 13 | | | | | | | | |
| 14 | Ihre Bestellung vom | | Sachbearbeiter/-in | Datum | | Bitte bei der Zahlung angeben: | | |
| 15 | 01.08.20.. | | Frau Dose | 03.08.20.. | | **Kundennummer:** | | **1008** |
| 16 | | | | | | | | |
| 17 | | | | | | **Rechnungsnummer:** | | **1577** |
| 18 | | | | | | | | |
| 19 | **Rechnung** | | | | | | | |
| 20 | | | | | | | | |
| 21 | | | | | | | | |
| 22 | **Position** | **Artikel-nummer** | **Artikel-bezeichnung** | **Menge (Stück)** | **Listenpreis pro Stück** | **Rabatt (%)** | **Rabatt pro Stück** | **Gesamt-preis** |
| 23 | 1 | 13792 | Textverarbeitung I | 10 | 14,95 € | 0 | - € | 149,50 € |
| 24 | 2 | 11207 | Arbeiten mit dem PC | 25 | 22,40 € | 10 | 2,24 € | 504,00 € |
| 25 | 3 | 12430 | Tabellenkalkulation II | 20 | 24,90 € | 10 | 2,49 € | 448,20 € |
| 26 | 4 | 13080 | Präsentieren leicht gemacht | 15 | 16,95 € | 10 | 1,70 € | 228,83 € |
| 27 | | | | | | | | |
| 28 | | | | | | | | |
| 29 | | | | | | | Warenwert (netto) | 1.330,53 € |
| 30 | | | | | | | + 19% Umsatzsteuer | 252,80 € |
| 31 | | | | | | | **Gesamtbetrag (brutto)** | 1.583,33 € |
| 32 | | | | | | | | |
| 33 | Wir haben die günstigen Preise! | | | | | | | |
| 34 | In Ihrer Bestellung haben Sie insgesamt eine Anzahl von | | | 4 | Artikeln unter 25,00 Euro bestellt. | | | |
| 35 | Für eine Einheit dieser Artikel würden Sie bei uns lediglich einen Gesamtpreis von | | | | | | | |

***Abbildung 10:*** *Anwendung der Funktion ZÄHLENWENN*

**Anmerkung:**

Ist das Suchkriterium ein Text (z. B. Kundenname „Albers", Kundenklasse „A", Lohnsteuerklasse „III"), so sind diese ebenfalls durch Anführungsstriche als Suchkriterium zu kennzeichnen.

Web

Im Gegensatz zur ZÄHLENWENN-Funktion – bei der lediglich die Anzahl der dem Suchkriterium entsprechenden Werte ausgegeben wird – addiert die Funktion =SUMMEWENN zudem die Werte, welche dem Suchkriterium entsprechen. Die Syntax dieser Funktion lautet:

=SUMMEWENN(SUCHBEREICH;SUCHKRITERIUM;SUMME_BEREICH)

Übertragen auf das Rechnungsformular lautet die Funktion =SUMMEWENN(E23:E28;"<25"). Das Ergebnis dieser Funktion liegt bei 79,20 € (vgl. Abbildung 11).

| | A | B | C | D | E | F | G | H |
|---|---|---|---|---|---|---|---|---|
| 3 | **Ausschnitt aus der Tabelle Rechnungsformular** | | | | | | | |
| 4 | | | | | | | | |
| 5 | *Bürodesign GmbH, Stollberger Straße 188, 50933 Köln* | | | | | | | |
| 6 | | | | | | | | |
| 7 | Leondörfer GmbH | | | | | | | |
| 8 | Herr Braun | | | | | | | |
| 9 | Postfach | | | | | | | |
| 10 | 26122 Oldenburg | | | | | | | |
| 11 | | | | | | | | |
| 12 | | | | | | | | |
| 13 | | | | | | | | |
| 14 | Ihre Bestellung vom | | Sachbearbeiter/-in | Datum | | Bitte bei der Zahlung angeben: | | |
| 15 | 01.08.20.. | | Frau Dose | 03.08.20.. | | **Kundennummer:** | | **1008** |
| 16 | | | | | | | | |
| 17 | | | | | | **Rechnungsnummer:** | | **1577** |
| 18 | | | | | | | | |
| 19 | **Rechnung** | | | | | | | |
| 20 | | | | | | | | |
| 21 | | | | | | | | |
| 22 | **Position** | **Artikel-nummer** | **Artikel-bezeichnung** | **Menge (Stück)** | **Listenpreis pro Stück** | **Rabatt (%)** | **Rabatt pro Stück** | **Gesamt-preis** |
| 23 | 1 | 13792 | Textverarbeitung I | 10 | 14,95 € | 0 | - € | 149,50 € |
| 24 | 2 | 11207 | Arbeiten mit dem PC | 25 | 22,40 € | 10 | 2,24 € | 504,00 € |
| 25 | 3 | 12430 | Tabellenkalkulation II | 20 | 24,90 € | 10 | 2,49 € | 448,20 € |
| 26 | 4 | 13080 | Präsentieren leicht gemacht | 15 | 16,95 € | 10 | 1,70 € | 228,83 € |
| 27 | | | | | | | | |
| 28 | | | | | | | | |
| 29 | | | | | | | Warenwert (netto) | 1.330,53 € |
| 30 | | | | | | | + 19% Umsatzsteuer | 252,80 € |
| 31 | | | | | | | **Gesamtbetrag (brutto)** | 1.583,33 € |
| 32 | | | | | | | | |
| 33 | Wir haben die günstigen Preise! | | | | | | | |
| 34 | In Ihrer Bestellung haben Sie insgesamt eine Anzahl von | | | 4 | Artikeln unter 25,00 Euro bestellt. | | | |
| 35 | Für eine Einheit dieser Artikel würden Sie bei uns lediglich einen Gesamtpreis von | | | | | 79,20 € bezahlen. | | |

***Abbildung 11:*** *Anwendung der Funktion SUMMEWENN*

## Anmerkung:

Auch in der SUMMEWENN-Funktion sind Suchkriterien in Form von Texten oder als Kombination von Relationszeichen und Zahlen durch Anführungsstriche zu kennzeichnen. In dem dargestellten Beispiel stimmt der SUCHBEREICH mit SUMME_BEREICH der Funktion SUMMEWENN überein. In diesem Fall durchsucht die Funktion anhand des SUCHKRITERIUMS (im Beispiel „<25") den SUCHBEREICH (im Beispiel E23:E28) und addiert alle Werte im SUCHBEREICH, auf die das SUCHKRITERIUM zutrifft. Der dritte Bestandteil (SUMME_BEREICH) muss nicht definiert werden. Häufig stimmt der SUCHBEREICH mit dem SUMME_BEREICH jedoch nicht überein. Sollen beispielsweise alle Listenpreise addiert werden, deren Artikelnummer kleiner als 12500 ist, stimmen diese beiden Bestandteile der SUMMEWENN-Funktion nicht mehr überein. Der SUCHBEREICH setzt sich in diesem Fall aus den Zellen B23 bis B28 zusammen. Das Suchkriterium lautet: „<12500". Der SUMME_BEREICH definiert sich aus den Zellen E23 bis E28. Die vollständige Funktion lautet somit: =SUMMEWENN(B23:B28;"<12500";E23:E28)

## Arbeitsauftrag 6:

Übernehmen Sie die in der Abbildung 11 dargestellten Ergänzungen der Zeilen 33 bis 35 in Ihr Tabellenblatt. Vollziehen Sie die vorstehend beschriebenen Schritte zur Ermittlung der aufgezeigten Ergebnisse nach. Sorgen Sie mithilfe einer benutzerdefinierten Formatierung dafür, dass in der Zelle F35 zum genannten Preis der Text „bezahlen" angezeigt wird. Erweitern Sie die Analyse, indem Sie die Gesamtpreise aller Artikel addieren, deren Artikelnummer mindestens 13000 beträgt. Formulieren Sie hierzu in Zeile 36 zunächst eine sinnvolle Überschrift und geben Sie anschließend die Funktion ein.

# 10.7 Übungsaufgaben

## 10.7.1 Kalkulationsschema

**Situation:**

In der Bürodesign GmbH erfolgt die Kalkulation der Angebotspreise für die Handelswaren mittels der Zuschlagskalkulation. Dieses Kalkulationsverfahren geht von einem Listeneinkaufspreis aus und rechnet schrittweise die anteiligen Kosten und sonstige Zuschläge ein. Bisher erfolgte die Kalkulation durch die Sachbearbeiter immer handschriftlich. Da der Geschäftsleitung diese Vorgehensweise nicht mehr zeitgemäß erscheint, soll in Zukunft mithilfe eines Tabellenkalkulationsprogramms der Angebotspreis automatisch berechnet werden.

| | A | B | C |
|---|---|---|---|
| 1 | **Schema zur Kalkulation des Barverkaufspreises** | | |
| 2 | | | |
| 3 | **Artikelnummer** | **150391** | |
| 4 | **Artikelbezeichnung** | **Tischkopierer Primus Z-52** | |
| 5 | **Rabatt- und skontofähig?** | | |
| 6 | | | |
| 7 | **Listeinkaufspreis** | | 323,00 € |
| 8 | **- Liefererrabatt** | 35,0% | |
| 9 | **= Zieleinkaufspreis** | | |
| 10 | **- Liefererskonto** | 2,0% | |
| 11 | **= Bareinkaufspreis** | | |
| 12 | **+ Bezugskosten** | | 50,00 € |
| 13 | **= Bezugspreis** | | |
| 14 | **+ Handlungskosten** | | 355,00 € |
| 15 | **= Selbstkostenpreis** | | |
| 16 | **+ Gewinn** | 8,0% | |
| 17 | **= Barverkaufspreis** | | |
| 18 | **+ Kundenskonto** | | |
| 19 | **= Zielverkaufspreis** | | |
| 20 | **+ Kundenrabatt** | | |
| 21 | **= Angebotspreis** | | |

***Abbildung 12:*** *Kalkulationsschema*

**Arbeitsaufträge:**

1. Speichern Sie eine leere Arbeitsmappe unter dem Namen „Kalkulationsschema" ab. Speichern Sie die Datei regelmäßig zwischen, um Datenverluste zu vermeiden.
2. Übertragen Sie die Tabellenvorlage einschließlich **aller Formatierungen** in ein leeres Tabellenblatt. Geben Sie diesem Tabellenblatt den Namen **Ergebnis**.
3. Vervollständigen Sie das Kalkulationsschema, indem Sie die verbleibenden Werte mittels Formeln und Funktionen ermitteln. Sofern keine anderen Vorgaben bestehen, sollen alle Werte auf zwei Dezimalstellen kaufmännisch gerundet werden. Berücksichtigen Sie bei Ihrer Arbeit folgende Hinweise:
   a) Berechnungsgrundlage für den **Liefererrabatt** ist der Listeneinkaufspreis, für das **Liefererskonto** der Zieleinkaufspreis und für den **Gewinn** der Selbstkostenpreis.

b) Befindet sich in der Zelle B5 irgendeine Markierung (z. B. x, ja, ok), so erhält der Kunde 1,5 % Skonto und 10,0 % Rabatt. Ansonsten erhält der Kunde weder Skonto noch Rabatt. Die Werte sind im Prozentformat auszugeben.

c) Die Grundlage für die Berechnung des **Kundenskontos** ist der Barverkaufspreis. Wichtig: Der Barverkaufspreis entspricht dem um das Kundenskonto reduzierten Grundwert (100 % – 1,5 %).

d) Die Grundlage für die Berechnung des **Kundenrabatts** ist der Zielverkaufspreis. Wichtig: Der Barverkaufspreis entspricht dem um das Kundenskonto reduzierten Grundwert (100 % – 10 %).

e) Werden kein Kundenskonto und kein Kundenrabatt gewährt, entspricht der **Angebotspreis** dem Barverkaufspreis, ansonsten ergibt sich der Barverkaufspreis aus der Summe von Kundenrabatt und Zielverkaufspreis. Der Wert ist ohne Centbeträge auszugeben. Eine kaufmännische Rundung soll hier nicht erfolgen.

4. Erstellen Sie in einem weiteren Tabellenblatt mit dem Namen **Formeln** die Formelansicht.
5. Für das Drucklayout gelten folgende Vorgaben:

a) Die Tabellenblätter sollen im Format DIN A4 quer auf je einer Seite ausgedruckt werden.

b) In der Fußzeile unten links soll automatisch der Dateiname und in der Fußzeile unten rechts soll Ihr Name ausgewiesen werden.

c) Beide Tabellenblätter sind mit Zeilen- und Spaltenüberschriften sowie mit Gitternetzlinien auszudrucken.

## 10.7.2 Lagerstatistik

**Situation:**

Herr Dietmar, der Leiter der Abteilung Lager/Versand, möchte die Auswertung der Lagerbestände in Zukunft mithilfe eines Tabellenkalkulationsprogramms vereinfachen. Hinsichtlich des Formulars orientiert er sich an der bereits existierenden Lagerkartei im Papierformat. Für die Berechnungen sollen in Zukunft jedoch die Vorteile des Tabellenkalkulationsprogramms genutzt werden.

| | A | B | C | D | E | F | G | H | I |
|---|---|---|---|---|---|---|---|---|---|
| 1 | **Lagerkarte** | | | | | **Datum** | **Zugänge** | **Abgänge** | **Monats-endbestände** |
| 2 | | | | | | 20.01. | 200 Stück | | |
| 3 | **Artikelnummer** | | | 200071 | | 18.02. | | 500 Stück | |
| 4 | **Artikelbezeichnung** | | | Hocker Italia | | 01.03. | | 100 Stück | |
| 5 | **Bezugspreis pro Stück in Euro** | | | 64,00 | | 30.03. | 700 Stück | | |
| 6 | **Anfangsbestand am 01.01.20xy in Stück** | | | 600 | | 27.04. | | 300 Stück | |
| 7 | **Anfangsbestand in Euro** | | | | | 12.05. | 200 Stück | | |
| 8 | | | | | | 28.05. | | 500 Stück | |
| 9 | | | | | | 15.06. | 400 Stück | | |
| 10 | **durchschnittlicher Lagerbestand in Stück** | | | | | 30.06. | | 500 Stück | |
| 11 | **durchschnittlicher Lagerbestand in Euro** | | | | | 28.07. | 200 Stück | | |
| 12 | **Umschlagshäufigkeit** | | | | | 15.08. | | 200 Stück | |
| 13 | **durchschnittliche Lagerdauer** | | | | | 12.09. | 800 Stück | | |
| 14 | | | | | | 08.10. | | 300 Stück | |
| 15 | **Anzahl der Materialentnahmen, bei denen** | | | | | 16.11. | | 300 Stück | |
| 16 | **mehr 400 Stück verbraucht wurden** | | | | | 14.12. | | 275 Stück | |
| 17 | **Summe der verbrauchten Produkte mit einer** | | | | | | | | |
| 18 | **Entnahmemenge von mehr als 400 Stück** | | | | | **Summen** | | | |

***Abbildung 13:*** *Lagerstatistik*

**Arbeitsaufträge:**

1. Speichern Sie eine leere Arbeitsmappe unter dem Namen „Lagerstatistik" ab. Speichern Sie die Datei regelmäßig zwischen, um Datenverluste zu vermeiden
2. Übertragen Sie die Tabellenvorlage einschließlich **aller Formatierungen** in ein leeres Tabellenblatt. Geben Sie diesem Tabellenblatt den Namen **Ergebnis**.
3. a) Ermitteln Sie in Zeile 18 die Summe von Spalte G und H.
   b) Ermitteln Sie in Spalte I die jeweiligen Monatsendbestände.
   c) Berechnen Sie in Zelle I18 den Jahresendbestand. Verwenden Sie hierfür unter anderem die Summen in G18 und H18.
   d) Ermitteln Sie in Zelle D7 den Wert des Lageranfangsbestands.
   e) Ermitteln Sie in Zelle D10 den durchschnittlichen Lagerbestand in Stück. Verwenden Sie folgende Formel:

$$\text{durchschnittlicher Lagerbestand: } \frac{\text{Anfangsbestand} + 12 \text{ Monatsendbestände}}{13}$$

   Das Ergebnis ist auf eine ganze Zahl aufzurunden.
   f) Ermitteln Sie in Zelle D11 den durchschnittlichen Lagerbestand in Euro.
   g) Ermitteln Sie in Zelle D12 die Umschlagshäufigkeit. Verwenden Sie folgende Formel:

$$\text{Umschlagshäufigkeit} = \frac{\text{Materialverbrauch}}{\text{durchschnittlicher Lagerbestand}}$$

   Das Ergebnis ist auf eine Dezimalstelle abzurunden.
   h) Ermitteln Sie in Zelle D13 die durchschnittliche Lagerdauer. Verwenden Sie folgende Formel:

$$\text{Lagerdauer} = \frac{360}{\text{Umschlagshäufigkeit}}$$

   Das Ergebnis ist ungerundet und ohne Dezimalstellen auszugeben.
   i) Ermitteln Sie in Zelle D15 und D17 die entsprechenden Werte formelgesteuert.
4. Erstellen Sie in einem weiteren Tabellenblatt mit dem Namen **Formeln** die Formelansicht.
5. Für das Drucklayout gelten folgende Vorgaben:
   a) Die Tabellenblätter sollen im Format DIN A4 quer auf je einer Seite ausgedruckt werden.
   b) In der Fußzeile unten links soll automatisch der Dateiname und in der Fußzeile unten rechts soll Ihr Name ausgewiesen werden.
   c) Beide Tabellenblätter sind mit Zeilen- und Spaltenüberschriften sowie mit Gitternetzlinien auszudrucken.

## 10.7.3 Bestellmenge

**Situation:**

In der Abteilung Beschaffung der Bürodesign GmbH müssen die Bestellvorgänge optimiert werden. Die Abteilungsleiterin Frau Evert weiß, dass die Lagerhaltungskosten und die Bestellkosten gegenläufig verlaufen. Das heißt, dass mit steigenden Lagerhaltungskosten die Bestellkosten sinken, da die Bestellvorgänge seltener sind. Andererseits steigen die Bestellkosten bei sinkenden Lagerhaltungskosten. Um die Kosten in Zukunft zu senken, soll der Bestellvorgang erst ausgelöst werden, wenn die Gesamtkosten aus Bestell- und Lagerkosten am niedrigsten sind.

| | A | B | C | D | E | F | G |
|---|---|---|---|---|---|---|---|
| 1 | **Optimierung der Bestellmenge** | | | | | | |
| 2 | | | | | | | |
| 3 | **Artikelnummer** | | | 200071 | | | |
| 4 | **Artikelbezeichnung** | | | Hocker Italia | | | |
| 5 | **Jahresbedarf** | | | 2350 Stück | | | |
| 6 | **Kosten je Bestellung** | | | 40,00 € | | | |
| 7 | **Lagerhaltungskostensatz in Prozent** | | | 20,0 | | | |
| 8 | **Einstandspreis** | | | 23,50 € | | | |
| 9 | | | | | | | |
| 10 | **Bestell-menge in Stück** | **Anzahl der Bestellungen** | **Bestellkosten in Euro** | **durchschnittlicher Lagerbestand in Stück** | **durchschnittlicher Lagerbestand in Euro** | **Lagerhaltungs-kosten in Euro** | **Gesamt-kosten in Euro** |
| 11 | 50 | | | | | | |
| 12 | 100 | | | | | | |
| 13 | 150 | | | | | | |
| 14 | 200 | | | | | | |
| 15 | 250 | | | | | | |
| 16 | 300 | | | | | | |
| 17 | 350 | | | | | | |
| 18 | 400 | | | | | | |
| 19 | 450 | | | | | | |
| 20 | 500 | | | | | | |

***Abbildung 14:*** *Optimierung der Bestellmenge*

## Arbeitsaufträge:

1. Speichern Sie eine leere Arbeitsmappe unter dem Namen „Bestellmenge" ab. Speichern Sie die Datei regelmäßig zwischen, um Datenverluste zu vermeiden.
2. Übertragen Sie die Tabellenvorlage einschließlich **aller Formatierungen** in ein leeres Tabellenblatt. Geben Sie diesem Tabellenblatt den Namen **Ergebnis**.
3. Ermitteln Sie
   a) in Spalte B die **Anzahl der Bestellungen**. Das Ergebnis soll auf zwei Dezimalstellen kaufmännisch gerundet ausgegeben werden;
   b) in Spalte C die **Bestellkosten**. Das Ergebnis soll auf zwei Dezimalstellen kaufmännisch gerundet ausgegeben werden;
   c) in Spalte D den **durchschnittlichen Lagerbestand in Stück.** Verwenden Sie folgende Formel: Ø Lagerbestand = Bestellmenge / 2. Das Ergebnis soll ungerundet und ohne Dezimalstellen ausgegeben werden;
   d) in Spalte E den **durchschnittlichen Lagerbestand in Euro**. Das Ergebnis soll auf zwei Dezimalstellen kaufmännisch gerundet ausgegeben werden;
   e) in Spalte F die Lagerhaltungskosten in Euro. Verwenden Sie folgende Formel: Lagerhaltungskosten = Ø Lagerbestand in € * Lagerhaltungskostenprozentsatz. Das Ergebnis soll auf zwei Dezimalstellen kaufmännisch gerundet ausgegeben werden;
   f) in Spalte G die **Gesamtkosten in Euro.** Die Gesamtkosten ergeben sich aus den Lagerhaltungskosten und den Bestellkosten. Das Ergebnis soll ungerundet und ohne Centbeträge (aber mit zwei Dezimalstellen) ausgegeben werden.
4. Erstellen Sie in einem weiteren Tabellenblatt mit dem Namen **Formeln** die Formelansicht.
5. Für das Drucklayout gelten folgende Vorgaben:
   a) Die Tabellenblätter sollen im Format DIN A4 quer auf je einer Seite ausgedruckt werden.
   b) In der Fußzeile unten links soll automatisch der Dateiname und in der Fußzeile unten rechts soll Ihr Name ausgewiesen werden.
   c) Beide Tabellenblätter sind mit Zeilen- und Spaltenüberschriften sowie mit Gitternetzlinien auszudrucken.

## 10.7.4 Provisions- und Entgeltberechnung

**Situation:**

Die Handelsvertreter der Bürodesign GmbH wurden hinsichtlich ihres Tätigkeitsfeldes neu eingruppiert. Diese Eingruppierung hat vor allem Auswirkungen auf die Provisionsabrechnung und damit auf das Gesamtentgelt. Um das neue System im Alltag sinnvoll nutzen zu können, sollen alle notwendigen Berechnungen mittels der abgebildeten Tabelle vorgenommen werden.

| | A | B | C | D | E | F | G | H | I |
|---|---|---|---|---|---|---|---|---|---|
| 1 | **Provision- und Entgeltberechnung der Handelsvertreter** | | | | | | | | |
| 2 | | | | | | | | | |
| 3 | Vertreterübersich | | | | Gruppe 1 | | | Gruppe 2 | |
| 4 | Vertreter | Gruppen | Umsatz | | Umsatzgrenze (ab ...) | Provision in % | | Umsatzgrenze (ab ...) | Provision in % |
| 5 | Rüping | 1 | 9.999,00 € | | - € | 0,0 | | - € | 0,0 |
| 6 | Erdmann | 1 | 41.050,00 € | | 10.000,00 € | 2,0 | | 10.000,00 € | 3,0 |
| 7 | Löwen | 2 | 19.650,00 € | | 20.000,00 € | 3,5 | | 20.000,00 € | 4,0 |
| 8 | Kunz | 2 | 47.900,00 € | | 40.000,00 € | 5,0 | | 40.000,00 € | 5,0 |
| 9 | Faralisch | 1 | 68.350,00 € | | 70.000,00 € | 7,0 | | 70.000,00 € | 6,0 |
| 10 | Holtkamp | 2 | 29.700,00 € | | | | | | |
| 11 | Geldmann | 2 | 27.500,00 € | | Fixum | 2.000,00 € | | | |
| 12 | Frontzek | 1 | 28.250,00 € | | Sonderzulage 1 | 250,00 € | | | |
| 13 | Kloos | 2 | 41.050,00 € | | Sonderzulage 2 | 50,00 € | | | |
| 14 | | | | | | | | | |
| 15 | | | | | heutiges Datum: | | | | |
| 16 | | | | | | | | | |
| 17 | Handels-vertreter | Umsatz in Euro | Provisionssatz in % | Provision in Euro | Sonderzu-lage 1 in Euro | Sonderzu-lage 2 in Euro | Gesamt-entgelt | Gesamtent-gelt in % | Gesprächs-bedarf |
| 18 | | | | | | | | | |
| 19 | | | | | | | | | |
| 20 | | | | | | | | | |
| 21 | | | | | | | | | |
| 22 | | | | | | | | | |
| 23 | | | | | | | | | |
| 24 | | | | | | | | | |
| 25 | | | | | | | | | |
| 26 | | | | | | | | | |
| 27 | Summe | | | | | | | | |
| 28 | Mittelwert | | | | | | | | |
| 29 | | | | | | | | | |
| 30 | durchschnittlicher Umsatz des Vormonats | | | | 36.288,00 € | | | | |
| 31 | Umsatzveränderung | | | Betrag | | | | | |
| 32 | Anzahl der Provisionen, die höher als 2.000,00 Euro sind | | | | | | | | |
| 33 | Summe der Provisionen, die höher als 2.000,00 Euro sind | | | | | | | | |
| 34 | Anzahl der Handelsvertreter, die eine Sonderzulage erhalten | | | | | | | | |

***Abbildung 15:*** *Provisions- und Entgeltberechnung für die Handelsvertreter*

**Arbeitsaufträge:**

1. Speichern Sie eine leere Arbeitsmappe unter dem Namen „ProvEnt-Berechnung" ab. Speichern Sie die Datei regelmäßig zwischen, um Datenverluste zu vermeiden
2. Übertragen Sie die Tabellenvorlage einschließlich **aller Formatierungen** in ein leeres Tabellenblatt. Geben Sie diesem Tabellenblatt den Namen **Ergebnis**.
3. Erfassen Sie in den Zellen A18 bis A26 die Namen der Vertreter in alphabetischer Reihenfolge.
4. Ermitteln Sie formel- bzw. funktionsgesteuert
   a) in den Zellen B18 bis B26 den Umsatz der jeweiligen Handelsvertreter,
   b) in den Zellen C18 bis C26 den Provisionssatz in Abhängigkeit von der Gruppenzugehörigkeit und der Höhe des Umsatzes,
   c) in den Zellen D18 bis D26 die Provision in Euro. Das Ergebnis ist auf volle Eurobeträge aufzurunden;

d) in den Zellen E18 bis E26 bzw. F18 bis F26 die Sonderzulagen. Es gilt:
   - Sonderzulage 1 erhält der Handelsvertreter mit dem höchsten Umsatz.
   - Sonderzulage 2 erhalten alle Handelsvertreter, deren Umsatz größer ist als der Durchschnitt des Umsatzes aller Handelsvertreter;

e) in den Zellen G18 bis G26 das Gesamtentgelt je Handelsvertreter. Beachten Sie, dass jeder Vertreter Anspruch auf ein Fixum hat;

f) in den Zellen H18 bis H26 den Anteil des Gesamtentgelts je Handelsvertreter am Gesamtentgelt aller Vertreter. Der Ausgabewert soll mit dem Prozentzeichen und auf zwei Dezimalstellen kaufmännisch gerundet ausgewiesen werden;

g) in den Zellen I18 bis I26 die Notwendigkeit für einen Gesprächstermin. Ein Gesprächstermin soll mit dem Handelsvertreter mit dem niedrigsten Umsatz vereinbart werden. Dieser Mitarbeiter ist mit einem X zu kennzeichnen;

h) in Zelle F15 das heutige Datum,

i) in Zeile 27 in den nicht schwarz markierten Bereichen die jeweiligen Summen,

j) in Zeile 28 in den nicht schwarz markierten Bereichen die jeweiligen Mittelwerte,

k) in Zelle C31 die Art der Umsatzveränderung. Ist der Durchschnittsumsatz im aktuellen Monat niedriger als der Umsatz des Vormonats, soll die Meldung „Verringerung" erscheinen. Sind beide Umsätze gleich hoch, soll die Meldung „unverändert" erscheinen. Anderenfalls soll die Meldung „Steigerung" ausgegeben werden;

l) in Zelle E31 die Umsatzveränderung als absoluter Betrag,

m) in Zelle E32 die Anzahl der Provisionen, die höher als 2.000,00 € sind,

n) in Zelle E33 die Summe aller Provisionen, die höher als 2.000,00 € sind,

o) in Zelle E34 die Anzahl der insgesamt ausbezahlten Sonderzulagen.

5. Für Formatierung gelten folgende Vorgaben:
   a) Alle Währungsbeträge sind mit zwei Dezimalstellen anzugeben. Vergeben Sie das Währungssymbol in Abhängigkeit von der jeweiligen Spalten- bzw. Zeilenüberschrift.
   b) Die Zelle im Zellbereich I18 bis I26, welche das X ausgibt, soll automatisch rot hinterlegt werden.
6. Belegen Sie alle Zellen, in denen Sie Formeln und Funktionen eingegeben haben, mit einem Zellschutz.
7. Erstellen Sie in einem weiteren Tabellenblatt mit dem Namen **Formeln** die Formelansicht.
8. Für das Drucklayout gelten folgende Vorgaben:
   a) Die Tabellenblätter sollen im Format DIN A4 quer auf je einer Seite ausgedruckt werden.
   b) In der Fußzeile unten links soll automatisch der Dateiname und in der Fußzeile unten rechts soll Ihr Name ausgewiesen werden.
   c) Beide Tabellenblätter sind mit Zeilen- und Spaltenüberschriften sowie mit Gitternetzlinien auszudrucken.

## 10.7.5 Lohnabrechnung Büromesse NRW

**Situation:**

Die Bürodesign GmbH hat einen großen Auftrag für die Ausstattung diverser Messestände der „Büromesse NRW" mit Kopiergeräten, Beamern etc. erhalten. Die hierfür notwendigen Arbeiten wurden heute von insgesamt sieben Mitarbeitern der Bürodesign GmbH durchgeführt. Ihre Aufgabe besteht in der Ermittlung der Tageslöhne für die vorgenannten Mitarbeiter. Hierbei ist zu beachten, dass es neben dem Stundenlohn auch eine Prämie für gute Kundenbewertungen sowie einen Zuschlag für mögliche Spätarbeit zu berücksichtigen gibt.

**Arbeitsaufträge:**

1. Speichern Sie Ihre Datei unter dem Namen „Lohnabrechnung Büromesse NRW" ab. Speichern Sie Ihre Datei mindestens alle fünf Minuten ab, um Datenverlust zu vermeiden.
2. Benennen Sie das Tabellenblatt 1 in **Tagesabrechnung**, das Tabellenblatt 2 in **Übersicht Tagesleistung** und das Tabellenblatt 3 in **Mitarbeiter, Prämie** um.
3. Übernehmen Sie die am Ende der Aufgabenstellung abgebildeten Tabellen inklusive aller Werte und Formatierungen in die zuvor eingerichteten Tabellenblätter.
4. Vergeben Sie den jeweiligen Hilfstabellen sinnvolle Namen und verwenden Sie diese – sofern möglich – in den späteren Funktionen und Formeln. Versehen Sie zudem die Spalten F, G und H des Tabellenblattes **Übersicht Tagesleistung** mit sinnvollen Namen, um sich die spätere Arbeit zu vereinfachen.
5. Ermitteln Sie mithilfe von geeigneten Formeln und Funktionen im Tabellenblatt **Übersicht Tagesleistung**
   a) in der Spalte F die von den Mitarbeitern geleistete Arbeitszeit je Auftrag und formatieren Sie die Ergebnisse im Format **hh:mm**,
   b) in der Spalte G, ob Spätarbeit vorliegt. Dies ist der Fall, wenn entweder der Arbeitsbeginn oder aber das Arbeitsende um 18:00 Uhr oder später war (Hinweis: die Uhrzeit 18:00 Uhr entspricht der Zahl 0,75, vgl. Kapitel 8). Wenn eine Spätarbeit stattgefunden hat, soll als Antwort die Zahl 1 ausgegeben werden, ansonsten soll die Zelle leer bleiben.
6. Ermitteln Sie mithilfe von geeigneten Formeln und Funktionen im Tabellenblatt **Tagesabrechnung**
   a) in der Zelle B3 das aktuelle Datum,
   b) in der Spalte B die Namen der Mitarbeiter,
   c) in der Spalte C die Anzahl der vom Mitarbeiter ausgeführten Aufträge,
   d) in der Spalte D die vom Mitarbeiter am aktuellen Tag insgesamt geleistete Arbeitszeit und formatieren Sie die Ergebnisse im Format **hh:mm**,
   e) in der Spalte E die für den Mitarbeiter von den Kunden durchschnittlich abgegebene Bewertung und formatieren Sie die Ergebnisse auf das Format Zahl mit zwei Nachkommastellen,
   f) in der Spalte F den Tageslohn je Mitarbeiter für die geleistete Arbeitszeit,
   g) in der Spalte G die Höhe der Prämie für die vom Kunden abgegebene Bewertung. Die Höhe der Prämie wird in der Hilfstabelle **Prämie** geregelt. Formatieren Sie die Ergebnisse auf das Format Euro;
   h) in der Spalte H den Zuschlag für ggf. angefallene Spätarbeit. Sofern Spätarbeit vorliegt, erhält der Mitarbeiter einen pauschalen Zuschlag in Höhe von 12,50 €. Formatieren Sie die Ergebnisse auf das Format Euro;
   i) in der Spalte I die Höhe des gesamten Tageslohns je Mitarbeiter und formatieren Sie die Ergebnisse auf das Format Euro.
7. Stellen Sie mithilfe von Bedingten Formatierungen in der Spalte E sicher, dass Mitarbeiter mit einer Kundenbewertung
   a) von besser als 2,00 mit einer hellgrünen Füllfarbe gekennzeichnet werden,
   b) von schlechter als 2,50 mit einer roten Füllfarbe gekennzeichnet werden.
8. Für die kaufmännische Auswertung dieses wichtigen Auftrags benötigt die Geschäftsführung zwei Diagramme mit den folgenden Anforderungen:
   a) Erstellen Sie ein Diagramm (2D-gestapelte Säulen), aus dem die Zusammensetzung der Löhne gesamt je Mitarbeiter hervorgeht.
   Versehen Sie das Diagramm mit einem aussagekräftigen Diagrammtitel. Die Achsen sollen jeweils sinnvoll beschriftet werden. Die Legende soll unterhalb des Diagramms stehen. Tragen Sie Sorge dafür, dass die Größe der Überschrift 18 Punkt beträgt, während die Beschriftungen der Achsen 12 Punkt groß sein sollen. Die Werte auf der y-Achse sollen bei 100,00 € beginnen und bei 180,00 € aufhören, der Abstand des Hauptintervalls soll bei jeweils 10,00 € liegen. Außerdem soll das Diagramm auf einem extra hierfür angelegten Tabellenblatt erscheinen, welches den Namen **Zusammensetzung der Tageslöhne** trägt.
   Versehen Sie den Diagrammbereich mit einer briefpapierfarbenen Texturfüllung und fügen Sie in den oberen Bereich der Zeichnungsfläche ein Textfeld ein, in dem die Gesamthöhe aller Tageslöhne ausgewiesen wird.

b) Erstellen Sie ein Diagramm – bestehend aus einem Säulendiagramm und einem Liniendiagramm (vgl. Aufgabe 7.3.4 Rabatte und Nettoerlöse) –, aus dem die Höhe der Tageslöhne gesamt (darzustellen als Säulen) und die durchschnittliche Kundenbewertung (darzustellen als Linie) hervorgehen. Fügen Sie in das Diagramm eine 2. y-Achse ein. Versehen Sie das Diagramm mit einer sinnvollen Überschrift und stellen Sie diese in der Größe von 16 Punkt dar. Die Legende soll unterhalb der Diagrammüberschrift stehen. Das Diagramm soll auf einem extra hierfür angelegten Tabellenblatt erscheinen, welches den Namen **Tageslohn und Kundenbewertung** trägt.
Versehen Sie alle Achsen mit sinnvollen Beschriftungen, die zudem in der Größe von 12 Punkt angezeigt werden sollen. Eine Ausnahme bilden lediglich die Namen der Mitarbeiter, die mit einer Schriftgröße von 10 Punkt auf der x-Achse angezeigt werden sollen. Skalieren Sie die 2. y-Achse so, dass diese beim Wert von 1,00 anfängt, beim Wert von 3,00 endet und das Hauptintervall in 0,25-Abständen angezeigt wird. Fügen Sie abschließend in den Diagrammbereich eine papyrusfarbene Texturfüllung ein.

9. Kopieren Sie den Inhalt des Tabellenblattes **Tagesabrechnung** in ein neu zu erstellendes Tabellenblatt (Befehlsweg START – ZELLEN – EINFÜGEN – BLATT EINFÜGEN) und wechseln Sie dort in die Formelansicht. Benennen Sie das neue Tabellenblatt als **Formeln.**
10. Richten Sie die Tabellenblätter **Tagesabrechnung** und **Formeln** so ein, dass diese später im Querformat ausgedruckt werden können. Während das Tabellenblatt **Tagesabrechnung** auf einer Seite auszudrucken ist, soll das Tabellenblatt **Formeln** auf zwei Seiten breit ausgedruckt werden (verändern Sie ggf. die voreingestellten Seitenränder). Stellen Sie sicher, dass die Formeln unter Angabe der Zeilen-/Spaltenköpfe ausgedruckt werden. Beide Tabellenblätter sollen in der Kopfzeile Ihren Namen sowie das heutige Datum tragen.
11. Drucken Sie die Tabellenblätter **Tagesabrechnung, Formeln** und die beiden Diagramme aus.

Web

| | A | B | C | D | E | F | G | H | I |
|---|---|---|---|---|---|---|---|---|---|
| 1 | **Ermittlung des Tageslohns für das Projekt "Büromesse NRW"** | | | | | | | | |
| 2 | | | | | | | | | |
| 3 | Datum: | | | | | | | | |
| 4 | | | | | | | | | |
| 5 | | | | | | | | | |
| 6 | Personal-Nr. | Mitarbeiter | Anzahl an ausgeführten Aufträgen | geleistete Arbeitszeit | durchschnittl. Kundenbewertung | Tageslohn (ohne Zulagen) | Prämie für gute Kundenbewertungen | Zuschlag für Spätarbeit | Tageslohn (gesamt) |
| 7 | 024 | | | | | | | | |
| 8 | 026 | | | | | | | | |
| 9 | 031 | | | | | | | | |
| 10 | 034 | | | | | | | | |
| 11 | 040 | | | | | | | | |
| 12 | 045 | | | | | | | | |
| 13 | 052 | | | | | | | | |

***Abbildung 16:*** *Tabellenblatt Tagesabrechnung*

**Anmerkung:**

Statt des in Aufgabe 9 dargestellten Weges zum Einfügen eines neuen Tabellenblattes kann dies auch durch einen einfachen Klick mit der linken Maustaste auf die nachstehend abgebildete – rot umkreiste – Schaltfläche erreicht werden. Das Programm gibt hier zudem an, dass durch die Tastenkombination (Umschalttaste und Funktionstaste F11) dasselbe Ergebnis erzielt wird.

***Abbildung 17:*** *Tabellenblatt einfügen*

| | A | B | C | D | E | F | G | H |
|---|---|---|---|---|---|---|---|---|
| 1 | **Übersicht über die tagesaktuellen Leistungen unserer Mitarbeiter** | | | | | | | |
| 2 | | | | | | | | |
| 3 | lfd. Nr. | Arbeit auf dem Stand-Nr. | ausgeführt von Mitarbeiter Nr. | Beginn der Arbeit | Ende der Arbeit | Arbeitszeit gesamt | Liegt Spät-arbeit vor? | Bewertung durch Kunden |
| 4 | 1 | A-17 | 031 | 07:52 | 11:16 | | | 1,5 |
| 5 | 2 | E-05 | 026 | 07:36 | 10:10 | | | 2,0 |
| 6 | 3 | B-11 | 034 | 08:02 | 10:55 | | | 3,0 |
| 7 | 4 | C-16 | 045 | 08:12 | 12:33 | | | 1,0 |
| 8 | 5 | C-03 | 024 | 07:33 | 09:56 | | | 2,5 |
| 9 | 6 | A-23 | 031 | 11:33 | 15:15 | | | 1,0 |
| 10 | 7 | D-05 | 040 | 07:43 | 09:35 | | | 3,0 |
| 11 | 8 | C-18 | 045 | 12:59 | 17:17 | | | 1,0 |
| 12 | 9 | E-12 | 026 | 10:25 | 14:46 | | | 2,5 |
| 13 | 10 | A-25 | 031 | 15:32 | 17:28 | | | 1,5 |
| 14 | 11 | E-33 | 026 | 15:01 | 18:33 | | | 2,0 |
| 15 | 12 | B-02 | 034 | 11:12 | 14:23 | | | 3,0 |
| 16 | 13 | B-06 | 034 | 14:41 | 17:32 | | | 2,5 |
| 17 | 14 | C-01 | 024 | 10:21 | 15:02 | | | 2,0 |
| 18 | 15 | D-10 | 040 | 09:58 | 14:11 | | | 2,0 |
| 19 | 16 | A-18 | 052 | 08:17 | 09:56 | | | 2,5 |
| 20 | 17 | D-24 | 040 | 14:33 | 17:45 | | | 1,5 |
| 21 | 18 | E-19 | 052 | 10:17 | 13:28 | | | 2,0 |
| 22 | 19 | B-17 | 052 | 13:47 | 17:29 | | | 2,0 |
| 23 | 20 | C-06 | 024 | 15:22 | 18:45 | | | 3,0 |

***Abbildung 18:*** *Tabellenblatt Übersicht Tagesleistung*

| | A | B | C | D |
|---|---|---|---|---|
| 1 | **Übersicht über die grundlegenden Mitarbeiterdaten** | | | |
| 2 | | | | |
| 3 | Personal-Nr. | Mitarbeiter | Stundenlohn | |
| 4 | 024 | Neißen, Karl | 14,50 € | |
| 5 | 026 | Hansmeier, Manfred | 15,20 € | |
| 6 | 031 | Wessel, Thorsten | 14,00 € | |
| 7 | 034 | Gebbing, Tobias | 13,80 € | |
| 8 | 040 | Belke, Michael | 15,50 € | |
| 9 | 045 | Ackermann, Paul | 13,80 € | |
| 10 | 052 | Schmidt, Alexander | 14,70 € | |
| 11 | | | | |
| 12 | | | | |
| 13 | **Prämie in Abhängigkeit von Kundenbewertungen** | | | |
| 14 | | | | |
| 15 | Durchschnitt der Bewertung (ab ...) | Tagesprämie | | |
| 16 | 1,0 | 20,00 € | | |
| 17 | 1,1 | 15,00 € | | |
| 18 | 1,6 | 10,00 € | | |
| 19 | 2,1 | 5,00 € | | |
| 20 | 2,6 | - € | | |

***Abbildung 19:*** *Tabellenblatt Mitarbeiter, Prämie*

# 11 Abschließende Übungen

## 11.1 Instandhaltung Transportbereich

**Situation:**

Die Bürodesign GmbH hat im letzten Monat das Transportunternehmen Falo Bonn GmbH übernommen, sodass die Transporte der verkauften Produkte jetzt ausschließlich durch eigene Fahrzeuge durchgeführt werden. Die recht große Flotte von insgesamt 32 Fahrzeugen wird von eigens hierfür angestellten Mitarbeitern der Abteilung Fuhrpark gewartet. Für die hierfür anfallenden Personalkosten erstellt die Abteilung Personal täglich eine Übersicht. Diese soll am heutigen Tag von Ihnen durchgeführt werden.

**Arbeitsaufträge:**

1. Speichern Sie Ihre Datei unter dem Namen **Instandhaltung Transportbereich** ab. Speichern Sie Ihre Datei **spätestens alle fünf Minuten** ab, um Datenverlust zu vermeiden.
2. Benennen Sie die Tabellenblätter wie folgt um:
   Tabellenblatt 1: **Berechnung**
   Tabellenblatt 2: **Mitarbeiterdaten, Qualität**
   Tabellenblatt 3: **Übersicht Tagesleistung**
3. Übernehmen Sie die am Ende der Aufgabenstellung abgebildeten Tabellen inklusive aller Werte und Formatierungen in die zuvor eingerichteten Tabellenblätter.
4. Weisen Sie den Hilfstabellen der Tabellenblätter **Mitarbeiterdaten, Qualität** sowie **Übersicht Tagesleistung** sinnvolle Namen zu und benutzen Sie diese – sofern möglich – in den späteren Formeln und Funktionen.
5. Ermitteln Sie im Tabellenblatt **Berechnung** mithilfe geeigneter Funktionen
   a) in der Zelle C6 das aktuelle Datum,
   b) in der Zelle B6 den zum aktuellen Datum zugehörigen Wochentag im Format TTTT,
   c) die Namen der Mitarbeiter,
   d) die von den Mitarbeitern geleistete Nettoarbeitszeit im Format hh:mm. Hier ist zu beachten, dass die angefallenen Pausenzeiten nicht zur Nettoarbeitszeit gehören;
   e) die für den aktuellen Tag erzielte Grundvergütung während der Nettoarbeitszeit. Beachten Sie, dass die Bürodesign GmbH minutengenau abrechnet;
   f) den Fehlerquotienten je Mitarbeiter. Ausgangspunkt ist die aktuelle Tagesleistung. Zu berücksichtigen ist hier der Umstand, dass je gewartetem Fahrzeug zwölf einzelne Arbeiten (gleich zwölf mögliche Fehler) zu erledigen sind. Das Ergebnis soll als Prozentformat mit zwei Nachkommastellen ausgewiesen werden;
   g) die Höhe der Qualitätsprämie in Euro. Zu beachten ist hier, dass neben dem Fehlerquotienten auch die Dauer der Betriebszugehörigkeit berücksichtigt wird;
   h) die Höhe der für den aktuellen Tag erzielten Vergütung je Mitarbeiter,
   i) in der Spalte K, ob der Mitarbeiter eine bedenkliche Tagesleistung erbracht hat. Dies ist der Fall, wenn die tagesaktuelle Fehlerquote über der durchschnittlichen Fehlerquote des letzten Jahres liegt (vgl. Mitarbeiterdaten, Spalte E). Entsprechende Mitarbeiter sollen durch ein **X** gekennzeichnet werden, während alle anderen Mitarbeiter ohne Kennzeichnung bleiben sollen;
   j) die Häufigkeit bzw. Anzahl der im Bereich statistische Auswertung hinterfragten Werte.
6. Stellen Sie mithilfe einer Bedingten Formatierung in der Spalte H (Fehlerquotient) sicher, dass
   a) der Mitarbeiter mit dem geringsten Fehlerquotient durch eine hellgrüne Hintergrundfarbe gekennzeichnet wird,
   b) alle Mitarbeiter mit einem tagesaktuellen überdurchschnittlichen Fehlerquotienten durch eine fett dargestellte rote Schriftfarbe gekennzeichnet werden.

7. Erstellen Sie ein Verbunddiagramm (bestehend aus einem Säulen- und einem Liniendiagramm) mit 2 unterschiedlichen y-Achsen, aus dem neben der tagesaktuellen Vergütung auch die jeweiligen tagesaktuellen Fehlerquotienten je Mitarbeiter hervorgehen. Versehen Sie das Diagramm mit einer sinnvollen Überschrift. Platzieren Sie die Legende unterhalb der Überschrift.
   Auf der x-Achse sollen die Namen der Mitarbeiter angezeigt werden. Sorgen Sie weiterhin dafür, dass die y-Achse – auf der die Tagesvergütung dargestellt wird – beim Wert 100,00 € anfängt und die Zwischenwerte im 10,00-Euro-Abstand dargestellt werden. Tragen Sie Sorge dafür, dass die Zeichnungsfläche eine hellgraue Farbe zugewiesen bekommt. Der Diagrammbereich soll mit einer recyclingpapierfarbenen Bild- bzw. Texturfüllung versehen werden.
   Fügen Sie das Diagramm in ein Tabellenblatt ein, das den Namen **Diagramm** trägt. Versehen Sie Ihren Namen sowie das heutige Datum in der Kopfzeile des Diagramms.
8. Kopieren Sie den Inhalt des Tabellenblattes **Berechnung** in ein neu zu erstellendes Tabellenblatt (Befehlsweg START – ZELLEN – EINFÜGEN – BLATT EINFÜGEN) und wechseln Sie dort in die Formelansicht. Benennen Sie das neue Tabellenblatt als **Formeln**.
9. Richten Sie die Tabellenblätter **Berechnung** und **Formeln** so ein, dass diese später im Querformat ausgedruckt werden können. Während das Tabellenblatt **Berechnung** auf einer Seite auszudrucken ist, soll das Tabellenblatt **Formeln** auf zwei Seiten breit ausgedruckt werden. Stellen Sie sicher, dass die Formeln unter Angabe der Zeilen-/Spaltenüberschriften ausgedruckt werden. Beide Tabellenblätter sollen in der Kopfzeile Ihren Namen sowie das heutige Datum tragen.
10. Drucken Sie die Tabellenblätter **Berechnung**, **Formeln** und **Diagramm** aus.

| | A | B | C | D | E |
|---|---|---|---|---|---|
| 1 | **Übersicht über die grundlegenden Mitarbeiterdaten** | | | | |
| 2 | | | | | |
| 3 | Personal-Nr. | Mitarbeiter | Stundenlohn | beschäftigt seit ... Jahren | Fehlerquotient (letztes Jahr) |
| 4 | 025 | Apel, Marco | 14,50 € | 6 | 2,50% |
| 5 | 027 | Lorscheid, M. C. | 15,20 € | 4 | 3,10% |
| 6 | 032 | Peters, Michael | 14,00 € | 4 | 1,70% |
| 7 | 033 | Roebers, J. R. | 13,80 € | 6 | 4,40% |
| 8 | 041 | Belke, B. B. | 15,50 € | 12 | 2,20% |
| 9 | 047 | Helmers, Kai | 13,80 € | 7 | 3,30% |
| 10 | 055 | Zingst, Siegfried | 14,70 € | 11 | 1,50% |
| 11 | | | | | |
| 12 | | | | | |
| 13 | **Übersicht über die zu gewährende Qualitätsprämie** | | | | |
| 14 | | | | | |
| 15 | | Fehlerquotient ab ... | | | |
| 16 | Zugehörigkeit | 0,00% | 2,00% | 3,50% | 5,00% |
| 17 | ab 0 Jahre | 15,00 € | 10,00 € | 5,00 € | - € |
| 18 | ab 10 Jahre | 17,50 € | 12,50 € | 7,50 € | - € |

***Abbildung 1:*** *Instandhaltung; Tabellenblatt „Mitarbeiterdaten, Qualität“*

**Anmerkung:**

Statt des in Aufgabe 8 dargestellten Weges zum Einfügen eines neuen Tabellenblattes kann dies auch durch einen einfachen Klick mit der linken Maustaste auf die nachstehend abgebildete – rot umkreiste – Schaltfläche erreicht werden.

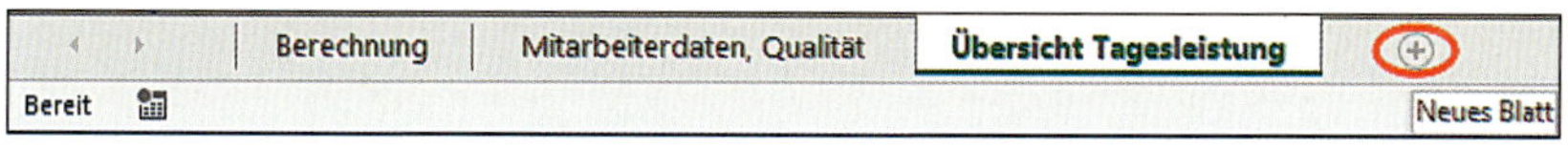

| | A | B | C | D | E |
|---|---|---|---|---|---|
| 1 | **Übersicht über gewartete Fahrzeuge sowie die Fehleranzahl** | | | | |
| 2 | | | | | |
| 3 | Personal-Nr. | Mitarbeiter | gewartete Fahrzeuge | Fehleranzahl | |
| 4 | 025 | Apel, Marco | 5 | 2 | |
| 5 | 027 | Lorscheid, M. C. | 1 | 2 | |
| 6 | 032 | Peters, Michael | 4 | 3 | |
| 7 | 033 | Roebers, J. R. | 3 | 5 | |
| 8 | 041 | Belke, B. B. | 5 | 3 | |
| 9 | 047 | Helmers, Kai | 4 | 1 | |
| 10 | 055 | Zingst, Siegfried | 3 | 2 | |

***Abbildung 2:*** *Instandhaltung; Tabellenblatt „Übersicht Tagesleistung"*

| | A | B | C | D | E | F | G | H | I | J | K |
|---|---|---|---|---|---|---|---|---|---|---|---|
| 1 | **Bürodesign GmbH, Stollberger Str. 188, 50933 Köln** | | | | | | | | | | |
| 2 | | | | | | | | | | | |
| 3 | Übersicht über Personalkosten im Instandhaltungsbereich | | | | | | | | | | |
| 4 | | | | | | | | | | | |
| 5 | | | | | | | | | | | |
| 6 | Datum: | | | | | | | | | | |
| 7 | | | | | | | | | | | |
| 8 | Personal-Nr. | Mitarbeiter | Arbeitsbeginn | Arbeitsende | Pausendauer gesamt | Netto-Arbeitszeit | Grund-vergütung | Fehler-quotient | Qualitäts-prämie | gesamte Vergütung | bedenkliche Tagesleistung |
| 9 | 025 | | 07:45 | 17:35 | 01:05 | | | | | | |
| 10 | 027 | | 08:05 | 17:25 | 00:55 | | | | | | |
| 11 | 032 | | 07:35 | 18:00 | 01:10 | | | | | | |
| 12 | 033 | | 08:20 | 17:45 | 00:45 | | | | | | |
| 13 | 041 | | 07:55 | 18:05 | 00:50 | | | | | | |
| 14 | 047 | | 08:00 | 17:30 | 01:10 | | | | | | |
| 15 | 055 | | 07:50 | 17:25 | 00:45 | | | | | | |
| 16 | | | | | | | | | | | |
| 17 | | | | | | | | | | | |
| 18 | **statistische Auswertung:** | | | | | | | | | | |
| 19 | | | | | | | | | | | |
| 20 | Häufigkeit des Fehlerquotienten: | | | Anzahl der geleisteten Qualitätsprämien: | | | | | | | |
| 21 | | | | | | | | | | | |
| 22 | mehr als 5 % | | | mind. 10,00 € | | | | | | | |
| 23 | weniger als 3 % | | | unter 10,00 € | | | | | | | |

***Abbildung 3:*** *Instandhaltung; Tabellenblatt „Berechnung"*

## 11.2 Onlinebuchung Frachtversand

**Situation:**

Nachdem die Bürodesign GmbH im vergangenen Monat die Spedition Falo Bonn GmbH übernommen hat, will sie nun die bestehenden Überkapazitäten im Frachtbereich auch anderen Kunden anbieten. Aufgrund der sehr guten Erfahrungen mit dem Onlineversandhandel soll auch diese Dienstleistung für die Kunden mithilfe eines Onlineformulars abgewickelt werden. Nachstehend erhalten Sie einen kleinen Ausschnitt des gesamten Streckennetzes. Herr Michael Stengel von der Abteilung Versand bittet Sie um die Erstellung eines Programms, das nach Eingabe der jeweiligen Streckennummer und der Frachteinheiten den Start- und Zielort, die spätestens mögliche Verladezeit, den Preis etc. ermittelt und ausgibt.

**Arbeitsaufträge:**

1. Speichern Sie Ihre Datei unter dem Namen **Onlinebuchung Frachtversand** ab. Speichern Sie Ihre **Datei spätestens alle fünf Minuten** ab, um Datenverlust zu vermeiden.
2. Benennen Sie das Tabellenblatt 1 in **Reservierung**, das Tabellenblatt 2 in **Kundendaten** und das Tabellenblatt 3 in **Streckenplan** um.
3. Übernehmen Sie die am Ende der Aufgabenstellung abgebildeten Tabellen inklusive aller Werte und Formatierungen in die zuvor eingerichteten Tabellenblätter.
4. Vergeben Sie für die vier Tabellen des Tabellenblattes **Streckenplan** die Namen „Köln/Bonn", „Bremen", „Berlin" und „München". Verwenden Sie diese Namen – sofern möglich – in den späteren Funktionen.
5. In der Zelle H3 des Tabellenblattes **Reservierung** soll mithilfe einer geeigneten Funktion das aktuelle Datum im Format TT.MM.JJJJ ausgegeben werden.
6. In Zelle B7 soll ein Listenfeld eingerichtet werden, über das die Kundennummer aus dem Tabellenblatt **Kundendaten** ausgewählt werden kann. Sorgen Sie für eine angemessene Formatierung.
7. Geben Sie in die Zelle B7 die Zahl „10105" und in die Zelle E7 die Kombination „abc123" ein.
8. In der Zelle B9 des Tabellenblattes **Reservierung** soll der Kundenname samt der zugehörigen Postleitzahl erscheinen. Dies soll allerdings nur dann der Fall sein, wenn die eingegebene Kunden-Nr. mit dem richtigen Passwort übereinstimmt. Ansonsten ist die Meldung „Fehleingabe" auszugeben.
9. Geben Sie in den ersten vier Zeilen der Spalte „Strecken-Nr." nacheinander die Nummern „053", „245", „160" und „340" ein. In der Spalte „Anzahl an Frachteinheiten" geben Sie für alle vier Strecken jeweils die Zahl „2" ein.
10. Ermitteln Sie mithilfe geeigneter Funktionen bzw. Formeln
    a) den Startpunkt,
    b) den Zielort,
    c) die Abfahrtzeit,
    d) die spätestens mögliche Verladezeit für die Fracht,
    e) den Einzelpreis für jeweils eine Frachteinheit und
    f) den Gesamtpreis für alle zu transportierenden Frachteinheiten.
11. Ermitteln Sie mithilfe geeigneter Funktionen bzw. Formeln
    a) den gesamten Nettobetrag in Euro,
    b) den ggf. abzuziehenden Rabatt in Prozent. Hierbei ist zu beachten, dass ein Rabatt nur dann gewährt wird, wenn in der gesamten Bestellung entweder mindestens vier Frachteinheiten gebucht werden oder der gesamte Nettobetrag bei mindestens 350,00 € liegt,
    c) den ggf. abzuziehenden Rabatt in Euro,
    d) die zu entrichtende Umsatzsteuer in Euro,
    e) den Bruttobetrag in Euro. Stellen Sie hier durch eine geeignete Funktion sicher, dass nur volle Eurobeträge – abgerundet auf den jeweils unteren vollen Eurobetrag (z. B. 99,80 € → 99,00 €) ausgewiesen werden.
12. Abschließend soll mithilfe einer Formel in der Zelle D28 das Datum ermittelt werden, zu dem die Reservierung kostenlos widerrufen werden kann. Hierfür gilt die Regel: Tag der Bestellung + einen Tag. Formatieren Sie das Ergebnis ggf. auf das Format TT.MM.JJJJ.
13. Sorgen Sie dafür, dass im Tabellenblatt **Reservierung** alle relevanten Zellen, die nicht überschrieben werden sollen, gesperrt werden.
14. Kopieren Sie den Inhalt des Tabellenblattes **Reservierung** in ein neu zu erstellendes Tabellenblatt (Befehlsweg START – ZELLEN – EINFÜGEN – BLATT EINFÜGEN) und wechseln Sie dort in die Formelansicht. Benennen Sie das neue Tabellenblatt als **Formeln**.
15. Richten Sie das Tabellenblatt **Reservierung** so ein, dass dieses später auf nur einer Seite im Hochformat ausgedruckt wird. Vermerken Sie in der Kopfzeile des Tabellenblattes Ihren vollständigen Namen sowie das heutige Datum.
16. Für das Einrichten des Tabellenblattes **Formeln** soll gelten, dass dieses später auf drei Seiten im Querformat ausgedruckt werden soll. Auch dieses Tabellenblatt soll in der Kopfzeile Ihren vollständigen Namen und das heutige Datum (als Funktion) enthalten. Sorgen Sie weiterhin dafür, dass die Zeilen- und Spaltenüberschriften mit ausgegeben werden.
17. Drucken Sie nach abschließender Kontrolle die Tabellenblätter **Reservierung** und **Formeln** aus.

| | A | B | C | D | E | F | G | H | I |
|---|---|---|---|---|---|---|---|---|---|
| 1 | **Bürodesign GmbH - Buchungsformular für Frachtversand** | | | | | | | | |
| 2 | | | | | | | | | |
| 3 | | | | | | | Buchungsdatum: | | |
| 4 | | | | | | | | | |
| 5 | ***Geben Sie bitte hier Ihre vollständige Kunden-Nummer und Ihr Passwort ein:*** | | | | | | | | |
| 6 | | | | | | | | | |
| 7 | Kunden-Nr. | | | Passwort: | | | | | |
| 8 | | | | | | | | | |
| 9 | Kunde: | | | | | | | | |
| 10 | | | | | | | | | |
| 11 | Geben Sie hier bitte Ihre Streckenwünsche ein! Beachten Sie, dass **nicht mehr als sechs Ziele** eingegeben werden können! | | | | | | | | |
| 12 | | | | | | | | | |
| 13 | Strecken-Nr. | Anzahl an Frachteinheiten | Startpunkt | Zielort | Abfahrtzeit | Verladezeit bis spätestens ... | Preis pro Frachteinheit | Preis für alle Frachteinheiten | |
| 14 | | | | | | | | | |
| 15 | | | | | | | | | |
| 16 | | | | | | | | | |
| 17 | | | | | | | | | |
| 18 | | | | | | | | | |
| 19 | | | | | | | | | |
| 20 | | | | | | | | | |
| 21 | | | | | | Rechnungsbetrag (netto) | | | |
| 22 | | | | | | abzgl. Rabatt in Prozent | | | |
| 23 | | | | | | abzgl. Rabatt in Euro | | | |
| 24 | | | | | | zzgl. 19 % gesetzlicher USt. | | | |
| 25 | | | | | | | | | |
| 26 | | | | | | **Rechnungsbetrag (brutto)** | | | |
| 27 | | | | | | | | | |
| 28 | Sofern Sie dieser Reservierung nicht bis zum | | | | widersprechen, fallen im Stornierungsfall 60 % des Netto-Gesamtbetrages an. | | | | |

***Abbildung 4:*** *Onlinebuchung; Tabellenblatt „Reservierung"*

| | A | B | C | D |
|---|---|---|---|---|
| 1 | **Übersicht über Kunden, deren Passwörter und Rabattgruppen** | | | |
| 2 | | | | |
| 3 | Kunden-Nr. | Passwort | Anschrift | Rabatt |
| 4 | 10101 | fischsuppe | Duelkers KG, 53123 Bonn | 5,00% |
| 5 | 10105 | abc123 | ComCo AG, 20088 Hamburg | 8,50% |
| 6 | 10112 | ko001 | Bauherr GmbH, 80345 München | 10,00% |
| 7 | 12103 | bonn | Schacht Energie AG, 52064 Aachen | 8,50% |
| 8 | 12109 | at015te | eazytravel KG, 10112 Berlin | 12,00% |
| 9 | 12125 | azubi | Süddt. Messebau, 65112 Wiesbaden | 6,50% |

***Abbildung 5:*** *Onlinebuchung; Tabellenblatt „Kundendaten"*

| | A | B | C | D | E | F | G | H | I | J |
|---|---|---|---|---|---|---|---|---|---|---|
| 1 | **Übersicht über den Streckenplan der Bürodesign GmbH** | | | | | | | | | |
| 2 | | | | | | | | | | |
| 3 | **Lager Köln/Bonn** (Streckennummern 001 - 099) | | | | | **Lager Bremen** (Streckennummern 200 - 299) | | | | |
| 4 | | | | | | | | | | |
| 5 | Strecken-Nr. | Ziel | Abfahrtzeit | Preis | | Strecken-Nr. | Ziel | Abfahrtzeit | Preis | |
| 6 | 051 | Berlin | 06:50 | 65,00 € | | 241 | Köln/Bonn | 06:55 | 55,00 € | |
| 7 | 053 | Berlin | 09:20 | 55,00 € | | 243 | Köln/Bonn | 12:10 | 50,00 € | |
| 8 | 055 | Berlin | 12:30 | 40,00 € | | 245 | Köln/Bonn | 17:50 | 48,50 € | |
| 9 | 061 | Bremen | 06:50 | 60,00 € | | 251 | Berlin | 06:50 | 65,00 € | |
| 10 | 063 | Bremen | 10:30 | 50,00 € | | 253 | Berlin | 08:30 | 58,50 € | |
| 11 | 065 | Bremen | 14:40 | 45,00 € | | 255 | Berlin | 15:55 | 47,00 € | |
| 12 | 071 | München | 07:10 | 70,00 € | | 271 | München | 07:10 | 80,00 € | |
| 13 | 073 | München | 08:20 | 70,00 € | | 273 | München | 07:50 | 65,00 € | |
| 14 | | | | | | | | | | |
| 15 | | | | | | | | | | |
| 16 | **Lager Berlin** (Streckennummern 100 - 199) | | | | | **Lager München** (Streckennummern 300 - 399) | | | | |
| 17 | | | | | | | | | | |
| 18 | Strecken-Nr. | Ziel | Abfahrtzeit | Preis | | Strecken-Nr. | Ziel | Abfahrtzeit | Preis | |
| 19 | 140 | Köln/Bonn | 07:20 | 58,50 € | | 340 | Köln/Bonn | 06:55 | 65,00 € | |
| 20 | 142 | Köln/Bonn | 10:30 | 52,00 € | | 342 | Köln/Bonn | 09:20 | 60,00 € | |
| 21 | 144 | Köln/Bonn | 14:20 | 47,00 € | | 350 | Berlin | 07:00 | 75,00 € | |
| 22 | 160 | Bremen | 06:40 | 58,00 € | | 352 | Berlin | 11:05 | 67,50 € | |
| 23 | 162 | Bremen | 11:05 | 48,00 € | | 354 | Berlin | 18:35 | 75,00 € | |
| 24 | 164 | Bremen | 15:40 | 45,50 € | | 360 | Bremen | 07:35 | 70,00 € | |
| 25 | 170 | München | 06:40 | 78,00 € | | 362 | Bremen | 07:55 | 65,00 € | |
| 26 | 172 | München | 07:50 | 69,00 € | | | | | | |
| 27 | 174 | München | 18:30 | 78,00 € | | | | | | |
| 28 | | | | | | | | | | |
| 29 | **Wichtig:** | **Das Verladen ist jeweils spätestens** | | | **00:40** | **Stunden vor der jeweiligen Abfahrtzeit vorzunehmen!** | | | | |

***Abbildung 6:*** *Onlinebuchung; Tabellenblatt „Streckenplan"*

## 11.3 Angebot für Eiltransport

**Situation:**

Neben den in der Aufgabenstellung 11.2 beschriebenen normalen Frachtstrecken verfügt die von der Bürodesign GmbH übernommene Spedition weiterhin über eine kleine Fahrzeugflotte von gebrauchten Autos, die zu Transportzwecken umgerüstet worden sind. Mit den Fahrzeugen werden allerdings keine Massengüter in großen Stückzahlen transportiert, sondern in der Regel schnell benötigte Ersatzteile für die unterschiedlichsten Zwecke. Der Kunde erhält bei einer Fahrt stets das Fahrzeug mit der kleinstmöglichen Transportkapazität zugewiesen. Nach den positiven Erfahrungen mit Ihren Kenntnissen im Rahmen der Tabellenkalkulation bittet Herr Stengel Sie erneut, mithilfe der vorgegebenen Tabellen ein Angebot für einen Kunden zu kalkulieren.

**Arbeitsaufträge:**

1. Speichern Sie Ihre Datei unter dem Namen **Angebot Eiltransport** ab. Speichern Sie Ihre **Datei spätestens alle fünf Minuten** ab, um Datenverlust zu vermeiden.
2. Benennen Sie das Tabellenblatt 1 in **Berechnung**, das Tabellenblatt 2 in **Fahrzeugdaten** und das Tabellenblatt 3 in **Kundendaten, sonstige Angaben** um.
3. Übernehmen Sie die am Ende der Aufgabenstellung abgebildeten Tabellen inklusive aller Werte und Formatierungen in die zuvor eingerichteten Tabellenblätter.
4. Weisen Sie den Hilfstabellen der Tabellenblätter **Fahrzeugdaten** sowie **Kundendaten, sonstige Angaben** sinnvolle Namen zu und verwenden Sie diese – sofern möglich – in den späteren Formeln und Funktionen.

5. In der Zelle B4 des Tabellenblattes **Berechnung** ist ein Listenfeld einzurichten, in dem die Kundennummern aus dem Tabellenblatt **Kundendaten, sonstige Angaben** ausgewählt werden können. Das Listenfeld ist angemessen zu formatieren.
6. Geben Sie in die nachstehenden Zellen des Tabellenblattes **Berechnung** die folgenden Werte/Angaben ein:
   B4: 1011  B8: 4,5  B10: 265  E8: 07:25  E10: 13:40
7. Ermitteln Sie mithilfe von geeigneten Funktionen bzw. Formeln
   a) in der Zelle B6 den Namen des Kunden,
   b) in der Zelle D15 das für den Transport zum Einsatz gelangende Fahrzeug. Beziehen Sie sich hierbei auf die Übersicht über die Transportkapazitäten der Fahrzeuge in den Zeilen 36 und 37. Sofern die gewünschte Transportmenge die Kapazität aller Fahrzeuge übersteigt, soll der Hinweis „kein geeignetes Fahrzeug vorhanden" ausgegeben werden;
   c) in der Zelle D17 die Grundpauschale für das Fahrzeug, die pro Fahrt fällig wird. Beachten Sie, dass Kunden der Kundenklasse A lediglich die Hälfte der Grundpauschale in Rechnung gestellt wird;
   d) in der Zelle D19 die Benzinkosten für die Fahrt. Beachten Sie hierbei, dass der Kunde die Kosten für die Hin- und für die Rückfahrt zu tragen hat. Als Benzinpreis wird der geltende Preis angesetzt;
   e) in der Zelle D21 die anteiligen Abschreibungen für das genutzte Fahrzeug. Die Bürodesign GmbH schreibt die Anschaffungskosten gemäß Leistungseinheiten (zurückgelegte Entfernung für die Hin- und Rückfahrt) ab;

   **Hinweis:**
   Ein Fahrzeug mit Anschaffungskosten von 5.000,00 € und einer geschätzten Restlaufleistung von 100.000 km verursacht 0,05 € Abschreibungen je km (5.000,00 € : 100.000 km).

   f) in der Zelle D23 die Kosten für den Fahrer des Fahrzeugs. Den Stundensatz für die zumeist studentischen Hilfskräfte können Sie den sonstigen Angaben entnehmen. Beachten Sie, dass die Abrechnung minutengenau erfolgt;
   g) in der Zelle D26 die Zwischensumme der vier Kostenpositionen,
   h) in der Zelle D28 den dem Kunden eventuell noch zustehenden Bonus vom vergangenen Jahr,
   i) in der Zelle D31 den verbindlichen Angebotspreis, der dem Kunden per Telefax oder per E-Mail zugeschickt wird.
8. Sorgen Sie dafür, dass im Tabellenblatt **Berechnung** alle relevanten Zellen, die nicht überschrieben werden sollen, gesperrt werden.
9. Erstellen Sie ein (einfaches) **Kreisdiagramm**, aus dem die vier Bestandteile der Zwischensumme hervorgehen. Neben einer aussagekräftigen Überschrift sollen am **Diagramm** die Beschriftung der Kreissegmente und die entsprechenden Prozentzahlen mit einer Nachkommastelle angezeigt werden. Die Legende soll hingegen nicht angezeigt werden. Sorgen Sie dafür, dass das **Diagramm** später auf einem eigenen Tabellenblatt erscheint, welches den Namen **Diagramm** zugewiesen bekommt.
   Formatieren Sie die **Diagrammüberschrift** auf eine Schriftgröße von 14 Punkt und versehen Sie den **Diagrammbereich** mit einer ansprechenden Farbe. Versehen Sie die Kopfzeile des **Diagramms** mit Ihrem Namen und dem aktuellen Datum.
10. Fügen Sie in Ihre Excel-Datei ein neues Tabellenblatt (Befehlsweg START – ZELLEN – EINFÜGEN – BLATT EINFÜGEN) ein und benennen Sie dieses Tabellenblatt **Formeln**. Kopieren Sie anschließend die Inhalte des Tabellenblattes **Berechnung** in das Tabellenblatt **Formeln** und wechseln Sie in die Formelansicht.
11. Richten Sie die Tabellenblätter **Berechnung** und **Formeln** so ein, dass Sie diese abschließend ausdrucken können. Beide Ausdrucke sollen dabei in der Kopfzeile Ihren vollständigen Namen beinhalten sowie die Zeilen- und Spaltenüberschriften anzeigen. Beim Ausdruck der Formeln erscheint es ratsam, diese im Querformat auf einer Seite breit verteilt auszudrucken.
12. Drucken Sie nach abschließender Kontrolle die Tabellenblätter **Berechnung, Formeln** und **Diagramm** aus.

|  | A | B | C | D | E | F |
|---|---|---|---|---|---|---|
| 1 | **Allgemeine Fahrzeugdaten** | | | | | |
| 2 | | | | | | |
| 3 | Fahrzeug | Grundpauschale/ Fahrt | durchschnittl. Verbrauch/100 km | durchschnittl. Reichweite | | |
| 4 | Smart | 26,50 € | 4,2 l | 450 km | | |
| 5 | Fiat Punto | 29,20 € | 5,1 l | 540 km | | |
| 6 | VW Golf IV | 35,10 € | 6,2 l | 630 km | | |
| 7 | Ford Focus Turnier | 38,20 € | 7,4 l | 720 km | | |
| 8 | Kia Carens | 36,70 € | 8,3 l | 650 km | | |
| 9 | | | | | | |
| 10 | | | | | | |
| 11 | **Relevante Daten für die Abschreibungen** | | | | | |
| 12 | | | | | | |
| 13 | Fahrzeug | Smart | Fiat Punto | VW Golf IV | Ford Focus Turnier | Kia Carens |
| 14 | Anschaffungskosten | 5.800,00 € | 5.400,00 € | 9.800,00 € | 10.400,00 € | 8.900,00 € |
| 15 | geschätzte Restlaufleistung (in km) | 65.000 | 60.000 | 80.000 | 85.000 | 80.000 |

***Abbildung 7:*** *Angebot für Eiltransport; Tabellenblatt „Fahrzeugdaten"*

|  | A | B | C | D |
|---|---|---|---|---|
| 1 | **Übersicht über die Kundendaten** | | | |
| 2 | | | | |
| 3 | Kunden-Nr. | Kunden-Name | Kundenklasse | offenstehender Bonus |
| 4 | 1004 | Autohaus Meyering | A | - € |
| 5 | 1006 | Röhling Industrie OHG | B | 35,00 € |
| 6 | 1007 | Zanssen Industriebedarf | B | - € |
| 7 | 1011 | Gruber Elektro KG | A | 15,00 € |
| 8 | 1014 | Bonn Intl. Airlines | C | 65,00 € |
| 9 | 1018 | Hoppenstedter Metall KG | B | - € |
| 10 | 1022 | Remmert Chemie AG | A | - € |
| 11 | 1027 | Autowerke Bielefeld | C | 80,00 € |
| 12 | | | | |
| 13 | | | | |
| 14 | **Übersicht über Personalkosten und Benzinkosten** | | | |
| 15 | | | | |
| 16 | Stundensatz pro Fahrer: | 18,60 € | | |
| 17 | | | | |
| 18 | Preis pro Liter Benzin: | 1,35 € | | |

***Abbildung 8:*** *Angebot für Eiltransport; Tabellenblatt „Kundendaten, sonstige Angaben"*

| | A | B | C | D | E | F |
|---|---|---|---|---|---|---|
| 1 | **Angebot für Eiltransport** | | | | | |
| 2 | | | | | | |
| 3 | | | | | | |
| 4 | Kunden-Nr. | | | | | |
| 5 | | | | | | |
| 6 | Kunde: | | | | | |
| 7 | | | | | | |
| 8 | gewünschte Transporteinheiten: | | | voraussichtlicher Fahrtbeginn: | | |
| 9 | | | | | | |
| 10 | Entfernung (einfache Strecke): | | | voraussichtliches Fahrtende: | | |
| 11 | | | | | | |
| 12 | | | | | | |
| 13 | **Kostenbestandteile des Angebotes:** | | | | | |
| 14 | | | | | | |
| 15 | Gegenstand des Angebotes ist das folgende Fahrzeug: | | | | | |
| 16 | | | | | | |
| 17 | Position 1: Grundpauschale für das Fahrzeug: | | | | | |
| 18 | | | | | | |
| 19 | Position 2: Benzinkosten für die Fahrt: | | | | | |
| 20 | | | | | | |
| 21 | Position 3: Anteilige Abschreibung (nach LE): | | | | | |
| 22 | | | | | | |
| 23 | Position 4: Kosten für den Fahrer des Fahrzeuges: | | | | | |
| 24 | | | | | | |
| 25 | | | | | | |
| 26 | | Zwischensumme (Pos. 1 bis 4): | | | | |
| 27 | | | | | | |
| 28 | | abzüglich eventuellem Bonus: | | | | |
| 29 | | | | | | |
| 30 | | | | | | |
| 31 | | **verbindlicher Angebotspreis:** | | | | |
| 32 | | | | | | |
| 33 | | | | | | |
| 34 | **Übersicht über die Transportkapazitäten unserer Fahrzeuge:** | | | | | |
| 35 | | | | | | |
| 36 | Fahrzeug | Smart | Fiat Punto | VW Golf IV | Ford Focus Turnier | Kia Carens |
| 37 | bis ... Transport-einheiten | 1,5 | 2,5 | 4,2 | 6,8 | 8,5 |

***Abbildung 9:*** *Angebot für Eiltransport; Tabellenblatt „Berechnung"*

## 11.4 Vereinfachte Reisekostenabrechnung

**Situation:**

Frau Erika Ferl von der Personalabteilung hat in Absprache mit der Geschäftsleitung und der Belegschaft eine neuartige Reisekostenabrechnung konzipiert. Diese berücksichtigt neben der Dauer der Abwesenheit und dem sich hieraus ergebenden Verpflegungsaufwand auch die eventuell angefallenen Benzinkosten und – dies ist ein Novum – den sich durch die Reise ergebenden Stress. Sie sollen mithilfe des vorgefertigten Formulars erstmals eine Abrechnung für einen Mitarbeiter der Bürodesign GmbH durchführen.

**Arbeitsaufträge:**

1. Speichern Sie Ihre Datei unter dem Namen **Vereinfachte Reisekostenabrechnung** ab. Speichern Sie Ihre **Datei spätestens alle fünf Minuten** ab, um Datenverlust zu vermeiden.
2. Benennen Sie das Tabellenblatt 1 in **Abrechnung**, das Tabellenblatt 2 in **Mitarbeiterdaten**, das Tabellenblatt 3 in **Vergütung Abwesenheit, Stress** und das Tabellenblatt 4 in **Vergütung Verpflegung, Pkw-Typ** um.
3. Übernehmen Sie die am Ende der Aufgabenstellung abgebildeten Tabellen inklusive aller Werte und Formatierungen in die zuvor eingerichteten Tabellenblätter.
4. Vergeben Sie den jeweiligen Hilfstabellen sinnvolle Namen und verwenden Sie diese – sofern möglich – in den späteren Formeln und Funktionen.
5. In den folgenden Zellen des Tabellenblattes **Abrechnung** sind Listenfelder einzurichten und angemessen zu formatieren:
   a) In Zelle B4 soll die entsprechende Personalnummer aus dem Tabellenblatt **Mitarbeiterdaten** (A4 bis A13) ausgewählt werden können.
   b) In Zelle B13 soll das genutzte Verkehrsmittel aus dem Tabellenblatt **Vergütung Abwesenheit, Stress** (Zellen A14 bis A16) ausgewählt werden können.
6. Tragen Sie in den nachfolgend aufgeführten Zellen des Tabellenblattes **Abrechnung** die jeweils vermerkten Werte und Angaben ein:
   B4: 90129 B9: den Ersten des aktuellen Monats z. B. 01.10.2018 (im Oktober 2018)
   B11: 07:47 B13: PKW E11: 18:32 F9: 347 F13: 3 F15: 1,35
7. Ermitteln Sie mithilfe von geeigneten Formeln bzw. Funktionen
   a) in der Zelle F4 das aktuelle Datum,
   b) in den Zellen A6 sowie B6 den Namen des Mitarbeiters sowie die zugehörige Abteilung,
   c) in der Zelle C19 die Dauer der Abwesenheit im Format hh:mm,
   d) die Vergütung der Abwesenheit. Beachten Sie hierbei, dass für die Ermittlung dieses Wertes lediglich jeweils volle Stunden von Bedeutung sind (z. B. werden bei 07:55 lediglich sieben Stunden berechnet);
   e) die Vergütung des Reisestresses. Der in der Hilfstabelle angegebene Wert wird minutengenau ermittelt;
   f) die Vergütung des Verpflegungsaufwandes. Auch hier zählen nur die jeweils vollen Stunden. Weiterhin ist zu beachten, dass im Falle der Nutzung des Reisemittels Flugzeug aufgrund der vorhandenen Bordverpflegung nur 50 % des Verpflegungsaufwands genehmigt werden;
   g) die Vergütung der Benzinkosten. Dem Mitarbeiter wird hierbei nur der Betrag erstattet, der sich aufgrund des durchschnittlichen Verbrauchs des gewählten Fahrzeugtyps für die gesamte Entfernung ergibt. Wenn der Mitarbeiter nicht das Reisemittel Pkw gewählt hat, soll in dieser Zelle der Wert null ausgegeben werden. Runden Sie dieses Ergebnis mithilfe einer geeigneten Funktion auf zwei Nachkommastellen;
   h) die sich aus den vier Positionen ergebende Gesamtvergütung. Da der Mitarbeiter nur volle Beträge ausgezahlt bekommt, sollen Sie mithilfe einer geeigneten Funktion den Wert mit null Nachkommastellen ausgeben;
   i) in der Zelle D33 die Kontonummer des Mitarbeiters, auf das die Gesamtvergütung überwiesen wird,
   j) in der Zelle F33 die zugehörige Bankbezeichnung,
   k) in der Zelle C34 das Datum, bis zu dem die Gesamtvergütung voraussichtlich überwiesen wird. Hier wird unterstellt, dass das Geld innerhalb von vier Tagen dem Konto des Mitarbeiters gutgeschrieben wird;
   l) in der Zelle B36 einen abschließenden Hinweis an den jeweiligen Mitarbeiter. Liegen zwischen dem Reisedatum und dem Abrechnungsdatum (unterstellt sei, dass die Abrechnung unverzüglich nach Eingang bearbeitet wird) mehr als sieben Tage, so soll der Hinweis „Beachten Sie die Vorlegefrist von sieben Tagen!" ausgegeben werden. Ansonsten soll in der Zelle der Hinweis „Fehlanzeige!" erscheinen.
8. Sorgen Sie dafür, dass alle relevanten Zellen, die nicht überschrieben werden sollen, gesperrt werden.
9. Kopieren Sie den Inhalt des Tabellenblattes **Abrechnung** in ein neu zu erstellendes Tabellenblatt (Befehlsweg START – ZELLEN – EINFÜGEN – BLATT EINFÜGEN) und wechseln Sie dort in die Formelansicht. Benennen Sie das neue Tabellenblatt als **Formeln**.
10. Richten Sie das Tabellenblatt **Abrechnung** so ein, dass dieses später auf nur einer Seite im Hochformat ausgedruckt wird. Vermerken Sie in der Kopfzeile des Tabellenblattes Ihren vollständigen Namen sowie das heutige Datum.

11. Für das Einrichten des Tabellenblattes **Formeln** soll gelten, dass dieses später auf zwei Seiten im Querformat ausgedruckt werden soll. Auch dieses Tabellenblatt soll in der Kopfzeile Ihren vollständigen Namen und das heutige Datum enthalten. Weiterhin sollen die Zeilen- und Spaltenüberschriften angegeben werden.
12. Drucken Sie nach abschließender Kontrolle die Tabellenblätter **Abrechnung** und **Formeln** aus.

| | A | B | C | D | E | F | |
|---|---|---|---|---|---|---|---|
| 1 | **Bürodesign GmbH - Vereinfachte Reisekostenabrechnung** | | | | | | |
| 2 | | | | | | | |
| 3 | | | | | | | |
| 4 | Pers.-Nr. | | | | Datum: | | |
| 5 | | | | | | | |
| 6 | **<Name>** | **<Abteilung>** | | | | | |
| 7 | | | | | | | |
| 8 | | | | | | | |
| 9 | Reisedatum: | | | Entfernung (einfache Strecke): | | | km |
| 10 | | | | | | | |
| 11 | Abfahrtzeit: | | | Rückkehrzeit: | | | |
| 12 | | | | | | | |
| 13 | Reisemittel: | | | bei PKW-Nutzung (Typ): | | | |
| 14 | **(PKW, Bahn, Flugzeug)** | | | | | | |
| 15 | | | | derzeitiger Benzinpreis/Liter: | | | |
| 16 | | | | | | | |
| 17 | **Abrechnung:** | | | | | | |
| 18 | | | | | | | |
| 19 | Dauer der Abwesenheit (hh:mm): | | | | | | |
| 20 | | | | | | | |
| 21 | | | | | | | |
| 22 | **Vergütung ...** | | | | | | |
| 23 | | | | | | | |
| 24 | der Abwesenheit: | | | | | | |
| 25 | | | | | | | |
| 26 | des Reisestress: | | | | | | |
| 27 | | | | | | | |
| 28 | des Verpflegungsaufwandes: | | | | | | |
| 29 | | | | | | | |
| 30 | der Benzinkosten: | | | | Gesamtvergütung: | | |
| 31 | **(sofern PKW-Nutzung)** | | | | | | |
| 32 | | | | | | | |
| 33 | Den vorstehenden Betrag überweisen wir auf Ihr Konto | | | | bei der | | |
| 34 | Das Geld wird voraussichtlich bis zum | | | überwiesen. | | | |
| 35 | | | | | | | |
| 36 | **Hinweis:** | | | | | | |

***Abbildung 10:*** *Reisekostenabrechnung; Tabellenblatt „Abrechnung"*

| | A | B | C | D | E |
|---|---|---|---|---|---|
| 1 | **Übersicht über die Daten unserer Mitarbeiter** | | | | |
| 2 | | | | | |
| 3 | **Personal-Nr.** | **Name** | **Abteilung** | **Konto-Nr.** | **Bank** |
| 4 | 90124 | Belke | Allg. Verwaltung | 254 145 784 | Raiffeisenbank Essen |
| 5 | 90128 | Müller | EDV-Service | 874 651 988 | Diba |
| 6 | 90129 | Pürling | Weiterbildung | 541 672 359 | Commerzbank |
| 7 | 90141 | Schmeckies | Rechnungswesen | 124 650 887 | Citibank |
| 8 | 90143 | Wagner | Marketing | 321 568 970 | Stadtsparkasse |
| 9 | 90147 | Albers | Rechnungswesen | 201 355 698 | Dresdner Bank |
| 10 | 90149 | Schmitz | Export Asien | 884 521 003 | VW-Bank |
| 11 | 90152 | Roebers | Export England | 479 635 971 | Postbank Köln |
| 12 | 90156 | Schacht | Finanzierung | 197 685 364 | Sparkasse Aachen |
| 13 | 90160 | Karls | Einkauf | 782 364 102 | Deutsche Bank |

***Abbildung 11:** Reisekostenabrechnung; Tabellenblatt „Mitarbeiterdaten"*

| | A | B | C |
|---|---|---|---|
| 1 | **Vergütung der reisebedingten Abwesenheit** | | |
| 2 | | | |
| 3 | Abwesenheit ab ... Stunden | Vergütung in EUR | |
| 4 | 0 | 0,00 | |
| 5 | 2 | 5,00 | |
| 6 | 5 | 12,00 | |
| 7 | 8 | 17,00 | |
| 8 | 12 | 25,00 | |
| 9 | | | |
| 10 | | | |
| 11 | **Übersicht über den Stress-Zuschlag** | | |
| 12 | | | |
| 13 | Art des gewählten Reisemittels | Vergütung in EUR pro Stunde Abwesenheit | |
| 14 | PKW | 4,00 | |
| 15 | Bahn | 2,00 | |
| 16 | Flugzeug | 1,50 | |

***Abbildung 12:** Reisekostenabrechnung; Tabellenblatt „Vergütung Abwesenheit, Stress"*

| | A | B | C | D | E | F |
|---|---|---|---|---|---|---|
| 1 | **Übersicht über die Verpflegungspauschale** | | | | | |
| 2 | | | | | | |
| 3 | bei Abwesenheit von ... Stunden | Vergütung in EUR | | | | |
| 4 | 0 | 0,00 | | | | |
| 5 | 4 | 10,00 | | | | |
| 6 | 7 | 15,00 | | | | |
| 7 | 12 | 25,00 | | | | |
| 8 | | | | | | |
| 9 | | | | | | |
| 10 | **Übersicht über die PKW-Typen** | | | | | |
| 11 | | | | | | |
| 12 | PKW-Typ | 1 | 2 | 3 | 4 | 5 |
| 13 | Benzinverbrauch in l /100 km | 5,62 | 6,47 | 7,81 | 8,93 | 10,25 |

***Abbildung 13:*** *Reisekostenabrechnung; Tabellenblatt „Vergütung Verpflegung, Pkw-Typ"*

## 11.5 Hotelangebot

**Situation:**

Die Bürodesign GmbH kooperiert seit einigen Jahren mit dem Hotel ALP Bonn GmbH und führt dort unter anderem Tagungen durch. Der Geschäftsführer des Hotels hat die Geschäftsleitung der Bürodesign GmbH gebeten, ob einer ihrer EDV-Experten ein Buchungsformular für die ALP Bonn GmbH erstellen kann, um die Auftragsabwicklung endlich moderner gestalten zu können. In einem gemeinsamen Gespräch wurde folgendes Konzept entwickelt, welches Sie jetzt umsetzen sollen: Die Stammkunden schicken ein vom Hotel vorgefertigtes Excel-Formular, welches vom Hotel anschließend in eine Excel-Datei kopiert wird. Durch Zellbezüge, Formeln und Funktionen wird anhand der vom Kunden getätigten Angaben ein Angebot erstellt, welches dem Kunden per E-Mail zugeschickt wird.

**Arbeitsaufträge:**

1. Speichern Sie Ihre Datei unter dem Namen **Hotelangebot** ab. Speichern Sie Ihre **Datei spätestens alle fünf Minuten** ab, um Datenverlust zu vermeiden.
2. Benennen Sie das Tabellenblatt 1 in **Angebot**, das Tabellenblatt 2 in **Anfrage**, das Tabellenblatt 3 in **Preise und Rabatte** und das Tabellenblatt 4 in **Kunden** um.
3. Übernehmen Sie die am Ende der Aufgabenstellung abgebildeten Tabellen inklusive aller Werte und Formatierungen in die zuvor eingerichteten Tabellenblätter.
4. Versehen Sie die folgenden Zellen des Tabellenblattes **Anfrage** mit den nachstehend aufgeführten Namen:
   B3: „KundenNr"  F3: „Anreise"  F5: „Abreise"  F7: „AnzahlReisende"
5. Versehen Sie die Hilfstabellen in den Tabellenblättern **Anfrage, Preise und Rabatte** sowie **Kunden** mit geeigneten Namen und verwenden Sie diese – sofern möglich – in den späteren Formeln und Funktionen.
6. Übernehmen Sie im Tabellenblatt **Angebot** in den Zellen F6, C15, C17 und C21 per Zellbezug die in der Aufgabenstellung 4 mit Namen versehenen Zellen.

7. Ermitteln Sie im Tabellenblatt **Angebot** mithilfe geeigneter Formeln und Funktionen
   a) in Zelle A4 den Namen des Kunden (beachten Sie den Hinweis zur Einordnung der Kundenklassen in dem Tabellenblatt **Kunden**),
   b) in Zelle A6 die Anschrift des Kunden (auch hier den vorgenannten Hinweis beachten),
   c) in Zelle C19 die Anzahl der geplanten Übernachtungen,
   d) in Spalte B in Abhängigkeit der Positionsnummern der Spalte A die **X** aus dem Tabellenblatt **Anfrage**, die den Wunsch des Kunden für die Nutzung an den jeweiligen Leistungen aufzeigen. Verwenden Sie hierfür eine Suchfunktion,[1]

   **Hinweis:**
   Nur wenn der Kunde die jeweilige Leistung in Anspruch nehmen will, sollen die nächsten Zellen mit Werten versehen werden. Wird die Leistung nicht beansprucht, sollen diese Zellen leer bleiben (Spalte C) bzw. den Wert null enthalten (Spalten D bis F).

   e) die Beschreibung der gewünschten Leistungen,
   f) die gewünschte Menge der betreffenden Leistungen,
   g) den Preis pro Einheit der jeweiligen Leistungen,
   h) den Gesamtpreis der jeweiligen Leistungen. Beachten Sie für die Positionen 1 und 2 den im Tabellenblatt **Anfrage** erteilten Hinweis in den Zeilen 27 und 28,
   i) die Summe der Gesamtpreise aller gewünschten Leistungen,
   j) den dem Kunden gewährten Rabatt in Euro. Zu beachten ist hierbei der Umstand, dass ein Rabatt erst ab einem Betrag von 500,00 € gewährt wird und die Kundenklassen 1 und 2 unterschiedlich hohe Rabatte erhalten;
   k) den sich nach Abzug des eventuellen Rabatts ergebenden Nettopreis,
   l) die anfallende Umsatzsteuer. Hierbei wird unterstellt, dass die Umsatzsteuer in vollem Umfang auf alle Leistungen erhoben wird;
   m) die Höhe des Bruttopreises,
   n) die Gültigkeitsdauer des vorliegenden Angebotes. Für Kunden der Kundenklasse 1 beträgt diese Frist 15 Tage, für Kunden der Kundenklasse 2 hingegen lediglich zehn Tage.
8. Sorgen Sie dafür, dass im Tabellenblatt **Angebot** alle relevanten Zellen, die nicht überschrieben werden sollen, gesperrt werden.
9. Erstellen Sie ein Kreisdiagramm, aus dem die Gesamtkosten für die Positionen 1 bis 5 des Tabellenblattes **Angebot** hervorgehen. Fügen Sie dem Diagramm eine aussagekräftige Überschrift hinzu und stellen Sie sicher, dass sich die Legende unterhalb der Überschrift befindet. An den jeweiligen Kreissegmenten sollen die Kosten vermerkt sein. Zusätzlich soll an geeigneter Stelle ein Hinweis auf die Summe der einzelnen Kosten gegeben werden. Der Diagrammbereich soll einen Farbverlauf der Farben Blau und Weiß zugewiesen bekommen. Das Diagramm soll auf einem eigenen Tabellenblatt mit dem Namen **Diagramm** stehen.
10. Fügen Sie ein neues Tabellenblatt ein (Befehlsweg START – ZELLEN – EINFÜGEN – BLATT EINFÜGEN) und benennen Sie dieses in **Formeln** um. Kopieren Sie das Tabellenblatt **Angebot** in das neue Tabellenblatt und wechseln Sie dort in die Formelansicht.
11. Drucken Sie abschließend die Tabellenblätter **Angebot, Formeln** und **Diagramm** aus. Achten Sie dabei auf den Umstand, dass alle Tabellenblätter in der Kopfzeile Ihren Namen sowie das aktuelle Datum (als Funktion) enthalten. Weiterhin soll der Ausdruck des Tabellenblattes **Formeln** Zeilen- und Spaltenüberschriften enthalten. Das Tabellenblatt **Formeln** soll im Querformat auf zwei Seiten breit verteilt ausgedruckt werden.

[1] Damit hier keine Nullwerte dargestellt werden, gehen Sie bitte den Befehlsweg DATEI – OPTIONEN – ERWEITERT – OPTIONEN FÜR DIESES ARBEITSBLATT ANZEIGEN und deaktivieren Sie die Option IN ZELLEN MIT NULLWERTEN EINE NULL ANZEIGEN.

| | A | B | C | D | E | F |
|---|---|---|---|---|---|---|
| 1 | **Excel-Formular: Anfrage an das Hotel und Seminarstätte ALP Bonn GmbH** | | | | | |
| 2 | | | | | | |
| 3 | Kunden-Nr. | 1038 | | geplanter Anreisetag: | | 15.11.2018 |
| 4 | | | | | | |
| 5 | | | | geplanter Abreisetag: | | 19.11.2018 |
| 6 | | | | | | |
| 7 | | | | Anzahl an Reisenden: | | 7 |
| 8 | | | | | | |
| 9 | | | | | | |
| 10 | ***Markieren Sie gewünschte Leistungen bitte durch ein "X" und geben Sie die gewünschte Menge an!*** | | | | | |
| 11 | | | | | | |
| 12 | Position | gewünschte Leistung | Beschreibung | gewünschte Menge | | |
| 13 | 1 | X | Übernachtung Einzelzimmer (*) | 3 | | |
| 14 | 2 | X | Übernachtung Doppelzimmer (*) | 4 | | |
| 15 | 3 | X | Frühstück (Büffet) | 28 | | |
| 16 | 4 | X | Mittagessen (Büffet) | 20 | | |
| 17 | 5 | X | Abendessen (Büffet) | 22 | | |
| 18 | 6 | | Seminarraum Koblenz | | | |
| 19 | 7 | X | Seminarraum Aachen | 3 | | |
| 20 | 8 | | Seminarraum Münster | | | |
| 21 | 9 | X | Sauna, Dampfbad | 7 | | |
| 22 | 10 | | Massage (30 min.) | | | |
| 23 | 11 | X | Tennisplatz (2 Std.) | 5 | | |
| 24 | 12 | X | Bowlingbahn (1 Std.) | 7 | | |
| 25 | | | | | | |
| 26 | | | | | | |
| 27 | (*) Diese Position bezieht sich jeweils nur auf eine Nacht und muss | | | | | |
| 28 | daher mit der Anzahl an Übernachtungen multipliziert werden. | | | | | |

***Abbildung 14:*** *Hotelangebot; Tabellenblatt „Anfrage"*

| | A | B | C | D | E |
|---|---|---|---|---|---|
| 1 | **Übersicht über die Leistungen, deren Preise sowie die Rabattstaffeln** | | | | |
| 2 | | | | | |
| 3 | Position | Beschreibung | Preis pro Einheit | | |
| 4 | 1 | Übernachtung Einzelzimmer | 135,00 € | | |
| 5 | 2 | Übernachtung Doppelzimmer | 65,00 € | | |
| 6 | 3 | Frühstück (Büffet) | 12,20 € | | |
| 7 | 4 | Mittagessen (Büffet) | 16,70 € | | |
| 8 | 5 | Abendessen (Büffet) | 17,50 € | | |
| 9 | 6 | Seminarraum Koblenz | 290,00 € | | |
| 10 | 7 | Seminarraum Aachen | 195,00 € | | |
| 11 | 8 | Seminarraum Münster | 340,00 € | | |
| 12 | 9 | Sauna, Dampfbad | 8,00 € | | |
| 13 | 10 | Massage (30 min.) | 29,90 € | | |
| 14 | 11 | Tennisplatz (2 Std.) | 26,00 € | | |
| 15 | 12 | Bowlingbahn (1 Std.) | 10,00 € | | |
| 16 | | | | | |
| 17 | | **Rabattstaffeln** | | | |
| 18 | | | | | |
| 19 | | Vorläufiger Rechnungspreis ab ... | Kundenklasse 1 | Kundenklasse 2 | |
| 20 | | 500,00 € | 10% | 8% | |
| 21 | | 1.200,00 € | 13% | 10% | |
| 22 | | 2.000,00 € | 15% | 12% | |
| 23 | | 2.500,00 € | 18% | 14% | |

***Abbildung 15:*** *Hotelangebot; Tabellenblatt „Preise und Rabatte"*

| | A | B | C | D | E |
|---|---|---|---|---|---|
| 1 | **Übersicht über die Kundendaten** | | | | |
| 2 | | | | | |
| 3 | **Kundenklasse 1 (bis einschließlich der Kunden-Nr. 1999)** | | | | |
| 4 | | | | | |
| 5 | Kunden-Nr. | Kunde | PLZ, Ort | E-Mail | |
| 6 | 1008 | Leondörfler GmbH | 26122 Oldenburg | leondörfler@aol.com | |
| 7 | 1010 | Iris Simsen KG | 57074 Siegen | personal@simsenkg.de | |
| 8 | 1019 | Kölner Metall AG | 51149 Köln | km-ag@t-online.de | |
| 9 | 1024 | Bonner Elektro GmbH | 53129 Bonn | service@begmbh.de | |
| 10 | 1038 | Lindemann GmbH | 80122 München | lindemann@freeline.com | |
| 11 | | | | | |
| 12 | | | | | |
| 13 | **Kundenklasse 2 (ab der Kunden-Nr. 2000 aufwärts)** | | | | |
| 14 | | | | | |
| 15 | Kunden-Nr. | 2006 | 2012 | 2017 | 2026 |
| 16 | Kunde | Dumstorff OHG | Uli Schacht GmbH | Sabine Freese KG | RIO - Tec. GmbH |
| 17 | PLZ, Ort | 65111 Wiesbaden | 10329 Berlin | 76422 Stuttgart | 20076 Hamburg |
| 18 | E-Mail | dumstorff@freeline.com | u-schacht@t-online.de | verwaltung@freese.de | rio-tec@aol.com |

***Abbildung 16:*** *Hotelangebot; Tabellenblatt „Kunden"*

| | A | B | C | D | E | F |
|---|---|---|---|---|---|---|
| 1 | **Hotel und Seminarstätte ALP Bonn GmbH** | | | | | |
| 2 | | | | | | |
| 3 | | | | | | |
| 4 | **< Name >** | | | | **15.10.2018** | |
| 5 | | | | | | |
| 6 | **< PLZ, Ort >** | | | | Kunden-Nr. | |
| 7 | | | | | | |
| 8 | | | | | | |
| 9 | | | | | | |
| 10 | Sehr geehrte Damen und Herren, | | | | | |
| 11 | | | | | | |
| 12 | gemäß Ihrer Anfrage unterbreiten wir Ihnen das folgende Angebot: | | | | | |
| 13 | | | | | | |
| 14 | | | | | | |
| 15 | geplantes Anreisedatum: | | | | | |
| 16 | | | | | | |
| 17 | geplantes Abreisedatum: | | | | | |
| 18 | | | | | | |
| 19 | Anzahl der Übernachtungen: | | | | | |
| 20 | | | | | | |
| 21 | Personenanzahl: | | | | | |
| 22 | | | | | | |
| 23 | | | | | | |
| 24 | Position | gewünschte Leistung | Beschreibung | gewünschte Menge | Preis pro Einheit | Gesamtpreis |
| 25 | 1 | | | | | |
| 26 | 2 | | | | | |
| 27 | 3 | | | | | |
| 28 | 4 | | | | | |
| 29 | 5 | | | | | |
| 30 | 6 | | | | | |
| 31 | 7 | | | | | |
| 32 | 8 | | | | | |
| 33 | 9 | | | | | |
| 34 | 10 | | | | | |
| 35 | 11 | | | | | |
| 36 | 12 | | | | | |
| 37 | | | | | | |
| 38 | | | | | Summe | |
| 39 | | | | | - Rabatt | |
| 40 | | | | | Nettopreis | |
| 41 | | | | | zzgl. USt. | |
| 42 | | | | | | |
| 43 | | | | | Bruttopreis | |
| 44 | | | | | | |
| 45 | Dieses Angebot gilt bis zum | **< Datum >** | | | | |

***Abbildung 17:*** *Hotelangebot; Tabellenblatt „Angebot"*

# Sachwortverzeichnis